"十三五"国家重点图书出版规划项目
国家自然科学基金项目（41771177）

国家出版基金项目
NATIONAL PUBLICATION FOUNDATION

《中国经济地理》丛书

孙久文　总主编

安徽经济地理

赵春雨　杨成凤◎著

ANHUI

经济管理出版社
ECONOMY & MANAGEMENT PUBLISHING HOUSE

图书在版编目（CIP）数据

安徽经济地理 / 赵春雨，杨成凤著. —北京：经济管理出版社，2022.7
ISBN 978-7-5096-8589-1

Ⅰ. ①安… Ⅱ. ①赵… ②杨… Ⅲ. ①区域经济地理—安徽 Ⅳ. ①F129.954

中国版本图书馆 CIP 数据核字（2022）第 120214 号

组稿编辑：申桂萍
责任编辑：申桂萍　姜玉满
责任印制：黄章平
责任校对：陈　颖

出版发行：经济管理出版社
　　　　　（北京市海淀区北蜂窝 8 号中雅大厦 A 座 11 层　100038）
网　　址：www. E-mp. com. cn
电　　话：(010) 51915602
印　　刷：唐山昊达印刷有限公司
经　　销：新华书店
开　　本：720mm × 1000mm/16
印　　张：17.5
字　　数：294 千字
版　　次：2022 年 9 月第 1 版　2022 年 9 月第 1 次印刷
书　　号：ISBN 978-7-5096-8589-1
定　　价：88.00 元

《中国经济地理》丛书

总　序

今天，我们正处在一个继往开来的伟大时代。受现代科技飞速发展的影响，人们的时空观念已经发生了巨大的变化：从深邃的远古到缥缈的未来，从极地的冰寒到赤道的骄阳，从地心游记到外太空的探索，人类正疾步从必然王国向自由王国迈进。

世界在变，人类在变，但我们脚下的土地没有变，土地是留在心里不变的根。我们是这块土地的子孙，我们祖祖辈辈生活在这里。我们的国土有960万平方千米之大，有种类繁多的地貌类型，地上和地下蕴藏了丰富多样的自然资源，14亿中国人民有五千年延绵不绝的文明历史，经过近40年的改革开放，中国经济实现了腾飞，中国社会发展日新月异。

早在抗日战争时期，毛泽东主席就明确指出："中国革命斗争的胜利，要靠中国同志了解中国的国情。"又说："认清中国的国情，乃是认清一切革命问题的基本根据。"习近平总书记在给地理测绘队员的信中指出："测绘队员不畏困苦、不怕牺牲，用汗水乃至生命默默丈量着祖国的壮美山河，为祖国发展、人民幸福作出了突出贡献。"李克强总理更具体地提出："地理国情是重要的基本国情，要围绕服务国计民生，推出更好的地理信息产品和服务。"

我们认识中国基本国情，离不开认识中国的经济地理。中国经济地理的基本条件，为国家发展开辟了广阔的前景，是经济腾飞的本底要素。当前，中国经济地理大势的变化呈现出区别于以往的新特点：第一，中国东部地区面向太平洋和西部地区深入欧亚大陆内陆深处的陆海分布的自然地理空间格局，迎合东亚区域发展和国际产业大尺度空间转移的趋势，使我们面向沿海、融入国际的改革开放战略得以顺利实施。第二，我国各区域自然资源丰裕程度和区域经济发达程度的相向分布，使经济地理主要标识的区内同一性和区际差异性异常突出，为发挥区域优势、实施开发战略、促进协调发展奠定了客观基础。第三，以经济地理格局为依据调整生产力布局，以改革开放促进区域经济发展，以经济发达程度和市场发育程度为导向制定区域经济政策和区域规划，使区域经济发展战略上升为国家重大战略。

因此，中国经济地理在我国人民的生产和生活中具有坚实的存在感，日益发挥出重要的基石性作用。正因为这样，编撰一套真实反映当前中国经济地理现实情况的丛书，就比以往任何时候都更加迫切。

在西方，自从亚历山大·洪堡和李特尔之后，编撰经济地理书籍的努力就一直没有停止过。在中国，《淮南子》可能是最早的经济地理书籍。近代以来，西方思潮激荡下的地理学，成为中国人"睁开眼睛看世界"所看到的最初的东西。然而对中国经济地理的研究却鲜有鸿篇巨制。中华人民共和国成立特别是改革开放之后，中国经济地理的书籍进入大爆发时期，各种力作如雨后春笋。1982 年，在中国现代经济地理学的奠基人孙敬之教授和著名区域经济学家刘再兴教授的带领和推动下，全国经济地理研究会启动编撰《中国经济地理》丛书。然而，人事有代谢，往来成古今。自两位教授谢世之后，编撰工作也就停了下来。

《中国经济地理》丛书再次启动编撰工作是在 2013 年。全国经济地理研究会经过常务理事会的讨论，决定成立《中国经济地理》丛书编委会，重新开始编撰新时期的《中国经济地理》丛书。在全体同人的努力和经济管理出版社的大力协助下，一套全新的《中国经济地理》丛书计划在 2018 年全部完成。

《中国经济地理》丛书是一套大型系列丛书。该丛书共计 40 册：概论 1 册，思想史 1 册"四大板块"共 4 册，34 个省市自治区及特别行政区共 34 册。我们编撰这套丛书的目的，是为读者全面呈现中国分省区的经济地理和产业布局的状况。当前，中国经济发展伴随着人口资源环境的一系列重大问题，复杂而严峻。资源开发问题、国土整治问题、城镇化问题、产业转移问题等，无一不是与中国经济地理密切相连的；京津冀协同发展、长江经济带战略和"一带一路"倡议，都是以中国经济地理为基础依据而展开的。我们相信，《中国经济地理》丛书可以为一般读者了解中国各地区的情况提供手札，为从事经济工作和规划工作的读者提供参考资料。

　　我们深感丛书的编撰困难巨大，任重道远。正如宋朝张载所言"为往圣继绝学，为万世开太平"，我想这代表了全体编撰者的心声。

　　我们组织编撰这套丛书，提出一句口号：让读者认识中国，了解中国，从中国经济地理开始。

　　让我们共同努力奋斗。

孙久文

全国经济地理研究会会长

中国人民大学教授

2016 年 12 月 1 日于北京

序　言

　　安徽于清康熙六年（1667 年）因江南省东西分置而建省，得名于"安庆府"与"徽州府"之首字。因境内有皖山、皖水与古皖国，简称皖，省会安庆。咸丰三年（1853 年），太平军攻克安庆，迁省会于庐州（合肥）。1862 年，太平军退出江北，省会复迁安庆。抗日战争期间，省会迁立煌（今金寨），抗战胜利后迁至合肥。中华人民共和国成立初期，分设皖南行署（芜湖）、皖北行署（合肥），1952 年合并，成立安徽省人民政府，省会合肥。

　　安徽襟江带淮、沿江通海，区位优势非常明显。安徽处于东部沿海到西部省份必经之地，是由南至北的过渡地带，具有承东启西、连南接北的桥梁作用。安徽是"长三角"腹地，能与东部发达地区无缝接轨，是东部产业转移的最佳区位。安徽又是中部地区前沿，是"中部崛起"的前沿阵地。安徽还地处长江下游地区，拥有"八百里皖江"，正日益成为推动长江流域经济国际化的重要通道。

　　安徽是经济开发较早、文化繁荣的地区。春秋战国时期，是楚庄王争霸中原的基地，以寿春为中心的江淮区域是这一时期经济、政治、文化最重要的地区。唐朝以后，由于西北农业条件的恶化，南方江淮流域经济快速发展。到唐中叶以后，国家财赋（包括粮食、漕运）一半以上出于江淮和江南。明朝中叶开始兴盛的徽商，称雄于中国商界 300 多年。徽商对中国东南部的鄂、赣、皖、苏、浙、鲁的经济、文化产生深刻影响，以至于有"无徽不成镇"之说。

　　鸦片战争前至中华人民共和国成立是安徽近代经济发展时期。1876 年，中国与英国签订《烟台条约》，将安徽芜湖辟为通商口岸，次年又在芜湖设海关、辟租界，在芜湖设立洋行。此后，芜湖的进出口贸易迅速发展，大量的洋货开始进入安徽城乡各地，打击了安徽长江流域一带的城乡手工业，加快了自然经济的解体。甲午战争前后，安徽民族工业在芜湖等地相继兴起。

中华人民共和国成立后，安徽作为粮食主产区、重要的能源原材料基地为华东和全国的经济发展做出了巨大贡献。1951~1985 年，从安徽平价、议价调往省外的粮食多达 396.83 亿斤，特别是 1957~1959 年，在国家最困难的时候，从安徽调出粮食 39.14 亿斤。

1978 年 11 月，当十几位凤阳农民在一纸"包产到户"的内部协议上按下鲜红的指印时，根本没有想到，这些指印历史性地带来了中国农村社会的变革。然而，接下来的二十多年，周边的省市发展了，安徽这块改革的发源地，却因各种原因丧失了一次次的发展机遇，经济发展处于"凹陷的中部"的底部。2003 年安徽人均 GDP 仅 6457 元，只有全国平均水平的 71.5%。

改革开放初期，安徽一直是农业大省，农业劳动力众多，工业经济发展缓慢。虽然也建立了"三区一中心"（皖南旅游区、两淮经济区、沿江经济区和合肥科教中心）的区域发展战略格局，但经济发展速度仍然比较缓慢，与沿海省份的差距不断扩大。直到 1990 年，安徽工业产值才首次超过农业产值，标志着安徽开始由传统农业大省向工业省份的转变。

20 世纪 90 年代中央做出开发浦东的决策后，安徽也及时做出了以芜湖为突破口，以一线两点为重点，开发皖江的决策。这一发展战略符合安徽的区域经济发展实际，并经过十余年的努力，收到了显著成效，但是在这个战略具体实施的过程中，发展重点不明确，没有一个主导的突破口，也没有采取必要的措施，促进皖江五市形成必要的经济协作。同时，虽然长江能促进货物流动，但是对人员的流动，安徽沿江和沪宁中心城市根本没有对接。此外，皖江经济带开发刚刚初见成效，又开始了皖北发展战略，合肥又提出了"千亿合肥"规划，安徽经济发展的重心出现了摇摆，导致安徽的发展方向始终在变，经济发展战略不能始终如一。这一时期安徽工业则有了长足发展，家用电器、钢铁、化工、水泥等主导产业逐步确立，制造业发展的比较优势进一步显现。

2000 年国家提出西部大开发战略，安徽又一度西望，强调东引西连、承东启西，然而西部购买力小，市场狭窄，也不可能成为安徽借力发展的对象。直到 2005 年，在中央提出中部崛起之机，安徽终于在多年的挫折和失败中找准经济发展方向，毫不犹豫地选择了"东向"战略。到 2010 年，安徽基本形成了由多层次政策交叉覆盖所构建的以皖江承接产业转移示范区为主轴、以合芜蚌自主创新综合配套改革试验区为战略支点、以皖中合肥经济圈为核心层、以皖南国际旅游文化示范区与加快皖北及沿淮地区发展为两翼的区域空间发展格局。其中，2003 年起，安徽开始实施"861"行动计划，围绕八大重点产业基地和六大基础工程，上马了一大批支撑力和牵动性强的重大项目。"十一五"时期，实施工业强省战略，着力培育汽车、电子信息、家电、装备制造等骨干支柱产业。安徽经济在这期间也得以快速发展，2009 年安徽地区生产总值首次突破万亿元大关，2014 年即突破 2 万亿元，以合肥为首的中心城市开始崛起。

2014 年出台的《国务院关于依托黄金水道推动长江经济带发展的指导意见》，将安徽正式纳入长三角城市群，明确了皖江示范区和皖南国际文化旅游示范区成为长三角区域战略重要组成部分，合芜蚌试验区将在自主创新中起示范作用，而合肥将与杭州、南京并列成为长三角城市群副中心。加入长三角城市群，对安徽来说是一个难得的机遇。此时，安徽以实施五大发展行动计划为总抓手，聚焦高质量发展，实施创新驱动战略，着力推进创新型省份和制造强省建设。2015 年，启动"4105"调转促行动计划，实施新一轮大规模技术改造专项行动，推进战略性新兴产业基地建设，建成新型显示、新能源汽车、集成电路、智能语音、生物医药等战略性新兴产业集聚基地 24 个。2017 年，出台了制造强省建设方案和支持"三重一创"建设政策 10 条，加快培育先进制造业，智能家电、智能语音、新型显示、机器人、汽车、新能源汽车六大产业优势凸显。至 2018 年底，全省地区生产总值提高到 30007 亿元，高新技术产业增加值对规模以上工业增长的贡献率超过 65%，战略性新兴产业产值占规模以上工业企业产值比重达 29.4%，经济发展质量和效益快速提升。2019 年 12 月出台的《长江三角洲区域一体化发展规划纲要》，进一步将安徽省全域纳入长三角范围，合肥、芜湖等 8 个城市纳入中心区范围。根据规划要求，要发挥安徽创新活跃强劲、制造特色鲜明、生态资源良好、内陆腹地广阔等优势，推进皖江城市带联动发展，加快合芜蚌自主创新示范区建设，打造具有重要影响力的科技创新策源地、新兴产业聚集地和绿色发展样板区。这标志着安徽将全面融入长三角。

总体来看，改革开放以来，安徽准确把握宏观形势，不断推进工业升级；坚持东向发展，加快推进长三角一体化进程；实施创新驱动战略，深入推进高质量发展。正是不断持续地推进改革，才为安徽发展提供了不竭动力。当然，我们也应看到，安徽经济发展还存在许多不平衡不充分的问题，安徽与周边经济发达省份的差距还很大，安徽未来经济发展必将负重前行。只有不畏艰险、迎难而上，坚定不移推进新时代改革开放，才能开创全面建设现代化五大发展美好安徽新局面。

目　录

第三篇　城乡与区域

第四篇　主体功能区

第一篇

基础与条件

第一章　地理位置与历史沿革

第一节　地理位置及区位特征

一、地理位置

安徽，简称"皖"，省会合肥，位于中国东部，属于华东地区，介于东经114°54′~119°37′，北纬 29°41′~34°38′。

安徽襟江带淮，沿江通海。地处我国地理的南北分界线（秦岭—淮河线）上，地形地貌由淮河中游平原、江淮丘陵、皖西丘陵山地、沿江平原、皖南丘陵山地组成。东西宽约 450 千米，南北长约 570 千米，土地面积为 13.94 万平方千米，占全国的 1.45%。北、中、南分别有淮河、长江、钱塘江三大水系横穿而过，境内湖泊星罗棋布。是典型的山水江南、鱼米之乡。

安徽经济繁荣，文化发达。北、东和东南面分别与山东、江苏和浙江接壤，距东海 300 千米，为华东七省市之一，与江苏、上海、浙江共同构成的长江三角洲城市群已成为国际六大世界级城市群之一；西北、西和西南面分别与河南、湖北和江西相连，是中部六省之一。2014 年被列为中国首个新型城镇化试点省份，2015 年正式迈入中等偏上收入的快速发展阶段。安徽是中国史前文明的重要发祥地，拥有徽州文化、淮河文化、皖江文化、庐州文化四大文化圈。徽商是中国古代三大商帮之一，明清时期，安徽商人就将贸易拓展到了东南亚、日本以及欧洲，留下"无徽不成商"的美名。安徽是国家技术创新工程试点省、综合性国家科学中心、国家产业创新中心。

安徽特殊的地理位置和自然条件，以及在此基础上形成的社会经济条件成为安徽特有的区位优势，是安徽快速发展和崛起的重要基础。

二、自然区位特征

安徽地势西南高、东北低，地形地貌南北迥异，复杂多样。全省地貌类型齐全，平原、山地、丘陵、台地（岗地）分别占全省面积的49.6%、15.3%、14%、13%，可分成淮河中游平原区、江淮丘陵区、皖西大别山地区、沿江平原区、皖南丘陵山地五个地貌区。淮河以北，主要由淮河主支流的沉积和黄河的泛滥所形成，地势平坦辽阔；江淮之间山地岗丘绵延曲折，是大别山向东的延伸部分；皖西大别山地区位于安徽省内江淮间的西部，包括大别山区及其附近的丘陵地区；沿江平原区是长江中下游平原的重要组成部分之一；皖南丘陵山地，奇峰峻岭，以山地丘陵为主，有黄山、九华山、天柱山等著名山地。

气候方面，安徽省属暖温带与亚热带的过渡地区，淮河以北属暖温带半湿润季风气候，淮河以南属亚热带湿润季风气候。其主要特点是：季风明显，四季分明；春暖多变，夏雨集中；秋高气爽，冬季寒冷。全年无霜期200~250天，10℃活动积温在4600℃~5300℃。年平均气温为14℃~17℃，1月平均气温-1℃~4℃，7月平均气温28℃~29℃。降水随季风的递转发生明显季节变化。全年平均降水量在773~1670毫米，有南多北少，山区多、平原丘陵少的特点，夏季降水丰沛，占年降水量的40%~60%。

安徽水文既带有强烈的季风气候特征，又受地貌形态的严格制约。径流年际变化大，年内分配不均，汛期5~8月或6~9月的径流量占全年径流量的55%~70%。径流量的地区差异与降水量的地区差异相一致，在皖西和皖南丘陵山区平均年径流深600~1000毫米，淮北仅200毫米左右。全省河流共2000多条，除南部新安江水系属钱塘江流域外，其余均属长江、淮河流域。共有湖泊500余个，总面积1750平方千米，主要分布于长江、淮河沿岸。地下水在淮河平原和沿江平原最为丰沛，占全省地下水总储量的78%，尤其是淮河平原，面积仅占全省的26.6%，而地下水储量占全省总储量的55%。皖西、皖南两个丘陵山区和江淮之间台地丘陵区，面积约占全省总面积的55%，但地下水储量仅占22%。

安徽省南北跨纬度虽不大，但南北地理环境差异较大。一方面气候从亚热带向暖温带过渡，自然景观也具有过渡性特色，地带性土壤由南向北从红壤过渡到棕壤，江淮之间为过渡特色的黄棕壤。地带性植被由南向北从常绿阔叶林过渡到阔叶落叶林。另一方面南北的地貌差异，形成了皖南与皖北在经济水平、文化景观和民俗风情等诸方面的差异，南方以水田种植业为特色，北方是以种植冬小麦、棉花为主的旱地农业。耕作制度从南到北也从一年两熟到三熟过渡到两年三熟或一年两熟。

安徽省特有的自然环境形成了优越的自然资源条件，土地资源、生物资源、水资源和矿产资源等自然资源丰富。全省现有耕地408万公顷，水面105万公顷；共有生物资源10917种，其中国家重点保护的木本植物有30种，珍稀野生动物有54种，国家一、二级保护动物分别有18种和368种，以扬子鳄、白鳍豚最为珍贵；水资源蕴藏总量约为680亿立方米，居全国第20位；全省已发现近140种有用矿产，探明储量的有67种，煤、铁、铜、硫、磷、明矾、石灰岩等38种矿产储量居全国前十位。现已探明煤炭储量250亿吨，铁矿储量29.9亿吨，铜矿储量384.9万吨，硫铁矿储量5.64亿吨，分别居全国第7位、第5位、第5位和第2位。

三、经济区位特征

改革开放以来，安徽经济发展取得了长足进步，1978~2017年全省经济年均增长10.98%，高于全国平均水平1个多百分点，实现了由农业省向工业省的历史性转变。目前，安徽省正进入新一轮经济周期上升阶段，经济社会呈现加速发展的势头。

安徽地处长江中下游，在东、中、西三个经济地带中，属于中部省份。安徽紧邻沿海发达的江浙地区，与以上海为龙头的长三角联系紧密。随着沿海的资本等生产要素向内陆扩散，安徽经济发展明显受到影响。21世纪以来，安徽省"东向发展"战略意图日益明确，2014年安徽作为正式成员加入长三角，目前，正积极融入长三角经济圈。安徽还是中部六省之一，是中部崛起战略的重要支撑，随着2016年促进中部地区崛起"十三五"规划的批复实施，安徽将成为长江经济带连接东西的重要区域。

安徽承东启西的区位使其在国家交通网中处于重要地位，多条干线铁路和高速公路，加上长江黄金水道，使安徽成为长江三角洲地区联系广大中西部地区的重要交通纽带。南北向的京沪和京九、合九铁路干线穿过安徽，对安徽的影响显著，使安徽省的铁路与全国铁路线联系更加密切。21世纪以来，安徽高速公路、高速铁路建设加速，交通运输枢纽的优势更加明显。

安徽省产业基础好，配套能力强。安徽产业体系较为完善，是中国重要的农产品、能源、原材料和加工制造业基地，汽车、机械、家电、化工、电子、农产品加工等行业在全国占有重要位置，拥有奇瑞汽车、江淮汽车、马鞍山钢铁公司、海螺水泥、丰原生化等众多骨干企业和一大批富有竞争力的中小型企业。

安徽投资环境良好，商务成本低廉。安徽综合商务成本只相当于沿海经济发达地区的1/3左右，具有发展加工制造业和服务业的优越条件。全省拥有16个国家级开发区和163个省级开发区（截至2017年12月），在招商引资中发挥着重要的载体作用。近些年来，全面推行"一站式"行政服务，形成了比较完善的外来投资服务体系。

安徽科教基础雄厚，研发能力强，截至2015年全省拥有普通高等院校108所。省会合肥是全国科技创新型试点城市，拥有中国科学技术大学和中科院合肥物质科学研究院等著名大学和科研机构，每万人受过高等教育比例居全国前列。同步辐射加速器应用、激光运用、信息技术等领域居于领先水平。

安徽还拥有悠久的历史和灿烂的文化。历史上哲学家、政治家、军事家、科学家、文学艺术家层出不穷，在中国文化发展史上具有十分重要的地位。

第二节　安徽古文明

一、安徽旧石器时代文明

安徽地跨江淮，地理位置介于中国华北与华南两大区域之间，第四纪以来，由于秦岭—淮阳山地的进一步升高，阻碍了华北与华南之间的交流，而成为沟通中国南北的主要地理通道。该地区地势平坦，独特的地理位置和自然环境，为古人类的起源、演化和文化的发展提供了适宜的条件。因此，早在200万~240万年前，古人类就开始在安徽长江沿岸繁衍生息。

（一）繁昌人字洞旧石器文化遗址

繁昌人字洞旧石器文化遗址是迄今已知中国最早的旧石器遗址。1998 年 5 月发现于安徽省繁昌县孙村镇癫痢山采石场，距长江南岸约 25 千米。1998~2000 年，共进行 5 次挖掘，获得 100 多件石制品，10 多件骨制品以及脊椎动物化石 10 目 33 科 70 属 75 种，包括大量大型高等灵长类化石。人字洞堆积出露厚度约 30 米，自上而下分为 8 层，人工制品及脊椎动物化石均出自 1~7 层。

人字洞出土的人工制品，主要为石制品和骨制品，石制品多为小型，原料以铁矿石为主，兼有硅质泥岩、硅质灰岩、片麻岩、石英砂岩等，显示了原料的多样性。石制品打片采用锥击法，多用转向打法，打击台面清楚。石器毛坯有石块、石核和断块。石制品形状不稳定，基本类型是刮削器，还有雕刻器，石器修理粗糙，刀刃不平齐，石制品表面未见远距离搬运和急流碰撞痕迹。人字洞石制品性质与中国北方旧石器相比，器型相对不稳定，无论是类型还是技术，都比中国已知的早更新世石制品显得粗糙、简单和原始。

（二）和县猿人遗址

和县猿人遗址是长江下游地区最早发现的古人类遗址，1973 年发现于安徽省和县陶店镇汪家山龙潭洞，距长江北岸约 30 千米。1980~1981 年进行了三次挖掘，共获得直立人完整头盖骨 1 具，额骨与顶骨碎块各 1 件，单个牙齿 9 枚，脊椎动物化石 50 余种。

和县直立人化石经初步研究，既与北京人相似又有区别，又有与爪哇猿人相似的性质，下臼齿尺寸属南方古猿人变异范围，而大于北京人和爪哇猿人。和县猿人头骨上有着不属于直立人而属于智人形态的现象。

（三）银山智人遗址

银山智人遗址 1981 年发现于安徽巢湖银屏区银山，距和县猿人遗址约 50 千米。1982 年和 1983 年共进行两次挖掘，共获得早期智人枕骨和上颌骨各 1 枚，单个牙齿 6 枚，哺乳动物化石 26 种。遗址堆积物自上而下分为 5 层，1~2 层为上部堆积，发现人类化石和哺乳动物化石 15 种，3~5 层为下部堆积，出土早更新世哺乳动物化石 11 种。

银山人化石经研究，枕骨和上颌骨形态与早期智人相似，但已发现的 6 枚牙齿的粗壮程度属直立人变异范围。银山人动物群时代可能晚于和县，大致与北京人地点第 1~4 层相当或稍晚。

二、安徽新石器时代早期古文明

到目前为止，安徽已发现新石器时代早期遗址几十处，已挖掘的尉迟寺、薛家岗、凌家滩等遗址被列为全国重点文物保护单位。

（一）双墩遗址

双墩遗址位于蚌埠市北郊原吴郢乡（今小蚌埠镇）双墩村北侧，南距淮河约5千米，是一处台形新石器时代遗址。1985年蚌埠市博物馆在文物普查中发现，1986年秋蚌埠市博物馆试掘75平方米。安徽省文物考古研究所又于1991年和1992年进行两次发掘，三次共发掘面积375平方米。双墩遗址为斜坡状堆积地层，内含较多的蚌壳和红烧土块（颗粒）堆积。同时出土的遗物非常丰富，有数以万计的陶片、兽骨及石、蚌、骨角器等。

陶片是双墩遗址主要的文化遗物，完整器较少。陶色以粗红褐色陶为主，少量红、黑、灰色陶，陶质一般较硬，多夹蚌末。器表多素面，有少量的戳刺、划纹等，陶器上流行錾手、短圈足、牛鼻耳、乳丁等装饰，在碗的底部有大量刻划符号。石器是双墩遗址出土的主要劳动工具，大体上可分为磨制和打制石器两种，双墩遗址的石器具有多功能性，具有数量少、器形小、制作粗糙、器类简单四个基本特征，其制作石器的工艺还是比较原始的。

双墩遗址的艺术品主要有泥塑人面像和陶猪等，采用捏制、堆贴加刻划的方法，具有鲜明的地域特征、很高的审美价值和学术研究价值，是非常难得的艺术珍品。在双墩遗址中发现刻划符号600多个，构成了双墩文化遗存的重要内容，为史前刻划符号又增添了一套新的时代早、数量大、种类多、内容丰富、结构独特而新颖的符号种类。为中国新石器时代文化谱系和中国文字起源的研究注入了新的内容。

（二）薛家岗遗址

薛家岗遗址发现于1978年，位于安徽省潜山县河镇乡永岗村，遗址为一椭圆形台地，总面积约6万平方米。1979年以来先后经过六次发掘。薛家岗文化最早时代在距今5000年以前，当时生活用具多，生产工具少，石器制作粗糙，钻孔技术不发达，说明这一时期生产力水平低。薛家岗文化以陶器和石器为主，绘有图形纹路，形成自己的文化特征，后来玉器发展起来，并在四期发展达到了一个高峰，成为薛家岗文化晚期最明显的特征。

（三）凌家滩遗址

凌家滩遗址位于含山县长岗乡凌家滩村南的一片高岗台地上，周围丘陵起伏，地势北高南低，裕溪河流经遗址的南部。1985 年，凌家滩村农民在台地上挖出玉器、石器等共 51 件。1987 年又进行一次挖掘，发现新石器时代墓葬 15 座，出土了一大批陶、石、玉器等文物。

凌家滩墓地的陶器以生活用具为主，生产工具极少，凌家滩墓葬中出土的陶器陶质较差，能复原的相对较少，但器形丰富多样，纹饰以素面为主，其次是镂孔和弦纹。

凌家滩墓地出土玉器数量最多，品种最为丰富，雕琢精湛。凌家滩墓地出土玉器有六个重要特征：一是出现带有宗教性质的玉礼器，也可称其为神物；二是玉璜、玉镯、玉冠饰、玉环、玉管等组合佩件的出现；三是以玉璜为代表的礼仪制度的诞生；四是凌家滩墓地各座墓随葬的玉器各有特色，反映了不同家族的历史背景和不同的政治地位，突出了社会贫富分化的现象；五是凌家滩琢玉技术的创新和进步；六是出现了许多新的玉器品种，如神秘完整的站或坐姿玉人、玉龟、玉龙、玉鹰、玉虎、玉兔等。

凌家滩遗存有从远处搬运来的人工堆积的砂石层，且砂层有搅拌夯打的痕迹，人工堆筑墓地的出现，说明了当时社会生产力发展到了一个新的水平，社会组织结构也必然随之发生新的变化。从墓室里可看出氏族内部的贫富分化已相当大，氏族内部财富逐步向个人集中，个人利用公共权力不断占有公共的财富和私人财产，这样的特殊阶层控制了当时社会的经济、军事和人们精神领域的活动，表明父系氏族公社已经走到了尽头，社会开始向文明阶段迈进。

第三节　安徽省行政区划的演变

安徽于清康熙六年（1667 年）因江南省东西分置而建省，得名于"安庆府"与"徽州府"之首字。因境内有皖山、皖水与古皖国，简称皖，省会安庆。咸丰三年（1853 年），太平军攻克安庆，迁省会于庐州（今合肥）。1862 年，太平军退出江北，省会复迁安庆。抗日战争期间，省会迁立煌（今金寨），抗战胜利后迁至合肥。中华人民共和国成立初期，分设皖南行署（芜湖）、皖北行署（合肥），1952 年合并，成立安徽省人民政府，省会合肥。

一、1949 年前安徽省行政区沿革

在原始社会末期，安徽境内的淮北、江淮地区为淮夷方国及南下部落所建方国的领地，江南地区则为吴越文化地区。春秋前期，这里方国林立，先后出现于史籍的有徐、英、蓼、六、皖、宗、巢、胡、焦、向、桐、群舒，史称东夷或淮夷。春秋时期，曾主要分属吴、楚。战国时，主要属楚地。

公元前 221 年，秦统一六国，推行郡县制，安徽境内所设县邑先后为九江、泗水、砀郡、陈郡、会稽（吴）郡等所分领（见表 1-1）。秦末至楚汉相争期间，又增置鄣郡、衡山、庐江郡，并为九江、西楚、衡山等诸侯国分领。

表 1-1　安徽省古代行政区沿革

朝代	行政管理体制	所属区域
秦	郡县制	九江、泗水、砀郡、陈郡、会稽（吴）郡 5 郡
东汉	州、郡、县三级	扬、豫、徐 3 州
三国		魏、吴国所设扬州及魏国徐、豫 4 州
东晋		徐、豫（含东豫）2 州
隋	郡、县二级	3 个部州 15 个郡
唐	道、州、县三级	河南、淮南、江南 3 个道
宋	路、府、县三级	京东西、京西北、淮南东、淮南西、江南东 5 路
元	行省、路、散府、州四级	江浙行省、河南江北行省 2 省
明	直隶、府和直隶州、散州和县三级	南直隶西部地区
清	道、府、县三级	江南省西部地区

资料来源：根据百度百科整理。

汉初，安徽境内仍为楚、淮南等异姓王封地，后为刘邦改封的同姓王淮南（后分为淮南、庐江、衡山国，后又从九江郡分设六安国）、荆（吴国，后又为江都等王国）、淮阳、梁国等分领。元封五年（公元前 106 年）四月，设 13 部州刺史作为中央的派出机构，安徽地区分属豫、徐、扬 3 个州。东汉实行州、郡、县三级管理体制，全省境内仍为扬、豫、徐 3 个州分领。东汉末，淮南曾为袁术盘踞，术败后，两淮地区被曹操占有，江南各地归孙吴。

三国时期，安徽境内分别为魏、吴国所设扬州及魏国徐、豫 4 个州分领。吴国扬州涉及安徽境内新都、庐江、丹阳 3 个郡在江淮南部及江南地区所设 19 个县。

两晋南北朝时期，仍实行东汉以来的州、郡、县三级管理体制。东晋时期，淮北地区先后为"五胡十六国"中的刘汉、后赵（含冉魏）、前燕、前秦、后秦、后燕等国占领，常守旧制，仍为徐、豫（含东豫）两个州分领。

南北朝时期，宋、齐、梁、陈均先后收复过淮北地区，另有江南地区，并长期以江淮地区为南北纷争的战场。陈朝后期则以长江为限，江淮及以北地区为北齐、北周占有。在南朝沦丧北方领土期间，安徽北境则先后为北朝的北魏、东魏、北齐、北周据有。

隋灭陈，在安徽置谯、汝阴、钟离、淮南、庐江、同安、历阳、宣城、新安九郡。隋前期废郡，实行州、县二级管理体制，今安徽境内设 55 个县。后改州为郡，实行郡、县二级管理体制，并恢复汉州刺史分巡制度。今安徽省境内设 50 个县，涉及 3 个部州 15 个郡。

唐前期，废郡改州，实行州、县二级管理体制。贞观初，今安徽境内初设 85 个县，涉及 33 个州。贞观元年（627 年），保留调整为 44 个县，涉及 15 个州，涉及河南、淮南、江南 3 个道。中唐时期，道正式成为一级地方行政区划，实行道、州、县三级管理体制。天宝年间，改州为郡，则实行道、郡、县三级管理体制。不久，复郡为州。唐末五代，安徽全境除颍、亳、宿三州外，为杨行密建立的吴政权辖区，继后，为南唐政权。公元 958 年，南唐献江北 14 州于后周。

五代十国时期，淮北地区先后为后梁、后唐、后晋、后汉、后周 5 个小王朝分领，南方（含江淮、江南地区）先后为吴国和南唐国所据有。

北宋时期，实行路、府、县三级管理体制。今安徽境内分属京东西、京西北、淮南东、淮南西、江南东 5 路。下置 2 府 11 州 3 军，共辖 63 县。

宋、金对峙期间，南宋初领全省，后以淮河为限与金国对峙，江淮地区常为战场，北方先后为金国（含伪楚、伪齐）、蒙古汗国和元朝所据。南宋先后在省境内设 51 个县 2 个监，涉及 3 个府 8 个州 7 个军，计 18 个二级行政区划，为淮南东、淮南西、江南西 3 个路分领。

元朝实行行省、路（府、州）、散府（州、军）、州（县）四级管理体制。今安徽境内设 60 个县，涉及 11 个路 2 个府 10 个州，分属 3 个行省。江南各县属江浙行省，江北各县基本上属河南江北行省。

明朝实行三级管理体制。其中，南北两直隶及十三布政使司为一级行政区划，府、直隶州（厅）为二级行政区划，散州和县（厅）为三级行政区划。今安徽省境为南直隶西部地区，设49个县7个散州，涉及凤阳、庐州、安庆、太平、池州、宁国、徽州7府及徐州、滁州、和州、广德4个直隶州，计11个二级行政区划，其中凤阳府为明朝的陪都称明中都。

清初承明制，改直隶南京为江南省，今安徽境内属江南省西部地区，仍设56个散州和县（不含已划出的盱眙、英山、婺源3个县，但含萧、砀山2个县），涉及安庆、徽州、宁国、池州、太平、庐州、凤阳7个府及徐州、广德、和州、滁州4个直隶州，计11个二级地方行政区划。

清代实行道、府（直隶州、厅）、县（散州、厅）三级管理体制。省境内共设54个州县（4个散州，50个县）。太平天国在安徽境内占领区建政是采取省、郡（州）、县三级管理体制，改清代的府为郡。

中华民国成立后，初期实行省、县二级管理，今安徽境内砀山、萧县属江苏省，其余60个县仍属安徽省。1914年6月2日，全国实行省、道、县三级管理体制，砀山、萧县属江苏省徐海道；皖属淮北地区及部分淮南地区属淮泗道，江淮地区属安庆道，江南地区属芜湖道。

南京国民政府初期实行省、县二级管理体制。1932年，实行首县制；10月10日，实行行政专员督察区（专区）制。抗日战争期间，除国统区外，由中国共产党领导的抗日民主根据地，安徽省境建政完善的根据地共有皖中（江）、淮北、淮南3块，其边区政府（又称行政公署）相当于省级，其下为专区，再下为市、县。此外，日伪、汪伪政权也在沦陷区建省，今安徽省境分属淮海、安徽2个省，下设专区，再下为市、县。安徽境内在中华民国后期共设62个县1个市，计63个二级地方行政区划。

中华人民共和国成立初期，皖北地区分属皖西、江淮、豫皖苏边区3个行政公署，下设专区，再下为县、市。1938年4月3日，华东局电请中央批准成立皖北人民行政公署。经中央批准，15日，撤销3个行政公署，成立皖北人民行政公署。4月15日，皖北人民行政公署颁发第一号通知，公布皖北行署统辖的专区、市、县。5月13日颁发第一号通知，公布皖南行署统辖调整后的专区、市、县。皖南、皖北2个行署行使省的权力，但比省的规格要小。行署下辖直辖市、专区，再下为县及专辖市。

二、1949 年后安徽省行政区划演变

1949 年 4~5 月，安徽的长江以北和江南先后解放，行政管理以长江为界设皖北行署区和皖南行署区。原安徽省分别由皖北、皖南行署管辖，无省建制。皖北行署治合肥市，辖合肥市、蚌埠市、淮南矿区和阜阳、宿县、滁县、巢湖、六安、安庆 6 区，下有 4 个县级市、47 个县、1 个县级办事处（阜南）。皖南行署治芜湖市，辖芜湖市、芜当、宣城、池州、徽州专区，下有 4 个县级市、22 个县。

1952 年 1 月 12 日，中共安徽省委成立。8 月 7 日，撤销皖南、皖北人民行政公署，安徽省人民政府驻合肥市。8 月 25 日，安徽省人民政府委员会第一次会议在合肥召开，宣布安徽省人民政府正式成立，仍属华东军政委员会领导。与此同时，将原宿县专区的萧县、砀山两县划归江苏省徐州专区；撤销池州、宣城、巢湖 3 个专区。原由皖南行署直辖的芜湖市和皖北行署直辖的合肥、蚌埠、淮南、安庆 4 城市改由安徽省直辖；下设六安、阜阳、宿县、滁县、芜湖、徽州、安庆 7 个专区。至此，全省共辖 8 个市（5 个直辖市、3 个专区辖市），67个县（见表 1–2）。

表 1–2　1952 年安徽省行政区划简表

地、市名称	所辖市县
合肥市	辖东市区、西市区、车站区、东郊区、西郊区
芜湖市	辖环城区、长街区、新芜区、河南区、郊区
蚌埠市	辖东市区、西市区、中市区、小蚌埠区
淮南市	（组建中的安徽省省辖市）
安庆市	城中区、城西区、城东区
阜阳专区	专署驻阜阳县，辖界首市、阜阳县、太和县、亳县、涡阳县、蒙城县、凤台县、颍上县、临泉县、阜南县
宿县专区	专署驻宿城市，辖宿城市、宿县、灵璧县、泗县、泗洪县、五河县、怀远县、濉溪县
滁县专区	专署驻滁县，辖滁县、来安县、全椒县、定远县、凤阳县、嘉山县、盱眙县（今属江苏）、炳辉县（今天长）、肥东县
六安专区	专署驻六安县，辖六安县、舒城县、霍山县、金寨县、寿县、霍邱县、肥西县
安庆专区	专署驻安庆市，辖怀宁县、望江县、宿松县、太湖县、岳西县、潜山县、桐城县、湖东县、东流县、至德县（梅城镇）、青阳县、贵池县、铜陵县

续表

地、市名称	所辖市县
芜湖专区	专署驻芜湖市，辖巢县、无为县、含山县、和县、庐江县、芜湖县、宣城县、当涂县、南陵县、郎溪县、广德县、泾县、繁昌县
徽州专区	专署驻屯溪市，辖屯溪市、歙县、旌德县、绩溪县、休宁县、黟县、祁门县、太平县、石埭县、宁国县

资料来源：根据百度百科整理。

1953 年以后县以上行政区划变更如下：

1953 年：徽州专署管辖的屯溪市改为省直辖。撤销宿城市，并入宿县。撤销界首市，设立界首县。

1954 年：安徽省改由中央直接领导。

1955 年：安徽省将泗洪、盱眙 2 县划归江苏省；萧县、砀山 2 县由江苏省划归安徽省宿县专区。原省直辖的屯溪市划归徽州专署管辖。安庆专区管辖的湖东县改称枞阳县。

1956 年：设马鞍山、铜官山 2 市，省直辖。屯溪市改由省直辖。将原徽州、芜湖 2 专区合并，称为芜湖专区。宿县、滁县 2 专区合并，改为蚌埠专区。

1958 年：撤销铜陵县，并入铜官山市，改名为铜陵市。马鞍山、屯溪 2 市由省直辖改为芜湖专署管辖。蚌埠专区的肥东县划归合肥市管辖。巢县划归合肥市管辖。原属芜湖专区的庐江县划归六安专区。

1960 年：设立濉溪市为省辖市。蚌埠、芜湖、马鞍山、铜陵、安庆 5 市均改为省直辖。原芜湖专区分设芜湖、徽州专区。合肥市管辖的巢县划入芜湖专区。蚌埠市改由省直辖。复设滁县专区，专署驻滁县，辖 8 县。原由合肥市管辖的肥东县也划入滁县专区，肥西县划入六安专区。

1962 年：屯溪市改由省直辖。

1964 年：撤销铜陵市，设立铜陵特区，省直辖。

1965 年：芜湖市划归芜湖专区管辖。芜湖县迁驻芜湖市。安庆市划归安庆专署管辖。恢复巢湖特区，专署驻巢湖。恢复池州专区，专署驻贵池县。

1970 年：原宿县、滁县、巢湖、芜湖、徽州、池州、安庆、六安、阜阳 9 专区分别改为地区。

1971 年：铜陵特区改名为铜陵市，濉溪市改名为淮北市，芜湖县迁驻湾沚镇。

1973 年：芜湖市改由省直辖。

1974 年：徽州地区管辖的太平县划归池州地区、铜陵县划归铜陵市管辖。

1975 年：复设屯溪市，属徽州地区管辖，阜阳县析置阜阳市，属阜阳地区领导。

1979 年：安徽省直辖合肥、淮南、淮北、蚌埠、马鞍山、芜湖、铜陵、安庆 8 市，分设宿县、滁县、巢湖、芜湖、徽州、池州、安庆、六安、阜阳 9 地区。全省共辖 12 市（包括 8 个省辖市，4 个地辖市）、70 个县。

1983 年：巢湖地区肥东县和六安地区肥西县划归合肥市管辖。将宣城地区繁昌、南陵、青阳三县划归芜湖市管辖。当涂县划归马鞍山市管辖。将宿县地区怀远、固镇、五河三县划归蚌埠市管辖。撤销巢县，该县行政区域并入巢湖市。撤销太平县，设立县级黄山市，由安徽省直接管辖。

1989 年：阜阳地区撤销界首县，设立界首市。

1993 年：撤销滁县地区，设立滁州市。撤销天长县，设立县级天长市。

1994 年：撤销嘉山县，设立县级明光市。

1996 年：撤销阜阳地区、县级阜阳市，设立地级阜阳市。撤销桐城县，设立桐城市，归安庆地区管辖。

1997 年：撤销宁国县，设立宁国市。

1998 年：撤销宿县地区，设立地级宿州市，撤销县级宿州市，设立埇桥区。设省辖市亳州市。

1999 年：撤销巢湖地区和县级巢湖市，设立地级巢湖市，巢湖市设立居巢区。撤销六安地区和县级六安市，设立地级六安市。

2000 年：撤销县级池州市，设立地级亳州市。撤销宣城地区和县级宣州市，设立地级宣城市。撤销池州地区和县级贵池区，设立地级池州市。

2006 年：县以上行政区划变更。经省政府同意，省民政厅批复，将肥西县的南岗镇划入合肥市蜀山区，将烟墩乡划入包河区；将濉溪县的古饶镇划入淮北市烈山区；将阜南县的袁集镇划入阜阳市颍州区。

2011 年：撤销地级巢湖市；撤销原地级巢湖市居巢区，设立县级巢湖市，新设县级巢湖市由省直辖，合肥市代管；原地级巢湖市管辖的庐江县划归合肥市管辖；原地级巢湖市管辖的无为县划归芜湖市管辖；和县的沈巷镇划归芜湖市鸠江区管辖；原地级巢湖市管辖的含山县、和县（不含沈巷镇）划归马鞍山市管辖。

2016 年 1 月，安庆市枞阳县划归铜陵市管辖，撤销铜陵市铜官山区、狮子山区，设立铜陵市铜官区；撤销铜陵县，设立铜陵市义安区；将六安市寿县划归淮南市管辖，设立六安市叶集区，将霍邱县的叶集镇、三元镇、孙岗乡划归叶集区管辖。

截至 2017 年 12 月，安徽省辖 16 个地级市、6 个县级市、55 个县、44 个县级区和 1522 个乡镇、街道办事处。

参考文献

［1］徽风皖韵［EB/OL］. 安徽人民政府网站，http：//www.ah.gov.cn/hfwy/index.html.

［2］郑龙亭，徐繁. 安徽旧石器时代［C］//邓涛，王原. 第八届中国古脊椎动物学学术年会论文集. 北京：海洋出版社，2001：255–262.

［3］李海燕. 安徽沿淮及江淮地区的新石器时代文化［D］. 合肥：安徽大学，2007.

［4］安徽省人民政府. 安徽年鉴（2017）［M］. 合肥：安徽年鉴社，2017.

第二章 区域发展条件与基础

第一节 自然条件

自然条件是指一个地域经历成千上万年非人为因素改造形成的基本情况，广义的自然条件包括自然资源，狭义的自然条件指除去自然资源以外的所有影响社会经济发展与分布的自然因素，如地形、地貌、气候等条件。这里指狭义的自然条件。

一、地形地貌

安徽省地貌类型齐全，是一个以平原、丘陵为主的省份（见表2-1）。全省地势西南高、东北低，长江和淮河自西向东横贯全境。全省大致可分为淮河中游平原区、江淮丘陵区、皖西大别山地区、沿江平原区、皖南丘陵山地五个地貌区。主要山脉有大别山、黄山和九华山，最高峰为黄山莲花峰。它们之间为新安江、水阳江、青弋江谷地，地势由山地核心向谷地渐次下降，形成由中山、低山、丘陵、台地和平原组成的层状地貌格局。山地多呈现北东向和近东西向展布，山间大小盆地镶嵌其间，其中以休宁盆地为最大。全省共有河流2000多条，湖泊500多个，著名的有长江、淮河、新安江和全国五大淡水湖之一的巢湖。

表 2-1　2014 年安徽省地形概况

区域	面积（平方千米）	山峰	高程（米）	河流	长度（安徽境内，千米）	湖泊	面积（平方千米）
总面积	140140	大别山	1729.0	淮河	430	巢湖	800
山区	41162	黄山	1864.8	长江	416		
平原	34608	九华山	1344.4	新安江	240		
丘陵	40448	天柱山	1489.8				
圩区	12097						
湖泊洼地	11122						

资料来源：《安徽统计年鉴》（2015）。

（一）淮河中游平原区

淮河中游平原，位于安徽省北部，为省内平原中的主体，其范围包括淮河以北的全部地区和淮河以南宽 10~60 千米的地区。淮河中游平原为黄淮大平原的一部分，地面主要由淮河主支流的沉积和黄河的泛滥所形成。因各地的成因、发育过程等的不同，地貌形态差异较大，又可分为黄泛平原、砂姜黑土平原、沿淮滩地、淮南阶状地四个次级单元。

（二）江淮丘陵区

江淮丘陵区是大别山向东的延伸部分，属于长江与淮河的分水岭，面积约 2 万平方千米，地处安徽中部，包括肥西、肥东、六安、长丰、定远、凤阳、滁州、天长、全椒、来安、巢县等地。东部、南部较高，海拔多在 100~300 米。东部张八岭和凤阳山地区，海拔一般在 100~200 米。江淮丘陵长期处于侵蚀剥蚀环境，地面基本上已被夷平，表现为波状起伏的丘陵和河谷平原。江淮丘陵位于北亚热带向暖温带的过渡带上，气候、植被、土壤等都有明显的过渡性特征。

（三）皖西大别山地区

皖西大别山山地，位于安徽省内江淮间的西部，即通常所称的大别山区及其附近的丘陵地，在行政区划上主要包括六安和安庆的一部分。区内不但山地面积大于丘陵面积，而且千米以上中山更占全区总面积的 20%。全区据地貌类型的不同，可以分为南、北、中三个次级单元。

（四）沿江平原区

沿江平原，位于皖西丘陵山地、江淮丘陵台地和皖南丘陵山地间的长江两岸，在行政区划上包括安庆、池州、铜陵、芜湖、宣城、马鞍山、巢湖、滁州、合肥诸地市的一部分或全部，是长江中下游平原的重要组成部分之一。沿江平原，西狭东阔，大致在铜陵以西由于受皖西、皖南两山地约束，宽度一般为30~50千米，成为谷地。在铜陵以东，则突见开阔。沿江平原，就总体而论，为一平原，但实际上有相当多的山地和丘陵散布，即使同为平原，各地的地貌特征也有区别，故又可将其分为巢湖盆地、滁河平原、天长平原、大别山东南山前平原、江北丘陵带、安庆谷地、和无平原和宣芜平原八个次级单元。

（五）皖南丘陵山地

皖南丘陵山地，位于安徽省境内南部。此丘陵山地由于长期以来的地壳活动和基岩岩性复杂，因此，地貌形态及类型组合多样。区内既有主峰为全省最高点的黄山，也有面积为全省盆地之首的屯溪盆地，从而可将其分为北部低山丘陵带、中部低山中山带、屯溪盆地、东南部低山中山带、东北部丘陵带等次级地貌单元。

二、气候条件

（一）季风明显，四季分明

安徽省地处中纬度地带，由于受太阳辐射、季风环流、地理位置和地形等因素的综合影响，形成了暖温带向亚热带过渡的气候类型，在淮河以北属暖温带半湿润季风气候，淮河以南属亚热湿润季风气候，具有雨热同期，四季分明，春暖多变，夏雨集中，秋高气爽，冬季寒冷的气候特点。所以安徽省各地四季分明，春暖、夏热、秋爽、冬寒的气候明显。

（二）气候温和，雨量适中

安徽省年平均气温在14℃~17℃，属于温和气候型。1月平均气温在-1℃~4℃，7月平均气温为28℃~29℃，各地年较差都小于30℃，所以大陆性气候不明显。除少数年份外，一般寒冷期和酷热期较短促。年平均降水量800~1800毫米，有南多北少，山区多、平原丘陵少的特点。夏季雨水丰沛，沿江和江南雨季偏早，春夏雨量相当；江淮之间夏雨占年降水量的40%~50%，淮北大部分地区占50%以上。淮北正常年份降水偏少，一般在900毫米以下，以种植耐旱作物为主。江南、沿江西部和大别山区在1200毫米以上，因山区日照少，云雾多，湿度大，宜种植茶、林等作物。

800毫米等雨量线横贯江淮丘陵中部。山区降水一般随山体高度增加而增加，黄山光明顶年平均雨量达 2300 毫米。从全国降水分布来看，安徽省雨量比较适中，一般年份都能满足农作物生长发育的需要。

（三）春温多变，秋高气爽

4 月、5 月是冬季风向夏季风转换的过渡时期，南北气流相互争雄，进退不定，锋面带南北移动，气旋活动频繁，天气气候变化无常。因此，时冷时暖、时雨时晴是安徽省春季气候的一大特色。春季气温上升不稳定，日变化大，春温低于秋温，春雨多于秋雨。3 月、4 月、5 月三个月降水量约占全年降水量的 20%~38%，自北而南增大。江南雨季来得早，全年雨量集中期在 4 月、5 月、6 月三个月，沿江西部、屯溪、祁门一带春雨甚至多于夏雨。春温低、春雨多，特别是长时间的低温连阴雨，对早稻及棉花等春播作物的苗期生长不利。秋季，除地面常有冷高压盘踞外，高空仍有副热带暖高压维持，大气层结比较稳定，秋高气爽，晴好天气多。秋季 9~11 月降水量只占全年降水量的 15%~20%，南北差异不大。因此，安徽省各地常出现夹秋旱和秋旱。少数年份，在夏季风撤退和冬季风加强过程中，气旋、锋面带来的秋风秋雨，对秋收秋种不利。

（四）梅雨显著，夏雨集中

夏季雨水丰沛，沿江和江南雨季偏早，春夏雨量相当；江淮之间夏雨占年降水量的 40%~50%，淮北大部分地区占 50% 以上。梅雨期最长达 57 天（1954年），当年梅雨量是正常年份降水量的 1~2 倍，发生了百年不遇的洪涝灾害。1958 年、1959 年、1966 年、1967 年、1978 年和 1994 年等，由于梅雨期很短或者空梅，造成了严重干旱乃至百年未见的大旱。可见梅雨量的多寡与安徽省旱涝灾害及农业生产的关系极大。夏雨集中的程度由南向北逐渐在增大，6 月、7 月、8 月三个月降水量约占全年降水量的 33%~60%，夏季是农作物生长旺盛的季节，需水量大，夏雨集中，对农作物生长有利，但过于集中，雨量过大，则易出现涝灾，对农业生产和人民生活都有危害。

第二节　自然资源

自然资源是指自然物质经过人类的发现被输入生产过程或直接进入消耗过

程，变成有用途的或能给人以舒适感从而产生经济价值以提高人类当前和未来福利的物质和能量的总称。安徽是一个资源大省，自然资源类型多样，品位高，但资源空间分布不均匀，地域差异大。

一、水资源

水资源不但是一种重要的实物资源，而且也是一种生态环境资源。安徽省河湖众多，地跨淮河、长江、新安江三大流域，湖泊星罗棋布、纵横交错、水域辽阔，水资源丰富。安徽拥有长度 10 千米以上的河流 600 多条；皖中有巢湖 783 平方千米，为安徽第一大湖，全国第五大淡水湖，皖西有梅山、响洪甸、佛子岭、龙河口、磨子潭五大水库，皖南有太平湖蓄水 110 多亿立方米。全省地表水资源量 712.86 亿立方米，地下水资源量 178.91 亿立方米，扣除重复计算量，水资源总量为 778.48 亿立方米，居全国第 16 位。但是人均水资源量少，时空分布不均，安徽人均水资源占有量 1279.78 立方米，低于全国平均水平。受季风气候降水季节变化大的影响，安徽水资源季节分配不均，主要集中在夏季。受降水南多北少的影响，水资源地区分布不均，长江、新安江流域丰富，淮河流域不足，特别是安徽省北部地区水资源总量较少，例如淮南、淮北、亳州等市（见表 2-2）。

表 2-2 2014 年安徽省各市水资源情况

地区	水资源总量（亿立方米）	地表水资源量（亿立方米）	地下水资源量（亿立方米）	地表与地下水资源重复量（亿立方米）	人均水资源量（立方米）
合肥市	49.63	47.62	8.33	6.32	644.90
淮北市	6.76	3.00	4.62	0.86	313.18
亳州市	27.39	16.11	15.08	3.80	548.24
宿州市	24.61	12.41	15.66	3.16	454.06
蚌埠市	21.34	15.34	9.25	3.25	655.04
阜阳市	35.71	23.70	17.18	5.17	456.47
淮南市	7.70	5.88	3.08	1.26	324.22
滁州市	46.08	43.69	10.10	7.71	1156.34
六安市	98.64	96.04	19.70	17.10	1722.97
马鞍山市	20.01	18.18	4.41	2.58	897.71
芜湖市	35.39	33.07	7.48	5.14	978.33
宣城市	94.98	94.15	14.41	13.58	3689.69

地区	水资源总量 (亿立方米)	地表水资源量 (亿立方米)	地下水资源量 (亿立方米)	地表与地下水资 源重复量 (亿立方米)	人均水资源量 (立方米)
铜陵市	7.08	6.59	1.27	0.78	959.22
池州市	71.95	70.55	11.02	9.62	5031.47
安庆市	119.23	114.85	20.59	16.21	2217.98
黄山市	111.68	111.68	16.75	16.75	8193.69
总计	778.48	712.86	178.91	113.29	1279.78

注：水资源总量 = 地表水资源量 + 地下水资源量 − 地表与地下水资源重复量。
资料来源：《安徽统计年鉴》（2015）。

二、土地资源

（一）位于南北过渡地带，土壤类型众多

安徽省地跨暖温带与亚热带之间，东部距海200多千米，受东南季风影响较大，而安徽省又系南北长、东西窄，所以土地利用的纬度地带性特点十分明显，即安徽省的土地资源受地带性和地域差异的共同作用，以及光、热、水的共同影响而形成了多样的类型，加之开发历史和社会经济条件的不同，形成了不同的利用方式，并且均占一定的比重。

安徽省土壤资源自然分布状况为：淮北平原低山丘陵有地带性土壤——棕壤分布，淮北平原上主要为半水成土纲的非地带性土壤——潮土与砂姜黑土。江淮丘陵岗地，主要是北亚热带的地带性土壤——黄棕壤和下蜀黄土母质上发育的黄褐土。东部和西部是由多种母岩风化物发育的黄棕壤，中部多为黄褐土和水稻土。沿江多为长江冲积物和山河冲积物发育的灰潮土，以及在这些土壤上久经耕作种稻而发育成的各种类型水稻土，除此之外，在长江沿岸冲积平原边缘，即在沿江二、三级阶地上，多出现下蜀黄土发育的黄褐土和第四纪红土发育的棕红壤，长江以北以黄褐土较多，长江以南则以棕红壤出现较普遍。皖南属北亚热带向中亚热带过渡地区，地带性土壤是黄壤与红壤，受母质影响深刻的棕红壤出现也较多。此外，多种类型的水稻土、紫色土、石灰（岩）土也散布在这些土壤分布区中。紫色土大面积分布在皖西大别山外围和皖南休屯盆地边缘丘岗地带。

（二）自然条件优越，土地自然生产力较高

安徽省光照充足，雨量适中，热量条件较好，且雨热同季，适宜于多种作

物、经济林木生长和农林牧渔各业的全面发展。土地的自然生产力在 11588~15399 公斤/公顷·年，远远高于现有农田的实际产量；粮食作物以及用材林、经济林木等发展潜力很大。

（三）区域差异性较大，利用不平衡

安徽省地形错综复杂，形成了平原、山地、丘陵、岗地等多种地貌类型组合。全省耕地面积约 418 万公顷（2013 年），平原地区集中了 70%的耕地，丘陵地区集中了 21%的耕地，其余 9%散布于大别山区和皖南山区。

皖北地区地势平坦，多为平原，耕地主要集中在北部平原区，该区域耕地面积占全省耕地面积的 60%；皖西大别山地区和皖南丘陵山地地区耕地面积极少，分别只占全省耕地面积的 6.1%和 6.2%，该区域的主要土地利用类型为园地、林地、牧草地。

（四）耕地基础肥力较差，后备资源缺乏

安徽省土地资源开发利用程度高，土地利用率高达 91.58%，未利用土地117.92 万公顷，只占全省土地总面积的 8.42%，未利用土地中的可利用土地只占27.2%，占全省土地总面积的 2.3%，耕地后备资源缺乏。因此，安徽省人均耕地偏少、耕地资源偏紧的状况，将在相当长的时间内难以逆转。

安徽省耕地基础肥力较差，大部分有机质含量较低，缺磷少氮。南方山地丘陵区，贫瘠的红壤分布较广，部分宜农耕地因水源限制，目前不宜农耕；山区一些地方因为水土流失严重，需要退耕还林，所以也不适宜开垦；北部平原区基本已到开垦极限，潜力不多。

三、生物资源

（一）植被结构复杂，作物经济价值高

安徽省是我国南北交界的过渡地带，地貌类型多样，并且地跨暖温带和亚热带，所以植被结构复杂，皖北为暖温带阔叶林带；皖中属于亚热带常绿阔叶林，落叶阔叶混交林带；皖南和皖西大别山为亚热带常绿阔叶林带。全省共有野生植物 3200 余种，许多植物种类具有较高的经济价值，是工业、食品、化工、药材的原料。在农作物中，粮食作物主要有水稻、小麦、山芋、大豆、玉米、高粱、大麦等；经济作物主要有棉花、油料、烟草、麻类、蚕桑、茶叶、水果、蔬菜、药材等。林作物主要是木材、毛竹、油茶籽、板栗、松脂、油桐等。珍稀植物有

五针松、醉翁榆、琅琊榆、安徽石斛等，安徽省省树为黄山松，省花为皖杜鹃，省鸟为灰喜鹊。皖南歙县为枇杷之乡，宁国为山核桃之乡，广德为竹子之乡，祁门为红茶之乡，大别山金寨为板栗之乡，淮北阜南为杞柳之乡。

（二）动物资源丰富，优良品种享誉全国

安徽省野生动物近 500 余种，珍稀野生动物 54 种，国家一、二级保护动物分别有 18 种和 368 种。饲养动物主要有猪、牛、羊、马、驴、骡、鸡、鸭、鹅、兔等家禽家畜，水产主要是鱼、虾、蟹、贝类，其中鱼类有 170 多个品种。在众多的动物种类中，扬子鳄和白鳍豚是世界现存的最古老的动物种类，被誉为活化石。

四、矿产资源

安徽省地形多样，地质结构复杂，有利于矿产资源的形成（见表 2-3）。从总量上看，截至 2015 年，安徽省已发现矿产 158 种，占全国 237 种的 66.66%；全国探明资源储量的矿产有 227 种，安徽省查明资源储量的矿产有 123 种。列入年度资源储量统计的有 91 种（不含水气矿产），已经开采利用的有 106 种。全省已探明的固体矿产地 1721 处，其中单一和主要矿种 1297 处。资源储量规模达到大中型的有 477 处。其中，煤矿 87 处，铁矿 63 处，铜矿 10 处，硫铁矿 20 处，金矿 7 处，水泥用灰岩 75 处，石膏矿 15 处。从分布上看，安徽省矿产资源分布相对集中，主要分布于两淮、沿江及庐枞、霍邱地区，安徽南部形成以铁、铜等金属矿床为优势矿种，北部以能源为优势矿种，非金属矿散布全省各地的分布特征；地热资源主要分布在沿江地区，皖中盆地、皖西北地区、皖南及大别山区；安徽省矿泉水资源丰富，类型齐全、产地多，分布范围广，已勘查评价和鉴定的矿泉水水源地 144 处，可开采量 6 万立方米/年。

表 2-3　安徽省主要矿产资源基础储量

主要矿产	基础储量（亿吨）
煤炭	113.28
铁矿	21.55
铜矿	213.72
钼矿	126.40
硫铁矿	3.17

续表

主要矿产	基础储量（亿吨）
水泥用灰岩	42.44
玻璃用石英岩	4.30
石膏	35.11
方解石	1.55

资料来源：《安徽统计年鉴》（2015）。

（一）能源矿产

安徽省的能源矿产已发现 7 种，有煤、石煤、石油、天然气、地热、铀、钍。已探明工业储量的有煤、石煤、石油 3 种。其中煤炭资源尤为丰富（见表 2-3），保有储量 246 亿吨，居全国第 7 位，华东第 1 位，探明的煤炭储量 99%分布在淮南煤田和淮北煤田，其中淮南市和淮北市已探明的煤炭储量分别占全省的 51%和 18%。随着煤炭资源的开发利用，淮南市和淮北市已成为全国的重要能源生产基地。目前，探明的煤炭资源已开发利用的仅占 1/3，开发矿区达 105 处，还有 2/3 的煤炭储量尚未被开发利用。

（二）金属矿产

安徽省金属矿产种类繁多，铁、铜、硫铁矿三种矿产的保有储量均居全国前 5 位，是安徽省的优势矿产。铁矿保有储量 30 亿吨，居全国第 5 位，探明的储量主要集中在马鞍山市（含当涂县）、庐江县和霍邱县。依靠丰富的铁矿资源，经过多年的开发和建设，马鞍山市已成为国家重要的钢铁生产基地。探明的铁矿资源已开发利用的仅为 1/5，还有 4/5 的铁矿储量尚未被开发利用。安徽省有色金属矿产已发现的有铜、锌、钼、钴、锑、铝、镍、锡、铅、镁等，其中铜、铅、锌、钴、钨、钼、锑已有探明工业储量。铜的保有储量居全国第 5 位，已探明的铜矿储量分布在铜陵市、贵池区、南陵县、濉溪县、怀宁县、枞阳县、庐江县、宣州区、全椒县和歙县。其中，铜陵市（县）的铜矿储量占全省储量的 3/4，铜陵已成为国内闻名的铜生产基地。

五、旅游资源

安徽山河壮丽，古迹甚多，是中国旅游资源最丰富的省份之一。现有五个国家级重点风景名胜区：黄山、九华山、天柱山、琅琊山、齐云山。南方以山水著名，北方以文物古迹见长。黄山以"奇松、怪石、云海、温泉"堪称四绝，被联合国科教文组织列入《世界自然与文化遗产名录》，同时还被列为世界地质公园，令世人瞩目；九华山是中国四大佛教名山之一，景色清幽，香火鼎盛，以佛教殿堂与皖南民居相结合而独树一帜；巢湖为中国五大淡水湖之一，江、湖、山、泉并存，以水见长，"湖光、温泉、山色"是巢湖风景三绝；著名的道教圣地齐云山（四大道教名山之一），摩崖石刻、道教遗存和别具一格的丹霞地貌令人瞩目；曾被汉武帝封为"南岳"的天柱山，雄奇灵秀兼备；琅琊山以宋代欧阳修的《醉翁亭记》而名扬天下，它以茂林、幽洞、碧湖、流泉为特色。除国家级景区外，还有 19 处省级风景名胜区。安徽文化遗存丰富而别具特色，亳州、寿县、安庆、绩溪、歙县为国家级历史文化名城。其中歙县是历史上的徽州府所在地，新安画派、新安医学、歙派篆刻、徽派版画、徽派园林建筑、徽菜和徽剧的发祥地就在等地。集中在歙县、黟县境内的明清民居、祠堂和石坊，数以千计，历经沧桑而古貌犹存，其数量之多，构思之奇巧，石、木、砖雕之精美，举国罕见，是民间建筑的杰作，成为安徽民俗旅游的必游之地。安徽还有牯牛降、扬子鳄、鹞落坪 3 处国家级自然保护区、23 个国家森林公园、7 个国家地质公园（如黄山、八公山等）、9 处国家重点文物保护单位（如凤阳中都城和明皇陵遗址、"和县猿人"遗址、歙县许国石坊、亳州花戏楼等）。

安徽拥有以下世界遗产：

（1）黄山：位于安徽省南部。原名"黟山"，因峰岩青黑，遥望苍黛而名。后因传说轩辕黄帝曾在此炼丹，故改名为"黄山"。黄山有 72 峰，主峰莲花峰海拔 1864 米，与光明顶、天都峰并称黄山三大主峰。黄山代表景观有"四绝三瀑"，四绝为奇松、怪石、云海、温泉，三瀑为人字瀑、百丈泉、九龙瀑。黄山盛景，以峰为体。这里峰如林海，劈地摩天，危岩突兀，幽壑纵横，美不胜收，生长在花岗岩石上的奇松和浮现在云海中的怪石相得益彰。历代游客盛赞"天下美景集黄山"，谓泰岱的雄伟、华山的峻峭、衡岳的烟云、匡庐的飞瀑、雁荡的怪石、峨眉的清凉，黄山兼而有之。明朝旅行家徐霞客登临黄山时赞叹："登黄山，天下无山，观止矣！"黄山是安徽旅游的标志，1982 年被国务院列为首批国家级重点风景名胜区，1986 年列入中国十大风景名胜区，1990 年 12 月被联合国教科文组织列入世界遗产名录，为世界文化与自然双重遗产。2004 年入选首批世界地质公园，2015 年入选首批世界自然保护联盟（IUCN）绿色名录，2018 年成为世界生物圈保护区网络成员。

（2）西递：坐落于黄山南麓，黄山市黟县境内。因村边有水西流，又因古有递送邮件的驿站，故而得名"西递"，素有"桃花源里人家"之称。西递始建于北宋庆历七年（公元 1047 年），是一个由胡氏家庭几十代子孙繁衍延绵而形成的古村落。西递古村落的整体布局、环境建筑风格等方面完好地保存了明清时期的古朴风貌。全村有 14~19 世纪祠堂 3 幢、牌坊 1 座、保存完好的明清古民居建筑 224 幢（其中 124 幢列入全国重点文物保护单位）。两条清泉穿村而过，99 条高墙深巷使游客如置身迷宫。所有街巷均以黟县青石铺地，古建筑为木结构、砖墙维护，木雕、石雕、砖雕丰富多彩，巷道、溪流、建筑布局相宜。村落空间变化韵味有致，建筑色调朴素淡雅，体现了皖南古村落人居环境营造方面的杰出才能和成就。2000 年 11 月，西递被正式列入世界文化遗产名录。

（3）宏村：位于黄山市黟县城东北 11 千米处，为明、清、民国时期徽州民居建筑群。保护面积 28 万平方米，明清建筑有 103 幢，民国时期建筑有 34 幢。宏村始建于南宋绍熙年间（公元 1190 年），原为汪姓聚居之地，绵延至今已有 800 余年。古宏村人独出机杼，开"仿生学"之先河，规划并建造了堪称"中华一绝"的牛形村落和人工水系，统看全村，就像一只昂首奋蹄的大水牛，成为当今"建筑史上一大奇观"。它背倚黄山余脉羊栈岭、雷岗山等，地势较高，经常云蒸霞蔚，有时如浓墨重彩，有时似泼墨写意，真好似一幅徐徐展开的山水长卷，因此被誉为"中国画里的乡村"。2000 年 11 月，宏村被正式列入世界文化遗产名录。

第三节　社会经济条件

一、劳动力

人是社会财富的创造者，也是物质财富的消费者，人对生产力的发展变化产生了重要的影响。安徽省是全国第八大人口大省，2015 年末，全省常住人口 6144 万人，比 2014 年末增加 61 万人，人口自然增长率为 6.98‰，人口死亡率为 5.94‰，人口出生率为 12.92‰。

（一）人口发展

从中华人民共和国成立初期到现在，安徽省同整个中国的大形势一样，人口增长很快。从 1953 年第一次人口普查到 2010 年第六次人口普查，安徽省总人口从 3066.3 万人增加到了 5950.0 万人，增长了将近一倍（见表 2-4）。

表 2-4　安徽省六次人口普查基本情况

项目	第一次（1953 年）	第二次（1964 年）	第三次（1982 年）	第四次（1990 年）	第五次（2000 年）	第六次（2010 年）
总人口（万人）	3066.3	3124.1	4966.6	5618.1	5900.0	5950.0

资料来源：《安徽 60 年》。

人口增长主要来源于两个方面：一是人口自然增长，即出生人口数减去死亡人口数；二是机械增长，即流动人口。安徽省 1980 年人口自然增长率为 15.3‰，1990 年人口自然增长率为 18.2‰，人口自然增长率呈先降低后增长的趋势；1990~2015 年，安徽省人口自然增长率呈持续下降趋势，近几年维持在 6‰多。

人口流动性能够从一定程度上反映一个地区的经济发展状况，安徽省第六次全国人口普查主要数据显示，21 世纪以来安徽省人口省际、省内流动明显增强，以向省外输出劳动力为主，人口省内流动占比小，且输出劳动力男性占多数，这与地区发展差异和劳动力性别需求不同有关。安徽省虽然靠近长三角地区且与长三角地区联系密切，但是安徽省经济发展水平与长三角地区相差甚远，较大的经济差距必然使安徽省流动人口向长三角地区谋求更高的经济收入。随着长三角地区经济深入发展，长三角地区部分产业转移到安徽，产业的输出不仅使部分安徽省人回到自己的家乡，同时也使长三角地区城市的人迁往安徽，还将进一步吸引更多的外来人口，因此安徽省未来流入人口可能会相对增多，这为安徽省经济的发展带来了技术、资金和优质劳动力，有利于安徽省产业转型。

（二）人口构成

1. 性别构成

和全国大形势一样，安徽省人口性别存在失调现象，从 20 世纪 80 年代开始延续至今。根据人口普查数据，1980 年全省人口性别比（女=100）为 107.07，1990 年为 107.59，2000 年为 107.88，2010 年为 103.39，2015 年为 102.66，性别比基本上属于正常范围。中国在 1950 年以来的 30 年中，出生人口性别比基本上维持在正常范围内，然而随着计划生育工作的持续深入开展，中国的出生人口性别比在 20 世纪 80 年代后期开始异常并呈逐渐上升的趋势。安徽省在近十几年里男女出生性别比持续在 120 多，高于全国平均水平，而正常水平是在 103 到 107 之间。根本原因即是根植于经济制度、文化传统、家族体制的男性偏好。

出生人口性别比失调一方面给社会带来充足的男性劳动力，但另一方面更多的是引发社会问题。安徽省男女比例失调将对安徽省人口、经济、社会、资源、环境、民族繁荣及社会治安造成不利影响。因此在"十二五"期间不断加强出生人口性别比偏高综合治理，2015 年全省出生人口性别比为 117.4，较全国第六次人口普查数据下降了 11 个百分点。

2. 年龄构成

2015 年，安徽省 0~14 岁人口比重为 18.22%，15~64 岁人口比重为 70.05%，65 岁及以上人口比重为 11.73%。同 2000 年相比，2015 年 0~14 岁人口比重降了 7.27 个百分点，15~64 岁人口比重涨了 3.15 个百分点，65 岁及以上人口比重涨了 4.14 个百分点。

65 岁及以上人口比重超过 7%，60 岁及以上人口比重超过 10%就意味着进入老龄化社会。近几年，安徽省 60 岁及以上人口比重已达 17%，65 岁及以上人口比重已占 11%，并总体上呈逐步增长趋势。65 岁及以上人口从 2000 年的约 448 万人增加到 2015 年的约 815.12 万人，增幅约为 81.95%。因此，安徽省已步入老龄化社会，人口结构性矛盾突出，老年人抚养负担越来越重。

与此同时，安徽省劳动年龄人口尚处于红利时期。安徽省第六次全国人口普查显示，全省劳动年龄人口为 3725.1 万人，占总人口的比重为 54.29%。但在计划生育政策影响下，往后全省劳动力人口将会下降，随着二孩政策的全面实施，将有利于改善人口结构，保持合理劳动力规模，缓解老龄化进程，增强经济发展活力。

另外，因为目前劳动力年龄人口处于高位运行缓慢下降阶段，全省劳动力就业压力依然大。而且随着社会经济和城镇化的快速发展，人口流动、人户分离现象将大量增加，大量农村劳动力流入城镇，使就业压力进一步增大。

3. 受教育程度

一个地区人口的受教育程度，不仅能反映该地区文化教育发展水平，还能够反映该地区经济发展水平，同时对人口、就业、经济的发展都有一定影响。

安徽省各种教育程度人口稳步上升,受教育水平逐步提高,其中具有大专教育程度的人口增长迅速,高中教育程度的人口持续上升,初中教育程度的人口缓慢增长,小学教育程度和文盲的人口不断减少。第六次人口普查数据显示,大专以上、高中、初中文化程度的人口(每十万人受教育程度)与第五次人口普查相比分别上升了 191.21 个百分点、41.64 个百分点、17.60 个百分点,小学教育程度的人口下降了 25.69 个百分点。与第五次人口普查相比,第六次人口普查文盲人数由 602.2 万下降到 484.4 万,文盲率从 10.10 个百分点下降到 8.10 个百分点。目前,安徽省人口平均受教育年限(未上过学 0 年,小学 6 年,初中 9 年,高中 12 年,大学 16 年)为 9.06 年/人,高于全国平均水平。

在各种教育程度整体提高的同时,安徽省文盲率(文盲人口占 15 岁及以上人口比重)逐渐降低,尤其以女性文盲率降低最快,受教育程度提升最快,男女文盲率差距逐步缩小。

安徽省人口教育程度提高的同时,也存在一些问题。受地区以及经济发展水平的影响,城乡教育水平差距大,安徽省人口受教育程度与发达地区相比仍存在较大差距,教育资源不公平现象普遍存在。因此在融入长三角获得经济发展契机的同时,应重视并大力发展教育事业,积极引进长三角地区优质的教育资源,提高安徽省人口素质,逐步缩小与发达地区教育差距,为安徽省自身发展打好人才基础。

4. 职业构成

随着人口受教育程度的不断提高,安徽省第一产业人口比重不断下降,第二、第三产业人口比重不断上升。2015 年安徽省人口职业构成中,第一产业人口 1396.2 万,第二产业人口 1232.1 万,第三产业人口 1713.8 万。其中,第一产业人口比重为 32.1%,高于全国 3.8 个百分点;第二产业人口比重为 28.4%,低于全国 0.9 个百分点;第三产业人口比重为 39.5%,高于全国 2.9 个百分点。

二、科学技术

(一)概况

科技具有"引领未来,支撑发展"的重要作用。大力发展科学研究,对于建立和完善社会主义市场经济体制,优化经济结构,促进经济社会实现跨越式发展,具有重大的战略意义。安徽省的科技发展整体水平位居全国前列,有些科研领域达到国际先进水平，"科教兴皖""创新推动"的梦想正一步一步变为现实。

20世纪90年代邓小平南方谈话后，安徽省出台了《关于依靠科技进步，推动经济发展若干问题的决定》等政策措施和《安徽省科学技术进步条例》等法律法规，特别是为保证经济跨越式发展，提出了"科教兴皖"战略，这些政策和法律法规的出台，促进了安徽省科技事业的发展，科技对经济增长的贡献不断上升。到1998年，全省已有321家企业被认定为高新技术企业，共实施国家、省级火炬计划项目268项；1998年高新技术产业实现产值20.68亿元，出口创汇占出口创汇总额的比重达到11.55%，从而有力地促进了全省经济的发展和产业结构的优化。

进入21世纪，特别是党的十六大及2006年全国科技大会以来，安徽省科技工作按照建设创新型国家的总体战略部署，提出以建设合肥科技创新型试点市为契机，建设创新型安徽的战略部署。2008年，安徽省作出建设合芜蚌自主创新综合配套改革试验区的战略决策，以推进科学发展、加速安徽崛起。2009年经报国务院同意，科技部批复同意将合肥科技创新试点工作拓展到芜湖、蚌埠区域，推进建设合芜蚌自主创新综合试验区。2011年，安徽省出台《国民经济和社会发展第十二个五年规划纲要》，指出扎实推进科教兴皖和人才强省，加快建设创新型安徽。2012年，科技部发布的《中国区域创新能力报告2012》显示，安徽区域创新能力跃居全国第九位，比2011年上升6位，中部六省第1位。2014年安徽区域创新能力继续保持全国第9位，发明专利申请量、授权量迈入全国第6位和第8位，专利综合实力进入全国前10位。

表2–5　2000~2015年安徽省科技活动基本情况对比

指标	2000年	2005年	2010年	2014年	2015年
科技机构数（个）	984	917	2221	4093	4817
科技活动人员（万人）	9.72	8.94	23.65	36.51	35.98
大学本科及以上学历	—	—	9.66	15.51	16.7
研究与试验发展经费支出（亿元）	20.02	45.61	163.72	393.61	431.75
基础研究	—	4.12	12.23	22.45	24.31
应用研究	—	9.15	15.66	41.1	33.48
试验发展	—	27.99	135.83	330.06	373.96
政府资金	—	14.48	36.07	85.42	86.42

指标	2000 年	2005 年	2010 年	2014 年	2015 年
企业资金	—	27.4	118.86	289.15	331.07
相当于 GDP 比例（%）	—	0.85	1.32	1.89	1.96
科技成果及获奖数（项）	512	551	789	753	718
重大科学技术成果	511	546	780	740	705
国家发明奖	—	—	—	3	—
国家科学技术进步奖	1	4	7	9	10
国家自然科学奖	—	1	2	1	3
技术市场成交额（万元）	61011	142553	461470	1698343	1905334
专利申请受理量（件）	1877	3516	47128	99160	127709
发明	301	903	6396	49960	68314
实用新型	1080	1715	17367	41889	51559
外观设计	496	898	23365	7311	7836
专利申请授权量（件）	1482	1939	16012	48380	59039
发明	104	238	1111	5184	11180
实用新型	894	1072	8839	36748	41094
外观设计	484	629	6062	6448	6765

资料来源：《安徽统计年鉴》（2001~2016）。

由表 2-5 可以看出：2000~2015 年，安徽省在应用研究、试验发展、资金投入、获奖数量、专利申请及授权等方面，都有着稳步增长、持续前进的趋势，对安徽省经济发展的各个领域都有着很大程度上的推动作用。

（二）科技发展成就

中华人民共和国成立以来，安徽省综合经济实力显著增强，科技事业取得伟大成就。科技发展为经济增长、社会进步、民生改善、国际竞争力的增强提供了重要支撑，其整体水平位居全国前列。

1. 科技创新投入显著增加

中华人民共和国成立以来，安徽省对科技事业的支持力度不断加大。在政府积极有效的引导下，全社会对科技事业的投入掀起了新的高潮，21 世纪以来表现得更加明显，全省研究与试验发展（R&D）经费支出由 2005 年的 45.61 亿元增加到 2015 年的 431.75 亿元，增长 8.47 倍，相当于 GDP 的比例由 0.85%上升到 1.96%。

2. 科技创新资源进一步丰富

一是科技队伍不断壮大，安徽省大力加强科技人才队伍建设，努力营造培养、使用、提拔人才的良好环境，科技人力资源得到迅速恢复和发展。到 2015 年底，全省有科技活动人员 35.98 万人，为 2000 年的 3.70 倍。二是研发机构门类齐全，到 2015 年底全省现有各类科技机构 4817 个，其中以中科院合肥物质科学研究院为代表的国家和省属科研单位 70 多个，拥有以中国科学技术大学为代表的普通高校 93 所，博士授权点 100 多个，国家级重点学科 20 多个。三是创新平台日趋完善，为推进自主创新注入了新的活力。

3. 科技创新环境进一步改善

一是"科教兴皖""创新推动"战略的相继实施，加快了安徽省科技事业发展步伐。二是科技创新已经作为我国基本发展战略之一，这为建设创新型安徽提供了一个良好的政策环境。同时，中央提出中部崛起战略，将中部定为"三个基地一个枢纽"，强调中部崛起要"坚持依靠科技进步和自主创新，走新型工业化道路"，并将在政策上给予支持。三是各级党委政府高度重视科技创新工作。安徽省在全国较早提出了构建安徽科技创新网络的设想，颁布了《安徽省促进科技成果转化条例》《安徽省专利保护和促进条例》，以及《关于实施科技规划纲要，增强自主创新能力的意见》《安徽省"十一五"科技发展规划纲要》《安徽省"十二五"科技发展规划纲要》《安徽省"十三五"科技创新发展规划》《安徽省人民政府关于印发支持科技创新若干政策的通知》等纲领性政策法规。

4. 企业创新主体地位进一步巩固

通过加快建立以企业为主体、产学研结合的技术创新体系，安徽省企业技术创新能力明显增强。截至 2015 年底，全省有 82.75% 的科技机构设在企业，66.09% 的科技活动人员集中在企业，研究与试验发展经费支出 74.61% 出自企业。2015 年，全省工业企业拥有科技机构 3986.00 个、科技活动人员 23.78 万人，研究与试验发展经费支出 322.14 亿元，申请专利数 45598 件，拥有发明专利数 28568 件。一批自主创新的企业脱颖而出，以奇瑞、江淮汽车为代表的汽车工业，成为我国民族汽车自主知识产权和自主品牌的典范；以马钢、铜陵有色、海螺为代表的材料工业依靠科技进步，加强节能减排和资源综合利用，成为业内有影响力的领军式企业；以丰原集团为代表的生物能源产业依靠创新，已发展为全国最大的农产品加工企业之一；以淮南、淮北矿业集团为代表的能源工业，在瓦斯综合治理、快速建井方面达到行业领先水平。中国科技大学、中科院合肥物质科学研究院等一批从事基础研究的高校和科研院所，从高端向低端转移、军工向民用转移，以多种方式与地方企业对接，生物质能、缓释化肥、纳米分散等重大技术已在安徽省转化，科大讯飞面向网络和嵌入式环境智能语音合成技术居世界领先水平，合肥水泥设计研究院等转制院所已成长为安徽省技术创新和产业发展的生力军。

5. 重大科技创新成果不断涌现

21世纪以来安徽省科技创新取得巨大成果，2000~2015年全省共获得重大科学技术成果10405项，国家发明奖11项，国家科学技术进步奖96项，获国家自然科学奖17项，专利申请授权量276203件。2015年度全省共取得重大科学技术成果705项，国家科学技术进步奖10项，获得国家自然科学奖3项。全超导非圆截面托卡马克核聚变试验装置（EAST）的研制、奇瑞节能环保汽车技术平台建设项目双双荣获2008年度国家科技进步一等奖；杂交油菜项目破解了世界难题，被评为我国农作物新品种选育年度五大进展之一；2014年合肥通用机械研究院主持完成的"极端条件下重要压力容器的设计、制造与维护"获国家科技进步一等奖。2015年技术市场快速发展，累计成交额190.53亿元，促进了科技成果向生产领域转化，科技对经济社会发展的推动作用日益增强。

（三）主要城市的科研进展情况

安徽省科研进展较为迅速的城市主要是合肥、芜湖及滁州等，其中，合肥市是安徽省会城市，经济能力强，优质高校多，为科研发展提供了有利条件，可以说是安徽省科研发展的中心城市，其高新技术产业产值接近全省高新技术产业总产值的1/3。

1. 合肥

合肥是中国国家科技创新型试点城市和国家创新型试点城市，也是世界科技城市联盟会员城市。

2018年，合肥市有院士工作站47个；省部级以上重点实验室和工程实验室210个，其中国家重点（工程）实验室17个；省级以上工程技术研究中心139个，其中国家级（含分中心）7个；省级以上工程研究中心66个，其中国家级15个；省级以上企业技术中心322个，其中国家级46个。省级以上创新型（试点）企业 218 个，其中国家级 14 个；市级以上科技企业孵化器 59 个，其中国家级 12 个；市级以上众创空间 75 个，其中国家级 18 个。

2. 芜湖

截至 2017 年底，芜湖市拥有省级及以上工程（技术）研究中心 98 个，其中国家级 7 个，新增省级 3 个；省级及以上企业技术中心 166 个，其中国家级 12 个，新增省级 10 个；省级及以上重点（工程）实验室 15 个；省级及以上质检中心 2 个，其中国家级 2 个；院士工作站 31 个，新增 4 个。拥有高新技术企业 520 家，其中当年新认定 63 家；拥有省级高新技术产品 1207 个，其中当年新认定 413 个。省级以上创新型（试点）企业 119 家，国家创新型（试点）企业 4 家。国家知识产权示范企业 4 家、优势企业 17 家，省级知识产权示范培育企业 8 家、优势企业 16 家。全市有省级以上科技企业孵化器 17 家，孵化面积 38.7 万平方米，其中国家级孵化器 2 家；省级以上众创空间 20 家，其中国家级 5 家。

3. 滁州

截至 2017 年，滁州市共有国家级科技孵化器 2 家、国家级众创空间 3 家、省级孵化器 4 家、省级众创空间 5 家、市级众创空间 12 家。全市拥有国家高新技术企业 286 家，比 2016 年增加 56 家；全市共有民营科技企业 594 家，比 2016 年末增加 47 家。省级院士工作站 20 家；省级工程技术研究中心 26 家；获省部级以上科技成果 32 项、科技进步奖 4 项。专利申请数 10083 件，其中发明专利申请数 5889 件；全年授权专利数 3131 件，其中发明专利 611 件。全年高新技术产业产值增长 23.1%，增加值增长 13.8%。

三、文化发展

文化是一个国家或地区"软实力"的标志。文化事业的繁荣，对于促进经济发展和社会事业全面进步具有不可替代的作用。中华人民共和国成立后的相当长时期里，物质水平的普遍低下造成人们偏重物质上的追求，公共文化服务十分薄弱，到改革开放前也没有明显改观。改革开放开启了文化事业发展的春天，随着经济的发展和人们需求的提高，公共文化服务体系建设进展迅速，一个覆盖城乡的公共文化服务体系正在形成，特别是党的十六大以来，全省各地围绕"打好徽字牌，唱响黄梅戏，建设文化强省"的文化发展战略，在公共文化服务、文艺创作演出和文化产业发展等方面都取得了重要成就。

（一）文化发展特点

1952 年安徽省政府成立，文教处改为省文化局。后几经变化，1980 年改为安徽省文化局。1983 年，撤销安徽省文化局和安徽省文物局，组建安徽省文化厅，负责管理全省文化艺术事业。

总体来看，这些年来，安徽省基层文化建设得到加强，艺术创作演出成果丰硕，文化产业得到了快速的发展，文化产业作为安徽省支柱产业，已形成以公有制为主体，多种所有制共同发展的文化产业格局。可以说，目前安徽省的文化事业欣欣向荣，人民精神文化生活丰富多彩。

1. 基层文化建设得到加强

改革开放以来尤其是 21 世纪以来，全省公共文化体系建设以文化先进县创建为龙头，以"文化信息资源共享工程"、农村文化"杜鹃花工程"、农村电影"2131 工程"和"非物质文化遗产保护工程"建设为抓手，以文化队伍和基础设施建设为重点扎实推进。与中华人民共和国成立之初相比，全省文化馆、乡镇文化站的数量都有大幅提升，而博物馆及图书馆的数量更是持续增长，到 2015 年底，已分别从 1 个、4 个发展为 171 个、122 个（见表 2-6），在很大程度上促进了安徽省文化事业的进步。

表 2-6　1949 年、2008 年及 2015 年安徽省文化设施对比

年份	1949	2008	2015
博物馆（个）	1	44	171
文化馆（个）	2	120	122
乡镇文化站（个）	232	1301	1288
图书馆（个）	4	85	122

资料来源：《安徽 60 年》。

2. 艺术创作演出成果丰硕

21 世纪以来，全省共推出 20 多台黄梅戏新剧目，7 位黄梅戏演员获得"中国戏剧梅花奖"，黄梅戏电视剧《家》《春》《秋》《李清照》《潘张玉良》等 20 多部作品荣获中国电视剧"飞天奖""金鹰奖"。群众喜闻乐见的节目不断推出，各具特色、各有千秋的剧种、创作形式与题材的作品丰富了群众的精神生活，繁荣了文化市场。

3. 文化产业快速发展

改革开放以来，尤其是进入 21 世纪新阶段，安徽省龙头文化企业快速发展，重大文化产业项目不断增加，新兴文化产品不断推出，全省初步形成新闻、出版、广播电视、文化艺术等传统意义上的文化产业持续发展，网络文化、休闲娱乐、文化旅游、艺术培训、广告及会展等新兴文化产业不断发展的产业体系。

（二）地区文化

1. 历史文化

安徽历史文化积淀深厚，古迹众多，自史前文明直至当代，上至距今 200 万至 240 万年前的繁昌县人字洞遗址，下到近现代革命旧址，各个历史时期生活和文化资源都有遗存。就古代历史文化资源来看，著名的有西递—宏村明清民居建筑群、棠樾牌坊群、禹王庙、包公祠、醉翁亭、采石矶、明皇陵、花戏楼等；就近现代历史文化资源来看，安徽是一个富有光荣革命传统的省份，革命旧址较多，如独山和金寨革命旧址群、中共鄂豫皖省委会议旧址、新四军军部旧址、淮海战役总前委和华东野战军指挥部旧址等，这些都是中国革命历史的见证。截至 2013 年，全省已被列入世界遗产名录的有 2 处，国家级历史文化名城 5 座，全国重点文物保护单位 130 处、合并国保项目 4 处，省级重点文物保护单位 708 处。

2. 民俗文化

安徽民俗资源丰富，具有浓郁的文化内涵、美学价值和生活气息，主要包括民间文学绘画、民间曲艺杂技、民间手工技艺和民风民俗。民间文学绘画如鞭打芦花、孔雀东南飞传说、六尺巷传说、灵璧钟馗画、萧县农民画、凤阳凤画、阜阳剪纸等展现了传统的道德风貌和审美情趣；民间曲艺杂技如门歌、淮北大鼓、清音、华佗五禽戏、埇桥马戏、临泉杂技等散发着浓郁的地方特色和乡土气息；民间手工技艺如宿州乐石砚、界首彩陶烧制技艺、徽墨宣笔歙砚的制作技艺、芜湖铁画锻制技艺等显示着安徽人的慧心巧手。此外，肘阁、抬阁、涂山禹王庙会、界首苗湖书会、九华山庙会等民间风俗不仅地域特色鲜明，而且有极强的观赏性，共同构筑了民俗文化的独特风景。

3. 戏剧

安徽是戏曲大省，戏曲剧种多样，已有 23 项传统戏曲列入非物质文化遗产名录。安徽地方传统戏曲主要有徽剧、庐剧、黄梅戏、皖南花鼓戏、泗州戏五大剧种，还有文南词、目连戏、梨簧戏、含弓戏、洪山戏、推剧、嗨子戏、二夹弦等众多的地方戏，全国 360 多种地方戏，安徽就占了 20 多种。黄梅戏是中国四大戏曲门类之一，被誉为"中国的乡村音乐"；徽剧是京剧的主要源流之一，四大徽班进京，始有中国国粹京剧；池州的傩戏号称"戏剧活化石"；淮河两岸流行的花鼓灯被周恩来总理称为"东方芭蕾"。

四、经济政策

经济政策决定着区域经济发展方向，也为区域经济的发展创造外部环境，适度的经济政策倾斜有利于带动落后地区经济在短期内实现飞跃。一般而言，区域经济发展会经历从政策主导到自主发展型的转变过程，对于落后地区，利用政策拉动经济发展是不可逾越的也是行之有效的手段。20 世纪 70 年代以来，安徽经济的发展历史很大程度上就是如何利用国家经济政策的历史，在这一过程中，国家经济政策成为安徽经济命运的决定者，而如何充分利用国家发展经济政策是安徽自己掌握自己经济发展命运的关键。

20 世纪 70 年代末，安徽省凤阳县小岗村的部分农民敢为天下先，冒着"割资本主义尾巴"的危险，偷偷摸摸地搞起了"包产到户"，抓住时机促进了农村经济的发展，这便是我国经济体制改革中"家庭联产承包责任制"的雏形。

改革开放以来我国大力提倡发展外向型经济，具体到一个区域而言，发展外向型经济不仅是对其他国家的开放，也是对国内其他省市的开放，安徽省自改革开放以来充分利用国内国际两个市场、两种资源，充分抓住机遇，引进资金、技术、人才，促进了安徽省经济社会各方面的发展。

进入 21 世纪，政策支撑在安徽省社会经济发展中扮演了更加重要的角色。

2003 年下半年，安徽省委、省政府在制定安徽全面建设小康社会的战略目标、战略步骤和重点时，提出了实施"861"行动计划的构想，并于 2004 年正式组织实施。"8"是指建设八大重点产业基地：①加工制造业基地。主要发展汽车产业、机械装备产业和家电产业。②原材料产业基地。主要发展金属材料和非金属材料。③化工产业基地。主要发展石油化工、煤化工、橡塑制品。④能源产业基地。主要发展煤炭、电力、煤炭液化和煤层气。⑤高新技术产业基地。⑥优质安全农产品生产、加工和供应基地。主要为农产品生产，粮油、水果加工，畜牧深加工，纺织和造纸。⑦全国著名的旅游目的地。⑧重要的文化产业大省。"6"是指构筑六大基础工程：①防洪保安工程。主要包括长江、淮河、新安江主要干流整治及支流治理，大、中、小水库水闸除险加固，新建水库，城市防洪，大中型灌区续建配套，小流域治理，及水资源优化配置工程等。②通达工程。主要包括铁路、公路、航运、民航及相关设施，综合交通枢纽及站、场，城市轨道交通等基础设施以及交通安全建设。③信息工程。④生态工程。⑤信用工程。围绕政府、企业和个人三大信用主体的建设，健全信用法制，培育信用需求，加强诚信教育，建立联合征信体系。⑥人才工程。抓住培养、吸引、使用三个环节，着力建设党政人才、企业经营管理人才和专业技术人才三支队伍。"1"是指到2010年，安徽省国民生产总值达到1万亿元。

"861"行动计划的顺利实施，进一步增强了安徽省经济发展的后劲。一是拉动了经济增长。数据显示，2004年、2005年固定资产投资对安徽省经济增长的贡献率保持在55%以上，推动全省经济继续在新一轮增长周期上升阶段运行；全省人均GDP提前两年实现当届政府提出的到2007年达到1000美元的预定目标。二是促进了产业结构调整。目前，安徽汽车、家电、工程机械、化工等先进制造业已经进入成长的快车道，能源原材料产业进一步做大做强，高新技术产业逐步发展壮大，一批新的经济增长点正在形成。三是改善了基础设施条件。随着水利、交通、信息以及生态环境保护等领域一批重大工程的建设，安徽全省基础设施条件得到改善，投资环境进一步优化，为经济社会的长远发展提供了强有力的支撑。截至2011年，全省"861"项目共完成投资5334亿元，为年度计划的132.6%；新开工项目1304个，竣工项目591个，分别为年度计划的116.0%和165.5%。

2006年，党中央、国务院颁布实施《关于促进中部地区崛起的若干意见》，2009年9月，国务院讨论并原则通过《促进中部地区崛起规划》（以下简称《规划》）。作为中部地区的重要成员，安徽省2011年11月通过并颁布了《〈促进中部地区崛起规划〉安徽省实施方案》。明确按照"一年开好局，五年大发展，十年新跨越"的战略步骤，分三个阶段实施：①一年开好局。2011年，全面启动《规划》实施各项工作，深入开展宣传推介，完成重点专项规划编制，建立健全工作机制，开工建设一批产业层次高、投资规模大、带动能力强的重大项目，为《规划》实施开好局、起好步。②五年大发展。到2015年，《规划》实施取得重大成果，主要目标基本实现，人均地区生产总值达到38000元，城镇化率达到50%以上，城镇居民人均可支配收入和农村居民人均纯收入力争达到31576元和

10570元，耕地保有量不低于571.8万公顷，单位地区生产总值新增建设用地消耗量持续下降，万元地区生产总值能耗、万元工业增加值用水量、碳排放强度分别累计下降16%、30%和17%，森林覆盖率提高到29%以上，新型农村合作医疗参合率高于96%。③十年新跨越。到2020年，全面实现建成小康社会的目标，全面完成《规划》提出的各项目标任务。以先进制造业和现代服务业为主的产业体系基本建立，主导产业核心竞争力明显增强，自主创新能力显著提高，体制机制更加完善，区域发展更加协调，人与自然和谐发展，基本公共服务趋于均等化，城乡一体化发展格局基本形成，在促进中部地区崛起中发挥更大作用。

2010年制定《安徽省国民经济和社会发展第十二个五年规划纲要（2011—2015年)》，按照到2020年实现全面建成小康社会奋斗目标的要求，综合考虑未来发展趋势和条件，"十二五"规划制订了五年经济社会发展的主要目标：综合实力再上新台阶、经济结构调整取得重大进展、区域发展协调性增强、城乡居民收入普遍较快增长、社会建设明显加强、改革开放迈出新步伐。主要涉及以下几个方面内容：全面贯彻落实扩大内需方针，实现经济又好又快发展；加快新型工业化进程，构建现代产业体系；推进"三农"现代化，建设社会主义新农村；充分发挥比较优势，促进城乡区域协调发展；加大自主创新力度，建设创新型安徽；强力推进节能减排，促进生态文明建设；加强社会建设与管理，构建和谐社会；着力建设文化强省，增强区域软实力；深化改革开放，增强发展的动力和活力；坚持依法治省，加强社会主义民主政治建设。

至2015年结束，"十二五"期间，省委、省政府认真贯彻落实党中央、国务院决策部署，聚焦重点，精准发力，取得了跨越式发展，一是产业规模迅速扩大；二是一批新兴产业快速扩大；三是基地建设初显成效；四是开放合作不断扩大；五是创新能力不断提升。"十二五"规划成为全省经济发展的重要引擎，在"十二五"期间创下的良好发展局面下，2015年末安徽省制定了《安徽省国民经济和社会发展第十三个五年规划纲要》。

2013年习近平总书记提出"一带一路"倡议，得到了国际社会的广泛认同和支持响应，这是因为它所倡导的是和平合作、开放包容、互学互鉴、互利共赢的理念，与沿线相关国家求和平、谋发展的意愿高度契合。安徽，地跨长江、淮河南北，有丰富的煤炭资源及制造业工业，是中国重要的农产品生产、能源、原材料和加工制造业基地。依托便捷的交通运输与江苏、上海、浙江共同构成的长江三角洲城市群已成为国际六大世界级城市群之一。安徽省贯彻落实"一带一路"倡议方针包括：第一，成立省级"一带一路"基金，通过政府主导，引进民间资本参与，市场化运作的形式，设立"一带一路"股权投资基金，重点支持安徽省企业在"一带一路"沿线国家开展投资贸易合作；第二，建立"走出去"企业上市、债券融资、场外市场后备资源库，加强上市业务培训，鼓励企业运用多层次资本市场融资，参与"一带一路"建设；第三，推动建立金融开放合作新机制，联合"一带一路"相关省市建立推进"一带一路"金融开放合作工作机制，包括金融信息共享、金融人才交流等，以便更好地推进"一带一路"金融服务、实现区域发展联动共赢。

2014 年 5 月，习近平总书记在河南考察时第一次提出"经济新常态"的概念，并强调现今我国经济社会大发展处于一个重要的战略机遇期，我国应当从当前经济发展的阶段性特征出发，适应经济新常态。经济新常态下安徽经济发展在速度、结构、动力等方面发生了变化。

1. 经济增长速度减缓，但仍然高于国家经济增长水平

安徽经济增长速度随着我国经济发展进入新常态也随之减慢，2008~2010 年安徽经济一直快速增长，2010 年后，安徽经济增长逐渐减慢，但仍然高于同期国家经济增长水平（2012 年、2013 年为 7.7%，2014 年为 7.5%，2015 年为 6.9%）。经济增长速度减缓，并不是意味着经济不增长了，但要在我国经济新常态后实现安徽崛起，就要在"十三五"期间继续保持高于全国经济增长的水平。当然，为了实现经济持续增长，并不是只要速度不要质量，还需要坚持科学发展观，实现经济又快又好增长。

2. 经济结构仍然是以工业为主，但是服务业的贡献率不断提高

安徽的经济水平与发达地区相比仍然有不小的差距，经济结构也仍然是以工业为主。根据发展经济学理论分析，安徽省现处于工业化发展中期，工业化发展较快，但是，工业在产业结构中所占的比重在逐年下降，服务业对经济增长的贡献率在不断提高，这表明改革开放以来依靠工业拉动经济的发展方式正发生巨大的变化，服务业对经济增长的贡献率不断增加意味着安徽省工业化进程在加快，产业结构处于转型升级的关键阶段。

3. 需求增速不断降低

作为国民经济增长的驱动力，投资对安徽省经济发展的贡献占有绝对重要地

位。但是随着我国经济发展步入新常态，安徽省固定资产投资增速逐年降低，2006~2010年安徽省固定资产投资平均增长速度为37.5%，2011~2013年固定资产投资平均增长速度降为24.3%。投资增速的逐年降低也是安徽省经济下行的主要因素。不仅投资增速降低，消费需求也增速乏力。在2006~2010年，安徽省社会消费零售品总额平均增长速度为18.5%，而在2011~2013年，社会消费零售品总额平均增长速度降为16%。推动社会经济增长的"三驾马车"只有进出口在逐步回稳，2006~2010年安徽省进出口总额增速为21.6%，2011~2013年提高为23.4%，但是，随着各地区为了促进经济复苏而大力支持出口，国际贸易壁垒增加，出口竞争激烈，稳定和扩大出口的难度也会不断增加。

2014年出台的《国务院关于依托黄金水道推动长江经济带发展的指导意见》，将安徽正式纳入长三角城市群，明确了皖江示范区和皖南国际文化旅游示范区成为长三角区域战略重要组成部分，合芜蚌试验区将在自主创新中起示范作用，而合肥将与杭州、南京并列成为长三角城市群副中心。加入长三角城市群，对安徽来说是一个难得的机遇。此时，安徽以实施五大发展行动计划为总抓手，聚焦高质量发展，实施创新驱动战略，着力推进创新型省份和制造强省建设。2015年，安徽启动"4105"调转促行动计划，实施新一轮大规模技术改造专项行动，推进战略性新兴产业基地建设，建成新型显示、新能源汽车、集成电路、智能语音、生物医药等战略性新兴产业集聚基地24个。2017年，出台了制造强省建设方案和支持"三重一创"建设政策10条，加快培育先进制造业，智能家电、智能语音、新型显示、机器人、汽车、新能源汽车六大产业优势凸显。2019年12月出台的《长江三角洲区域一体化发展规划纲要》，进一步将安徽省全域纳入长三角范围，合肥、芜湖等8个城市纳入中心区范围。根据规划要求，要发挥安徽创新活跃强劲、制造特色鲜明、生态资源良好、内陆腹地广阔等优势，推进皖江城市带联动发展，加快合芜蚌自主创新示范区建设，打造具有重要影响力的科技创新策源地、新兴产业聚集地和绿色发展样板区。这标志着安徽将全面融入长三角。

第四节 交通基础设施

交通的便捷程度是衡量一个地区经济发展程度的重要指标。便捷的交通自然离不开交通基础设施的建设及发展。安徽省在国家交通运输网络中具有承东启西、连南接北、居中靠东、临江近海及处于长三角腹地等区位特征，凸显其重要地位及作用。近年来，安徽省交通运输部门从全省经济社会发展全局出发，坚持以科学发展为主题，全力推进交通基础设施的建设，着力构建综合交通运输体系，为经济社会持续健康发展提供了有力支撑和稳定保障。交通运输作为国民经济发展的"先行官"，"十二五"期间，安徽完成交通基础设施建设投资2750亿元以上，相当于"十五"时期和"十一五"时期十年投资总和的1.5倍；全省铁路通车里程从2800多千米延伸至4100多千米，其中近1/3为高速铁路；安徽公路、铁路、民航建设日新月异，通车里程不断增加，通航线路不断丰富，一个四通八达的立体交通网正在不断延伸。

一、公路运输

（一）概况

1949年中华人民共和国刚刚成立时，安徽省公路运输十分落后。此时公路线型差，崎岖不平，许多桥梁被损坏，通车里程2088千米，只占公路总里程4437千米的47.1%，没有一条路线能晴雨通车。全省有42个县不通公路，有11个县市不能常年通车。中华人民共和国成立以后，人民政府十分重视公路建设，采取国家投资和民办公助等办法，大力修建公路，至1957年底，全省各县都通了汽车。

改革开放以后，在加紧改造原有干线公路、接通断头路的同时，积极发展县乡公路和山区乡村道路，通车里程不断延伸，公路网密度不断提高。自中华人民共和国成立到1984年底的35年中，全省共新建、改建公路2.4万多千米；修建各类公路桥梁3400多座，总长度为11万多延米，全省公路总里程达到26486千米，比中华人民共和国成立初期增长11.7倍，平均每年递增7.5%。公路密度由

1949 年的 1.5 千米/百平方千米提高到 1984 年的 19.11 千米/百平方千米，全省 3014 个乡通了公路，占乡总数的 87.8%，19528 个行政村通了机动车，占行政村总数的 61.9%。原交通闭塞的 19 个山区县都修通了公路，山区乡镇通车比重达 65%。

截至 2016 年底，全省公路总里程达 197588.398 千米。由于大量修建公路，大大加快了安徽省经济发展和资源开发，也给人们带来出行之便。

其中，按行政等级划分：国道 10899.561 千米，占总里程的 5.52%，其中国家高速公路 3573.825 千米；省道 4461.48 千米，占总里程的 2.26%；县道 23603.576 千米，占总里程的 11.94%；乡道 36541.329 千米，占总里程的 18.49%；专用公路 1002.111 千米，占总里程的 0.51%；村道 121080.341 千米，占总里程的 61.28%。

按技术等级划分：高速公路 4542.586 千米，占总里程的 2.30%；一级公路 3832.602 千米，占总里程的 1.94%；二级公路 10727.286 千米，占总里程的 5.43%；三级公路 20332.154 千米，占总里程的 10.29%；四级公路 154701.242 千米，占总里程的 78.29%；等外公路 3452.528 千米，占总里程的 1.75%。

按路面类型划分：有铺装路面 136004.001 千米（其中沥青混凝土路面 25234.599 千米，水泥混凝土路面 110769.402 千米），占总里程的 68.83%；简易铺装路面 13991.74 千米，占总里程的 7.08%；未铺装路面 47592.657 千米，占总里程的 24.09%。全省 1379 个乡镇通畅率达 100%。17028 个建制村中 17027 个建制村通了公路并且是油路或水泥路、1 个建制村通其他硬化路面，通达、通畅率均为 99.99%。全省公路网密度达 141.74 千米/百平方千米。

安徽省是各省级行政区中修建高速公路时间最早的省份之一，省内首条高速公路合宁高速于 1991 年 4 月建成通车，是全国第三条高速公路。2000 年，重点工程"八路一桥"全部完成计划，界阜蚌高速公路一期工程一次性通过交工验收，被评为优良工程，结束了安徽省淮北地区没有高速公路的历史，到 2000 年底，全省公路通车里程已达 44495 千米。2003 年 12 月 18 日，合徐高速公路北段建成通车，安徽省高速公路里程突破 1000 千米。截至 2016 年底，全省高速公路里程达 4542.586 千米，形成了四通八达的高速公路网。

（二）公路布局特点

"十二五"收官之际，安徽省又有 7 条高速建成通车，分别是济祁高速砀山段、宁千高速、济祁高速永利段、岳武高速、铜南宣高速、滁马高速、望东桥北岸连接线。其中，济祁高速砀山段通车后，将结束砀山县不通高速公路的历史，从合肥驱车前往砀山将由4个小时左右缩短为3个小时左右。济祁高速永利段建成通车后，从合肥到利辛、涡阳、蒙城等地将打通直线距离的高速公路，行车时间将缩短1小时左右。道路不仅更便捷，还更智能化。2015年9月底起，我国高速公路电子不停车收费（ETC）实现全国联网，自此除西藏、海南外，安徽省ETC用户可畅行全国高速公路网。目前，安徽省基本形成了层次分明、结构合理、四通八达、功能完善的公路网络体系（见表2-7）。

表2-7 安徽省省级及国家级高速公路汇总

省级高速公路	国家级高速公路
阜周高速、亳阜高速、合淮阜高速、蚌宁千高速、马芜黄高速、合六叶高速、庐铜高速、安徽沿江高速、合铜黄高速、徽杭高速、安景高速、黄塔桃高速、六潜高速、滁淮宿高速、芜宣高速、宁绩黄高速、蚌徐高速、界阜蚌高速、合蚌高速、合宁高速、合安高速、合巢芜高速、宣广高速、高界高速、周六高速、岳武高速、合肥绕城高速、蚌淮高速、溧广宁高速、巢马高速、芜雁高速、阜新高速、芜合高速、滁马高速、泗许高速、滁新高速、铜南宣高速、黄祁高速、合武高速、合徐高速	G3 京台高速、G30 连霍高速、G35 济广高速、G36 宁洛高速、G40 沪陕高速、G42 沪蓉高速、G50 沪渝高速、G56 杭瑞高速

资料来源：360 百科。

《安徽省交通运输"十三五"发展规划》中提出，"十三五"期间安徽高等级公路网将实现"联通"。扩容改造12条计832千米繁忙路段，续建12个计627千米项目，启动18个计1497千米项目建设；加快推进国省干线公路建设。预计到2020年，安徽省将形成"四纵八横"、总里程达5500多千米的高速公路网，实现县县通高速；新增一级公路通车里程2000千米，一级公路通车里程达到5000千米；升级改造二级公路4000~5000千米。该规划总体上贯彻了"优化路网、强化通道、提升覆盖"的布局思路，建成后可以在全省范围内形成"省会辐射周边、各市彼此相通、县县通高速"的高速公路网，整体布局更趋合理。

安徽省目前在建和已建成通车的高速公路如表2-7所示，其中包括省级和国家级高速公路。

二、铁路运输

（一）概况

1905 年，湘、鄂、粤三省绅民从美国合兴公司手中收回粤汉路权，清末收回利权运动进入高潮。受此事件影响，商办安徽全省铁路有限公司成立。安徽铁路公司成立后，首先对铁路干线进行了规划，并积极开展筹措筑路经费，兴筑芜广铁路等活动。出于种种原因，清末芜广铁路修建收效甚微，并于民国初年被收归国有。这一时期，由清政府借英、德两国外债修建的津浦铁路建成通车，此路南段途经安徽的部分，是安徽境内的第一条铁路。

安徽省第一条地方铁路是淮南铁路，于 1933 年冬季开始勘测，1934 年 6 月正式开工，1935 年 2 月 1 日即开通了淮南至合肥的客运班车，到 1935 年 12 月12 日，自淮南田家庵至长江边裕溪口干线全长 214 千米的淮南铁路全部竣工，耗资 450 万元。据史料载，该铁路造价之低、建设速度之快，在当时世界上都是少有的。

中华人民共和国成立之初，全省铁路只有淮南线和芜宁线。改革开放以来，随着国家对铁路投资力度的不断加大，安徽省铁路建设迈开新步伐，相继建成了芜铜线、阜淮线、宣杭线、淮南线复线等铁路。20 世纪 90 年代以来，安徽省铁路建设更是取得历史性突破，京九铁路（安徽段）、合九铁路先后建成运营，对增强华东地区的运输能力，加强南北物资交流，开发沿线丰富的矿产资源及农牧旅游资源，带动大别山革命老区人民脱贫致富，促进皖南、皖西南山区经济发展起着重要作用。

"十五"期间，随着经济的快速增长，安徽省又拉开了新一轮铁路建设的序幕，建成合肥—西安铁路、青芦铁路支线、宣杭铁路复线、京沪铁路淮河复线大桥，基本完成漯阜铁路改造，动工建设合宁、合武快速铁路和铜九铁路。"十一五"以来，安徽省又迎来铁路建设高潮，与铁道部共建了合宁、合武高速城际铁路，铜九沿江高速铁路等，京沪高铁安徽段全线开工建设。其中，合宁高铁的开通，对促进皖、苏、沪经济往来和人员交流，加速"泛长三角"地区人流、物流、信息流、资金流的流动，推动经济社会又好又快发展具有重要意义；合武铁路是我国铁路东西大通道——沪汉蓉快速通道的重要组成部分，也是国家规划的"四纵四横"快速客运网的重要组成部分，它的建成通车，加强了安徽省与中西部的联系；铜九铁路的开通运营，有利于完善整合长江沿岸运输体系，填补了沿江铁路通道空白，对改善中部地区东西向交通运输状况，带动皖南与赣北、鄂东等区域经济社会发展和沿江开发将起到积极作用。"十二五"期间，全省铁路通车里程从 2800 多千米延伸至 4100 多千米（近 1/3 为高速铁路），先后建成京沪、合福、宁安高铁等铁路项目，新增通车里程 1300 多千米。干线铁路覆盖全省所有省辖市和 48 个县（其中快速客运铁路覆盖 13 个市 17 个县）。

截至 2015 年底，全省境内铁路通车里程已达 4169 千米，一个以合肥为中心，以快速铁路为骨架，以普通铁路为基础的现代化铁路网正在加快形成，开启了安徽高铁新时代，居民到全国各地的交通更加便捷。

（二）主要铁路干线及枢纽

1. 安徽省内主要铁路干线

截至 2015 年，安徽省境内有 5 条国家干线铁路经过，即陇海线（兰州—连云港）、京九线（北京—九龙）、京沪线（北京—上海）、合九线（合肥—九江）和宁西线（南京—西安），同时，还有 8 条地方铁路，与国家干线铁路共同构成便捷的铁路运输网。除干线铁路外，合肥、安庆、蚌埠、芜湖、马鞍山、滁州等多个城市均有高铁连通，安徽省已建成合宁（合肥—南京）、合武（合肥—武汉）、京沪（北京—上海）、合蚌（合肥—蚌埠）、合福（合肥—福州）、宁安（南京—安庆）、郑徐（郑州—徐州）高速铁路，合肥铁路枢纽南环线及南客站，贯通了京福南北大通道和沪汉蓉（上海—武汉—成都）、沿江、陆桥东西大通道，全省高速铁路运营里程达到 1403 千米，高铁占全省铁路总里程的 1/3。目前，以合肥为中心，连通北京、上海（南京）、杭州、福州、深圳（南昌）、成都（武汉）、西安（郑州）等方向，"一纵四横四联"的高铁网络已经显现。同时，普通铁路网提质加密，建成铜九、阜六、宿淮等普通铁路，全省普通铁路网进一步完善，普通铁路总里程达到 2820 千米。

国务院印发的《"十三五"现代综合交通运输体系发展规划》中，确立了合肥全国性综合交通枢纽的地位。"十三五"期间，合肥将再添 3 条高铁，分别是合安九高铁、合青连高铁和商合杭高铁，合青连高铁建成通车后从合肥直达青岛只需 3 小时，而商合杭高铁建成后，北端在商丘接郑徐高铁和京九高铁，中端在合肥接京福高铁和沪汉蓉高铁，终端在杭州接宁杭高铁进而连接京沪高铁，将成为有效联系中原、江淮与长三角的最重要的交通干线，被誉为"华东第二高铁通道"。

2. 安徽省内主要铁路枢纽

（1）合肥：是安徽省省会、合肥都市圈中心城市及皖江城市带核心城市，还是国务院批准确定的中国东部地区重要中心城市、全国重要的科研教育基地和综合交通枢纽。现有火车站合肥站、合肥南站、合肥西站、合肥北城站、水家湖站、肥东站、庐江站、巢湖站；有合武高铁、合宁高铁、淮南铁路、合九铁路、宁西铁路、京福高铁、合肥铁路枢纽南环线等线路。规划及在建的合庐铜铁路、商合杭高铁合肥段、合安九客运专线、郑合高铁等将使合肥铁路交通更加便利。

（2）阜阳：阜阳位居豫皖城市群、华东经济圈、大京九经济带的接合部，长三角经济圈的直接辐射区。是东部发达地区产业转移过渡带，具有承东启西、呼南应北的独特区位优势，是安徽三大枢纽之一。阜阳铁路枢纽与相邻的徐州、郑州、合肥、武汉等枢纽构成辐射状，是全国六大路网性枢纽之一，在全国铁路网中具有重要地位。阜阳站是全国五大农民工输出源头之一，也是铁道部重点建设的现代化农民车站。阜阳北站并行排列着 344 根铁轨，自动化程度为京九铁路之冠，是京九线上最大的编组站，每日编解能力能达到近 1.8 万节。

（3）蚌埠：是华东铁路运输网的重要节点，京沪铁路、淮南铁路在蚌埠交汇，蚌埠南站为京沪高铁七大中心枢纽站之一，同时京福高速铁路自蚌埠南站引出。蚌埠南站是京沪高速铁路沿线七大客运站之一，已通车的京沪高铁、京福高铁有 115 趟高速动车组列车停靠蚌埠南站。蚌埠站是京沪线上的一等客站，从蚌埠站乘火车可直达国内 25 个省会城市、3 个直辖市和近 20 个沿海沿疆城市，蚌埠南站乘坐高速动车组可以直达多个省会城市及沿线重要城市。

三、航空运输

（一）概况

中华人民共和国成立之初，安徽省民用航空处于空白。1957 年仅有一条航线，全年客运量只有 61.5 人，货邮运输量为 4 公斤。安徽省民航事业从无到有，不断发展，逐步完善。

改革开放以来，为使航空事业适应国民经济发展的需要，安徽省加大了对民航基础设施建设的投资力度，民航规模不断扩大，机场设施逐步完善，陆续修建、改建、扩建了合肥骆岗、黄山、安庆、阜阳四个民用机场，其中合肥骆岗机场于 1977 年建成通航，经多次扩建，已成为华东地区重要的国际备降机场、安徽省最大的航空港，满足了高峰小时旅客吞吐量1000人次的需求。

2009年3月合肥至首尔航线开航，是安徽省第一条真正意义上的国际航线，标志着合肥航空口岸历史性的突破，对加快安徽经济发展尤其是旅游经济的发展起着重要的推动作用。此外，投资40多亿元的合肥新桥国际机场、九华山机场投入使用，安徽省民航运能将大大提升。截至2015年底，安徽省合肥机场、黄山机场、安庆机场、阜阳机场以及池州机场年旅客吞吐量合计达8147605人次，年货物吞吐量总计达54844.4吨，为安徽省经济发展做出了很大贡献。

在加快机场建设步伐的同时，民航部门积极开拓市场，发展航空公司，增加机场活力，增开航班、加密航线。截至2015年底，东航安徽分公司共开辟定期航班航线65条，民用航空线里程达103676千米，年客运量达297.13万人，在推动安徽省经济发展的同时，也为安徽省居民的出行带来了极大便利。

（二）主要机场和航线

1. 主要机场

截至2017年，安徽省有如下几个主要机场：

（1）合肥新桥国际机场。合肥新桥国际机场是4E级枢纽干线机场，位于合肥经济开发区高刘镇，距合肥市中心31.8千米，属江淮分水岭地带，地势起伏不大，场区开阔，净空条件好，附近有合六叶、合淮阜高速公路和312国道以及宁西、淮南、合九铁路通过，与周边机场冲突最小，于2013年5月30日正式启用。合肥新桥国际机场本期工程总投资约为43.05亿元，工程按照满足2020年旅客吞吐量1100万人次的需要设计，货运、航空食品、供油等配套设施按照2015年需要建设；远期到2040年，客货吞吐量分别达到4200万人次和58万吨。

（2）黄山屯溪国际机场。黄山机场，建于1958年，坐落于黄山市屯溪区，又称黄山屯溪机场，2014年6月更名为黄山屯溪国际机场，可满足B757及其以下机型起降。黄山机场飞行区等级指标为4D，跑道长2600米，宽45米。主航方向设Ⅰ类精密进近仪表着陆系统和助航灯光系统；停机坪面积为48800平方米，可同时停放5架B–737及3架B757。

（3）阜阳西关机场。阜阳西关机场（阜阳机场），是位于安徽省阜阳的民用机场。位于阜阳市西南，距市中心9千米，是安徽省最早的三个民用机场之一，又是最新全面完成扩建任务的机场。1958年建成通航，1998年2月扩建通航，2005年停飞，2007年12月复航。机场飞行区按4D级标准设计，首期按4C级建设，跑道长度 2400 米，并预留 800 米扩建，宽度 60 米，停机坪 4 万多平方米；候机楼面积首期 7200 平方米，设施先进，装饰一流，可以满足高峰每小时 600 人次需求；航管楼 2000 平方米，配备国际先进的通信、导航设施，是全天候可使用的机场。

（4）安庆天柱山机场。安庆天柱山民航机场于 1993 年 10 月正式通航，机场等级为 4C 级，可供空客 A320、B737 及以下机型起降，是安庆市人民政府在军用机场的基础上投资兴建的军民两用机场。2005 年，安庆市人民政府与海南航空集团公司达成合作协议，海航集团接管了安庆机场并在工商部门正式登记注册，正式更名为"天柱山机场"。

（5）池州九华山机场。池州九华山机场位于安徽省池州市境内，距池州市区、铜陵市区和九华山风景区柯村基地均为 20 千米左右，距长江约 3 千米，处于安徽省江南产业集中区规划核心区域，是继合肥新桥机场、黄山屯溪机场、阜阳西关机场、安庆天柱山机场之后的安徽省第五座民航机场。机场于 2013 年 7 月 29 日正式通航。

除以上主要机场外，安徽省在建及还未通航的机场还有蚌埠滕湖机场、芜宣机场、亳州机场（皖北国际机场）以及宿州机场等。

2. 主要航线

目前，安徽省已初步形成以合肥为中心的国内、省级航空运输网（见表 2-8），

表 2-8　安徽省主要民航航线

合肥新桥机场	合肥—台北、合肥—上海、合肥—首尔、合肥—兰州、合肥—澳门、合肥—青岛、合肥—曼谷、合肥—大阪、合肥—名古屋、合肥—深圳、合肥—北京、合肥—重庆、合肥—乌鲁木齐、合肥—珠海、合肥—呼和浩特、合肥—成都、合肥—石家庄、合肥—贵阳、合肥—大连、合肥—凯里、合肥—哈尔滨、合肥—广州、合肥—沈阳、合肥—三亚、合肥—太原、合肥—佛山、合肥—桂林、合肥—南昌、合肥—海口、合肥—昆明、合肥—南宁、合肥—银川、合肥—厦门、合肥—西宁、合肥—鄂尔多斯、合肥—晋江、合肥—烟台、合肥—西安、合肥—台州、合肥—汕头、合肥—北海、合肥—舟山、合肥—襄阳、合肥—黄山、合肥—郑州、合肥—绵阳、合肥—长春
黄山屯溪国际机场	黄山—广州、黄山—重庆、黄山—成都、黄山—合肥、黄山—北京、黄山—上海、黄山—深圳、黄山—天津、黄山—西安、黄山—厦门
阜阳西关机场	阜阳—北京、阜阳—长春、阜阳—重庆、阜阳—大连、阜阳—广州、阜阳—海口、阜阳—杭州、阜阳—宁波、阜阳—上海、阜阳—天津、阜阳—温州、阜阳—西安、阜阳—厦门
池州九华山机场	池州—成都、池州—深圳、池州—厦门、池州—昆明、池州—广州、池州—北京、池州—上海、池州—济南

资料来源：各机场官网航班查询统计。

可以通达北京、广州、深圳、沈阳等国内重要城市，为安徽省居民的出行带来了极大便利。

除表2-8所列的主要航线外，安徽省还有其他航线，如天柱山机场的安庆—广州、安庆—上海的航线等。

四、港航运输

(一) 概况

中华人民共和国成立之初，安徽省水运码头设施简陋、长江淮河舟船稀少、内河航道淤泥阻塞、港口建设几近空白。中华人民共和国成立后，安徽省通过积极疏浚航道，建设港口，更新和增加各种运输船舶，水运建设取得了令人瞩目的成就。

改革开放以来，安徽省重点整治了合（肥）裕（溪口）航道等重点项目。"十一五"又加快了沿江港口和长江主要支流航道建设，推进淮河水系航道整治，增强内河航运能力，重点建设了长江、淮河、芜申运河、合裕线、沙颍河"两干三支"骨干航道，整治了浍河、石门湖、青通河、顺安河、兆西河航道等干支联动工程。截至2015年底，安徽省内河航道通航里程达5729千米，水运交通更为便利。

同时，安徽省港口建设也得到了较大发展。1982年，安庆、芜湖大件码头先后建成，结束了安徽省无大件码头的历史。到2008年底，全省港口有17个、生产用码头泊位1269个，其中5000吨级以上泊位56个，年设计吞吐能力达到3.39亿吨，位居全国内河前列。在全省17个港口中，芜湖、安庆、马鞍山港口先后被国务院批准为对外贸易港，芜湖朱家桥外贸码头可以接纳来自世界各地的万吨轮；芜湖、马鞍山、铜陵、安庆、池州港已成为一类开放口岸。目前，安徽省正进行以芜湖为中心、安庆为副中心的沿江港口群建设，大力发展公用码头，推进港口码头向大型化、深水化、专业化发展，并有效衔接公路、铁路、水运等多种运输，打造沿江现代物流长廊。2014年，芜湖港成为全省首个超1亿吨大港。

截至2015年底，安徽省内河港口码头的年旅客吞吐量达62.14万人，年货物吞吐量达48044.32万吨。安徽省水运发展总体适应全省经济社会发展。其中，水路运输货运增长、客运萎缩，港口生产增势强劲。航道条件的逐步改善、经济的快速发展，拉动了水路运输快速增长。其中货运量与货物周转量因运输成本相对较低，呈现持续快速发展态势；而客运则因运输时间较长以及公路、铁路运输条件改善被分流，自 20 世纪 90 年代以来，水运客运量持续萎缩。伴随进出口贸易的大幅上升，加之港口建设力度的加大，安徽省港口生产持续高速增长，对安徽省经济发展有着较大的促进作用。

(二) 主要港口及其功能

1. 芜湖港

芜湖港是我国内河主枢纽港之一、国家一类口岸以及安徽省重要的水陆交通枢纽，素有"皖南门户，长江巨埠"之美誉，地处青弋江、运漕河与长江汇合处，位于东经 118°22′8″，北纬 31°22′29″，沿长江向下距南京港 96 千米，距马鞍山港 48 千米。

港口岸线顺直、水深流缓，可常年靠泊 5000~10000 吨级船舶。南北岸线全长 190 千米，拥有各类泊位 60 余座，年通过能力 5000 万吨。长江第一大煤炭能源中转港（芜湖港裕溪口煤码头）和安徽省最大的外贸、集装箱主枢纽港（朱家桥外贸码头）是芜湖港两大主业港区。芜湖港裕溪口煤码头目前年实际通过能力为 1280 万吨，最大年通过能力达 1580 万吨，煤炭堆场一次堆存能力达 60 万吨；朱家桥外贸码头是安徽省最大的外贸、集装箱主枢纽港，对外贸易的重要窗口。目前码头年吞吐量为 600 万吨，集装箱年通过能力达 10 万标准箱，汽车年滚装能力为 5 万辆，是一座集散货、件杂货、集装箱、汽车滚装等中转运输物流服务于一体的综合性码头。此港跟马港集团同处一个重量级别，但以集装箱和煤炭为主。

2. 安庆港

安庆市地处长江中下游，八百里皖江的源头，临江近海。安庆港是长江干线上兼有沿海和内陆双重优势、对外开放的重要港口，也是安徽省境内长江北岸唯一深水良港，被称为"皖西南咽喉"。

安庆港历史悠久，素有"千年古渡百年港"和"八省通津"之美誉。早在南宋安庆建城前，便有盛唐湾古渡口。1902 年安庆被辟为"通商口岸"。1986 年安庆港被国务院批准为一类外贸口岸，1996 年对外国籍船舶开放，2004 年被国家公布为全国主要港口。2011 年 7 月 5 日交通运输部批准安庆港为两岸海运直航港口。安庆港对台直航后，紧紧抓住获准直航的有利时机，充分利用皖江北岸深水良港的有利条件，加快基础设施建设，争取尽早建成皖西南、长江中下游北岸集多种运输方式为一体、布局合理、功能完善、服务高效、环境和谐的区域性中心枢纽港口。

3. 马鞍山港

马鞍山港是长江十大港口之一，是我国重要的钢铁流通基地，距长江入海口仅320千米，通航条件好。马鞍山地区具有明显的区域优势和良好的港口条件，沿江近海，疏运便利，承东启西，经济腹地广阔，是安徽的东大门，皖江的第一站。

马鞍山港是一个以服务于钢铁、电力工业为主，并为马鞍山市及皖东、皖中地区提供内外物资运输服务的多功能综合港口，是城市和腹地经济发展的重要交通枢纽，对完善和拓展城市功能，发展外向型经济，以及对上海经济区的协调发展，具有重要的战略地位。该港主要货种为煤炭、石油、矿建材料、钢铁、非金属矿石、化肥、农药、粮食等。

4. 蚌埠港

蚌埠地处淮河中游，面向长三角，是华东重要的组合交通枢纽，经济腹地十分宽广，是全国重要的交通枢纽城市。蚌埠交通便捷，公路、铁路、水运四通八达，且蚌埠到济南、上海、南昌、郑州、青岛、武汉等大城市几乎是等距离。

蚌埠港为千里淮河第一大港，是全国28个主要内河港口之一，蚌埠港可四季通航江苏、浙江、上海等省市，新港年吞吐量达百余万吨，拥有数个千吨级泊位，还可以借助已开放港口通达海外。现已拥有蚌埠新港及怀远、五河、固镇四个港区，码头39座，生产用泊位60个，码头岸线总长2324米，综合通过能力450万吨，最大靠泊船舶吨级1000吨。

5. 阜阳港

阜阳港坐落于安徽省阜阳市，是安徽省规划的八大重要港口之一，是国家交通运输部"十二五"规划工程重点建设项目，设计年吞吐量230万吨，其中散货进口190万吨/年、杂货进出口40万吨/年、集装箱5万标准箱/年。拥有各式先进的港口设备，如固定式吊机、门座式吊机、正面吊、叉车、行吊等。阜阳港开通有集装箱航线，阜阳及周边地区的集装箱货物可从阜阳港下水，到达辽宁、山东、江苏、上海、浙江、广东、福建、海南、广西等省市，大大提高了物流效率，降低了物流成本。

第五节　公共服务体系

计划经济时代，中国建立起了一个平均主义、国家包办的公共服务体系，在资源匮乏的情况下实现了公共服务的普遍可及，但存在着公共服务供给总体短缺、效率低下以及城乡、单位间供给不均的问题。20世纪八九十年代，中国政府推动了以二元化、社会化、市场化和地方化为特征的公共服务体系改革，实现了从单一供给主体到多元供给主体的转变、从国家免费供给到居民付费享受的转变，供给效率与服务质量大大提高；但在这一时期，地方政府的公共服务职能不断弱化，公共服务投入严重不足，从而大大降低了公共服务供给的普遍可及性和均等化程度。2002年以来，中国政府通过社会政策体系建设、公共财政体制改革和公共服务供给机制创新，基本建立起了一个相对完备的公共服务项目体系，公共服务投入稳步增长，多元供给机制不断成熟和扩展，初步实现了公共服务供给的普遍可及性目标；但是，公共服务投入占总财政支出的比例依然偏低，供给水平与人民群众的实际需求相差较大。安徽省的公共服务建设历程与我国的公共服务体系发展历程基本一致，2012年国务院首次编制基本公共服务体系建设规划，安徽省也出台了基本公共服务体系三年行动计划，对基本公共服务体系建设进行了部署和安排。

一、学校教育

(一) 概况

中华人民共和国成立之初，安徽省教育水平十分落后，80%以上的人口是文盲或半文盲，学龄儿童入学率只有10%。安徽省非常重视教育，改革开放以来，更是把教育放在优先发展的战略地位，特别是实施"科教兴皖"战略，教育事业发生了翻天覆地的变化，人口文盲率大幅下降，义务教育普及率不断提高，高等教育规模迅速扩张，一个体系完整、结构合理、符合安徽经济社会发展需要、具有安徽特色的现代国民教育体系基本建成。

中华人民共和国成立之初，安徽省先后成立皖北、皖南行署文教处，1952

年合并成立安徽省教育厅。1985 年，成立安徽省教育委员会。1994 年，成立中共安徽省委教育工作委员会，与省教育委员会合署办公。2000 年，更名为安徽省教育厅，主管全省教育事业和语言文字工作。截至 2015 年底，安徽省各级各类学校共 22182 所，其中，有普通高校 108 所，中等学校 3884 所，小学 9119 所，幼儿园 6988 所及特殊教育学校 68 所（见表 2-9）。

表 2-9 2000~2015 年安徽省各级各类学校数量构成

单位：所

	2000 年	2005 年	2010 年	2014 年	2015 年
普通高等学校	42	81	100	107	108
中等学校	4621	4533	4241	3977	3884
小学	24281	20142	13997	10547	9119
幼儿园	3932	2715	4018	6564	6988
特殊教育	70	67	62	66	68

资料来源：《安徽统计年鉴》（2001~2016）。

就教育经费投入来说，2015 年安徽省全省教育总投入 11578494 万元，其中，国家财政性教育经费 9572660 万元，约占总投入的 82.68%，教育总投入比 2014 年增长 12.84%（见表 2-10），足以凸显国家及省政府对教育发展的重视程度。

表 2-10 2015 年安徽省教育经费投入

投入类型	教育投入（万元）
国家财政性教育经费	9572660
民办学校中举办者投入	71192
社会捐赠经费	11457
事业收入	1789174
其他收入	134011
合计	11578494

资料来源：《安徽统计年鉴》（2016）。

（二）主要高校建设

近年来，安徽省不断加大高校建设力度，积极开展高等教育质量提升工程，关注科学研究和社会服务，省教育厅全面启动安徽高校智库建设，搭建高校与企业网上实时对接平台，推动校企深度合作，深入实施高校服务文化强省建设行动计划，推动高校参与徽文化、桐城文化等安徽优秀传统文化传承创新，加强与长三角高水平高校人文社科领域交流等。

截至 2015 年，安徽省共有高校 108 所，其中，中国科学技术大学（985、211，部属）、合肥工业大学（211，部属）及安徽大学（211，省属）三所高校为重点高校，另外，还有安徽财经大学、安徽农业大学、安徽师范大学等省属重点建设高校，专业种类多，覆盖面广，为安徽省乃至全国发展提供了大量人才。

2017 年 9 月，教育部、财政部、国家发展改革委公布世界一流大学和一流学科建设高校及建设学科名单，安徽省四所高校入围。其中，中国科学技术大学名列一流大学建设高校名单和一流学科建设高校名单；合肥工业大学及安徽大学入选一流学科建设高校名单。此外，国防科技大学也名列一流大学建设高校名单和一流学科建设高校名单，其电子对抗学院坐落于合肥市。一流学科建设高校的相关专业分别是：中国科学技术大学的数学、物理学、化学、天文学、地球物理学、生物学、科学技术史、材料科学与工程、计算机科学与技术、核科学与技术、安全科学与工程专业；国防科技大学的信息与通信工程、计算机科学与技术、航空宇航科学与技术、软件工程、管理科学与工程专业；合肥工业大学的管理科学与工程专业；安徽大学的材料科学与工程专业。

1. 中国科学技术大学

中国科学技术大学（简称中国科大）1958 年创建于北京，1970 年迁至安徽合肥，是中国科学院所属的一所以前沿科学和高新技术为主、兼有特色管理和人文学科的综合性全国重点大学。中国科大为国家首批"211 工程""985 工程"重点建设院校，入选"珠峰计划""111 计划""2011 计划""卓越工程师教育培养计划""中国科学院知识创新工程""国家海外高层次人才创新创业基地"，是九校联盟（C9）、中国大学校长联谊会、东亚研究型大学协会、环太平洋大学联盟成员，为中管副部级高校，由中国科学院、教育部、安徽省人民政府共同建设。2017 年 9 月，入选国家首批"双一流"世界一流大学 A 类建设高校；同月，成为首批一流网络安全学院建设示范项目高校。

在院系及学科设置方面，学校下设 15 个学院、30 个系，分别设有研究生院、苏州研究院、上海研究院、中国科大先进技术研究院。有数学、物理学、力学、天文学、生物科学、化学 6 个国家理科基础科学研究和教学人才培养基地，

1个国家生命科学与技术人才培养基地，8个一级学科国家重点学科，4个二级学科国家重点学科，2个国家重点培育学科，18个安徽省一级学科重点学科。建有国家同步辐射实验室、合肥微尺度物质科学国家实验室（筹）、稳态强磁场科学中心、火灾科学国家重点实验室等国家级科研机构和45个院省部级重点科研机构。

2. 合肥工业大学

合肥工业大学创建于1945年，1960年被中共中央批准为全国重点大学，1997年原合肥工业大学与安徽工学院合并组成新的合肥工业大学，2005年成为国家"211工程"重点建设高校，2009年成为国家"985工程"优势学科创新平台建设高校，2017年进入国家"双一流"建设高校行列，是教育部、工业和信息化部与安徽省共建高校。

截至2018年9月，学校设有23个学院（部）；拥有12个博士后科研流动站，16个一级学科博士点，1个博士专业学位类别，2个工程博士领域，38个一级学科硕士点，11个硕士专业学位类别，25个工程硕士领域，91个本科专业。学校有高等学校学科创新引智计划5个，国家工程实验室1个，国家地方联合工程实验室2个，国家地方联合工程研究中心3个，省部共建国家重点实验室培育基地1个，教育部重点实验室2个，教育部工程研究中心5个，教育部网上合作研究中心5个，中国机械工业联合会重点实验室2个，省部级重点科研基地49个，安徽省级制造业创新中心1个，国家甲级综合建筑设计研究院1个。

3. 安徽大学

安徽大学创建于1928年，是安徽省属重点综合性大学，为国家"211工程"重点建设高校，是安徽省人民政府与教育部共建高校、安徽省属重点综合性大学。

截至2018年9月，学校有13个博士后科研流动站、15个博士学位授权一级学科、1个博士学位授权二级学科、32个硕士学位授权一级学科、2个硕士学位授权二级学科、28个专业硕士学位授权类别；设有26个院（系、部），95个本科专业。学校共有2个国家级重点学科、25个省级重点学科，建有1个国家地方联合工程实验室、1个教育部人文社科重点研究基地、2个教育部重点实验室、1个教育部工程研究中心和1个获得国家CMA计量认证的现代实验技术中心，有6个省级高校人文社科重点研究基地、10个省级重点实验室、7个省级工程技术研究中心、3个省级科技创新公共服务平台，设有3个国家级和9个省级实验教学示范中心。

二、医疗卫生设施

(一) 概况

中华人民共和国成立初期，安徽卫生医疗水平低下，并且主要集中在城镇，广大农村地区缺医少药，人民健康缺乏保障。经过多年以来的建设，全省卫生事业逐步发展，由弱到强，医疗卫生体制不断完善，卫生资源大幅增长，医疗服务水平明显提高，疾病预防控制能力明显增强（见表2-11）。

表 2-11　2005~2015 年安徽省医疗卫生机构数

单位：个

年份	医院	社区卫生服务中心（站）	乡镇卫生院	村卫生室	疾病预防控制中心（防疫站）	专科疾病防治院（所/站）	妇幼保健院（所/站）	急救中心（站）	卫生监督所	总计
2005	683	635	1980	22847	132	54	117	5	41	32044
2007	690	808	1842	20642	129	48	118	7	96	29144
2008	720	918	1824	19276	127	44	119	10	102	27130
2009	713	986	1702	17719	124	47	118	10	103	24736
2010	730	1730	1437	15636	124	50	119	11	110	23019
2011	916	1924	1395	15321	124	52	119	11	111	22884
2012	930	1948	1384	15306	121	52	118	12	119	23278
2013	938	1942	1387	15310	120	50	121	13	113	24645
2014	968	1941	1398	15288	121	48	121	14	113	24824
2015	1018	1930	1382	15295	121	47	121	14	113	24853

资料来源：《安徽统计年鉴》(2006~2016)。

截至 2015 年底，安徽省共有 24853 个医疗卫生机构，其中医院有 1018 家，比 2005 年增长 49.05%，医疗水平、范围和能力都有了大幅度提升。除了医疗卫生机构数量有变化之外，其医疗技术和相关服务也不断加强。例如，安徽省医疗卫生机构的病床数从 2005 年的 127179 张增加到了 2015 年的 267405 张，医疗卫生容纳能力大大增强；而医疗机构的人员，尤其是医疗卫生技术人员数量则从 2005 年的 159788 人增加到了 2015 年的 280768 人，医疗事业发展速度和技术水平都不断提升，为居民的生命安全提供了更有力的保障（见图 2-1）。

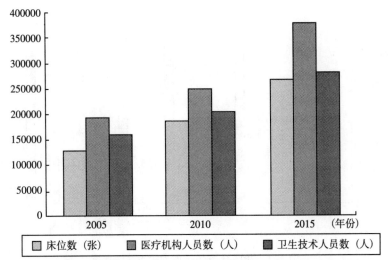

图 2-1 2005 年、2010 年、2015 年安徽省医院床位及医疗卫生人员数量

资料来源：《安徽统计年鉴》（2006~2016）。

此外，各级各类医疗卫生机构，如社区卫生服务中心、乡镇卫生院、村卫生室、防疫站、妇幼保健院及急救中心等，它们的数量和功能都在持续发展完善，让广大居民更加便利地享受到基本医疗卫生服务。同时，安徽省合作医疗事业也稳步发展，给重大疾病救治的补贴也逐步完善，为人们享受医疗卫生服务带来了更多可能性，在保障居民生命安全的同时，也给他们提供了一定的经济保障，为居民健康快乐地生活打下稳定的基础。

（二）主要医疗卫生机构分布情况

截至 2015 年，安徽省共有 24853 家医院，在安徽省 16 个地级市中，合肥、阜阳、六安及安庆拥有数量较多的医院等医疗卫生服务机构（见图 2-2），其医院数量分别为 2217 家、2644 家、2701 家和 2497 家，其主要原因是经济发展水平、地级市面积及人口数量的差异，导致不同地级市对医院等医疗卫生机构有着不同的需求量，进而形成了这样的数量分布状况。

总之，安徽省医疗卫生机构不断发展，医疗卫生服务体系也在不断完善，重大疾病防控等工作全面加强。安徽省坚持"以人为本"，高度重视卫生工作，在经济快速发展的同时，医疗卫生水平不断提高，人口健康状况普遍改善，生命质量显著提升。

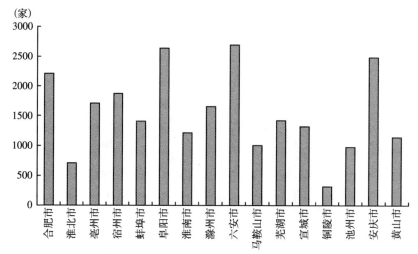

图 2-2　2015 年安徽省各地级市医院数量

资料来源：《安徽统计年鉴》（2016）。

三、邮电设施建设

（一）概况

邮电业是国家重要的社会公用事业，邮政网络是国家重要的通信基础设施。中华人民共和国成立之初，安徽仅自办邮政局（所）139 处，且都设在城镇，运邮工具仅有自行车 31 辆、役畜 37 头、火车邮路 4 条。至 1965 年，全省邮电所发展到 2414 处，邮路总长度达 129979 千米。1978 年 12 月，党的十一届三中全会以后，安徽开始把能源、交通、通信作为投资的重点，从此安徽邮电步入了持续、快速、健康发展的良性轨道。

1998 年末，全省已拥有邮电局所 3422 个，邮政生产和营业的自动化程度得到很大提高。进入 21 世纪以来，安徽邮政抓住机遇、与时俱进，坚持科技兴邮，加大局所、网点改造和建设的力度，不断优化、调整邮政运输网络和营投网络，快速推进邮政信息化建设，促进实物网与信息网的融合，初步建成高技术水平、高效率运转、高质量服务的由实物网和信息网组成的邮政网络。

截至 2015 年底，安徽省邮政局（所）总数为 1929 个，邮政总线路达 48393 千米，其中汽车邮路、铁路邮路分别为 44152 千米和 1109 千米，农村投递线路达 148838 千米（见表 2-12），虽然邮政局（所）数量有所减少，但其覆盖范围却在不断扩大，并且随着邮电技术的发展，邮政运输速度也不断加快，给人们的生产和生活带来了极大方便。

表 2-12 2005~2015 年安徽省邮电基础设施情况

年份	邮政信筒信箱（个）	汽车邮路（千米）	铁路邮路（千米）	农村投递线路（千米）
2005	6378	51111	1725	135688
2007	6334	44614	2097	141777
2008	6112	47466	1929	141631.8
2009	6736	50607	2485	150570
2010	6693	41320.5	2434	150901.8
2011	4554	52938.9	2292	132818.8
2012	3961	43721.8	2355	133559.58
2013	4641	45995	2355	144838
2014	3704	44960	1110	151640
2015	2401	44152	1109	148838

注：由于邮政系统调整，2010 年、2012 年的邮路总长度与往年口径不同。

资料来源：《安徽统计年鉴》（2006~2016）。

（二）邮电设施建设成果

中华人民共和国成立至改革开放，安徽省邮电建设部门恪尽职守，奠定了发展根基；自改革开放以来，安徽邮电抓住机遇，大力发展科技，坚持科技兴邮，增强其核心能力，收效颇丰。1998 年邮电分营以来，安徽省邮电凭借科技的力量，抓住发展机遇，效果显著：

（1）实物网能力不断增强。大力推进邮政运输网络和营投网络建设，加强省内网与全国区域集散中心的连接，投入使用包裹分拣机、信函分拣机等大型现代化设备，实现机械化、自动化作业，加快了邮件传递速度等。

（2）信息网技术不断提升。建立邮区中心局生产作业系统和邮运生产指挥调度系统，实现了邮运生产信息和邮件内部处理的联网和共享。建成综合服务平台系统，提供了以绿卡为支付手段、满足用户需求的各项功能。

（3）营投网服务水平不断改善。根据城市发展实际，大力优化邮政营业网点布局，逐步建成省级旗舰店、市级精品窗口、县级标准店不同层次的示范门店，有力地提升了邮政服务形象，同时，还延伸了投递深度，缩短了投递时限。

总之，安徽邮电部门在切实搞好邮政普遍服务和特殊服务、提升基本公共服务的能力和水平的同时，积极适应工业化、信息化、城镇化、市场化及国际化要求，努力延伸经营服务链条，既服务民生又服务生产，为安徽省的发展贡献了不容小觑的力量。

参考文献

[1] 程言新，张福生，王婉茹，等.安徽省地貌分区和分类［J］.安徽地质，1996，6（1）：63-69.

[2] 安徽省统计局，国家统计局安徽调查总队.安徽统计年鉴［M］.北京：中国统计出版社，2001-2016.

[3] 胡颖.安徽生物多样性保护与自然保护区［J］.安徽教育学院学报，2000，18（3）：39-42.

[4] 黄山概览［EB/OL］.黄山风景区管理委员会官网，http：//hsgwh.huangshan.gov.cn/About/.

[5] 西递镇［EB/OL］.百度百科，https：//baike.baidu.com/item/西递镇/2359900？fromtitle=西递&fromid=410292&fr=aladdin.

[6] 宏村镇［EB/OL］.百度百科，https：//baike.baidu.com/item/宏村镇/66538？fr=aladdin.

[7] 安徽省人民政府.安徽60年［M］.北京：中国统计出版社，2009.

[8] 安徽省人民政府.安徽年鉴（2016）［M］.合肥：安徽年鉴社，2016.

[9] 魅力合肥［EB/OL］.合肥市人民政府网站，http：//www.hefei.gov.cn/mlhf/index.html.

[10] 魅力芜湖［EB/OL］.芜湖市人民政府网站，http：//www.wuhu.gov.cn/mlwh/index.html.

[11] 醉美滁州［EB/OL］.滁州市人民政府网站，http：//www.chuzhou.gov.cn/zmcz/index.html.

[12] 钟艳.安徽地域文化资源整合与集群化发展的初步构想［J］.安徽行政学院学报，2014（5）：55-60.

[13] 徐峰.政策决定安徽经济的命运？［J］.软件世界，2004（1）：58-61.

[14] 任海深."861"计划推动经济崛起［J］.人民论坛，2006（8）：57.

[15] 安徽省国民经济和社会发展第十二个五年规划纲要［EB/OL］.百度文库，https：//wenku.baidu.com/view/1d18a780876fb84ae45c3b3567ec102de3bddf55.html.

[16] 袁祝，刘颖."一带一路"战略对安徽经济发展的影响［J］.现代经济信息，2015（11）：342.

[17] 费瑞波.机遇、政策和措施：新常态下安徽经济发展研究［J］.滁州学院学报，2015（4）：26.

[18] 安徽省人民政府.安徽年鉴（1985）［M］.合肥：安徽年鉴社，1985.

［19］安徽高速公路［EB/OL］. 360 百科，https：//baike.so.com/doc/9007298-9336560.html.

［20］安徽省交通运输"十三五"发展规划［EB/OL］. 中国公路网，http：//www.chinahighway.com/news/2017/1149070.php. 2017-12-11.

［21］安徽省高速公路网规划［EB/OL］. 百度文库，https：//wenku.baidu.com/view/586b7d907e192279168884868762caaedd33bae8.html. 2018-08-01.

［22］安徽省"十三五"综合交通运输体系发展规划［EB/OL］. 安徽政务，http：//zw.anhuinews.com/system/2017/07/24/007673456_06.shtml.

［23］安徽铁路［EB/OL］. 360 百科，https：//baike.so.com/doc/24474997-25320407.html.

［24］安徽省交通运输厅.安徽省民航"十二五"发展规划（征求意见稿）［EB/OL］. https：//www.docin.com/p-864408540.html.

［25］陈佐君. 着力推进安徽基本公共服务体系建设［N］. 安徽日报，2015-09-14.

［26］安徽省 4 所高校跻身"双一流"建设名单［EB/OL］. 中安在线，http：//ah.anhuinews.com/system/2017/09/22/007717276.shtml？bcesrzplnriotdxs.

［27］中国科学技术大学［EB/OL］. 360 百科，https：//baike.so.com/doc/4999281-5223639.html？from=152034&sid=5223639&redirect=search.

［28］合肥工业大学［EB/OL］. 360 百科，https：//baike.so.com/doc/748940-792732.html.

［29］安徽大学［EB/OL］. 360 百科，https：//baike.so.com/doc/667259-706308.html.

第二篇

产业与经济

第三章　区域经济发展概况

第一节　安徽经济发展历程与阶段

安徽省近代经济的发展是从鸦片战争开始的。中华人民共和国成立之后到改革开放前，安徽省逐步建立起了现代经济体系，农业不断发展，工业体系逐步建立，商业继续发展。改革开放后，安徽省经济发展取得了巨大成就，但发展速度不如东部沿海，与其差距一直较大。进入 21 世纪，安徽迎来工业化城镇化的加速发展期，经济社会的转型速度不断加快，与经济发达地区发展的差距也在逐步缩小。

一、近代安徽经济发展

1840~1949 年是安徽近代经济发展时期。这一时期，安徽的经济发展大体可以分为三个阶段：

第一阶段：安徽自给自足的封建经济向半殖民地半封建社会经济演变阶段（1840~1895 年）。这一时期，资本主义列强的工业品、鸦片等开始涌入中国，自给自足的封建经济开始瓦解，逐渐向半殖民地半封建经济演变。但是由于安徽地处华东腹地，遭受资本主义列强的直接侵略要迟些，因此，在这一阶段的前期安徽社会经济基本上仍是自给自足的封建社会。1876 年，中国与英国签订《烟台条约》，将安徽芜湖辟为通商口岸，1877 年又在芜湖设海关、辟租界，在芜湖设立洋行。此后，芜湖的进出口贸易迅速发展，大量的洋货开始进入安徽城乡各地，打击了安徽长江流域一带的城乡手工业，加快了自然经济的解体。

第二阶段：安徽半殖民地半封建社会经济体系基本形成阶段（1896~1927年）。19世纪末期，世界资本主义进入帝国主义阶段，进一步加剧了对安徽的商品倾销和资源掠夺。20世纪初，帝国主义在安徽疯狂掠夺矿产资源。1912年津浦铁路通车，使帝国主义的倾销与掠夺深入到淮河流域。在甲午战争前，安徽只是个别工矿企业采用西方机器，到20世纪初，芜湖等地使用西方机器的企业日渐增多，在安徽社会经济中的比重日渐提高，影响也愈益明显。这一时期，安徽自给自足的封建经济彻底瓦解，半殖民地半封建社会经济基本形成。

第三阶段：安徽新民主主义经济出现阶段（1928~1949年）。1927年南京国民政府建立后，安徽主要为新桂系军阀集团所把持。抗日战争期间，日本侵略者对安徽的经济进行了更加野蛮凶残的掠夺与破坏，后来美国取代日本，在安徽大肆倾销剩余物资，同时疯狂掠夺安徽的战略物资，安徽经济处于停滞、衰落状态，半殖民地半封建经济面临危机。与此同时，皖西苏区在1930年至1932年期间开展了以改革封建土地制度为中心的土地革命运动，使农业、工业、商业得到了恢复和发展。在抗日战争期间，安徽建立了皖江、淮南、淮北三块抗日根据地，根据地内实行了各项新民主主义的经济政策，有力支援了抗日战争。

二、中华人民共和国成立后30年安徽经济发展

中华人民共和国成立30年间，经过艰苦的奋斗，安徽的社会经济取得了一定的成就。当然，这一时期的安徽社会经济发展也充满了坎坷，既有"一五"时期的经济较快发展，又有经济大波动。这一时期的安徽经济发展大致可以分为两个阶段：

第一阶段：安徽经济恢复发展阶段（1949~1957年）。中华人民共和国成立前，受帝国主义、封建主义和官僚资本主义的残酷掠夺和剥削，加之连年战争的影响，安徽经济基础极其薄弱。中华人民共和国成立后，在中国共产党的领导下，经过全省人民的艰苦奋斗，安徽经济得到迅速恢复和发展。工农业总产值从1949年的20.9亿元增加到1952年的28.7亿元。1953年，安徽同全国一起开始国民经济"一五"计划，有计划、有步骤地进行社会主义改造和建设。至1957年第一个五年计划顺利完成，基本实现了生产资料所有制的社会主义改造，国民经济有了较快发展，人民生活也得到明显改善。"一五"期间，全省生产总值年均

增长 7.1%（按可比价格计算），其中农业增加值年均增长 5.8%，工业增加值年均增长 21.4%。

第二阶段：安徽经济曲折发展阶段（1958~1978 年）。1958~1962 年，安徽省经济建设规模严重脱离实际，加上严重自然灾害的影响，国民经济遭受到巨大的破坏。第二个五年计划期间，全省生产总值年均下降 6.3%，其中 1959~1961 年连续三年下降，1961 年降幅更是高达 28.6%。

1963~1965 年，针对国民经济严重下滑的现状，安徽省按照中央提出的"调整、巩固、充实、提高"的方针，在 1963~1965 年的三年间对国民经济进行了第一次大调整，使安徽省整体经济重新走上正常发展轨道，粮食产量基本提高至 1957 年的水平，轻重工业比例关系也有所调整，生产总值平稳增长，人民生活趋于好转。在这一时期，全省生产总值年均增长 12.6%，其中农业增加值年均增长 12.7%，工业增加值年均增长 21.5%。

1966 年"文化大革命"开始，刚刚恢复正常的国民经济再次遭到重大挫折，国民经济低速缓慢发展，经济比例关系严重失调，经济效益全面下降。1966~1969 年，安徽省生产总值增速逐年下滑，年均仅增长 1.2%，其中 1969 年下降了 1.7%。1970~1978 年，安徽省人民在极其困难的条件下，坚持社会主义建设，这一时期，安徽省生产总值年均增长 5.4%，其中农业增加值年均增长 3.3%，工业增加值年均增长 11%。

三、改革开放后安徽经济发展

党的十一届三中全会召开，实事求是地总结了中华人民共和国成立以来正反两方面经验，将党和政府的工作重点转移到社会主义现代化建设上来，为中国经济发展注入了新的推动力，也掀开了安徽经济发展史上崭新的一页，成为安徽经济建设的重要转折点。改革开放后安徽经济快速发展、综合实力显著增强。这一时期安徽经济发展又可分为四个阶段：

1. 起步阶段（1979~1984 年）

改革开放初期，国家改革的重点是农村。1978 年，凤阳县小溪河镇小岗村十八位农民以"托孤"的方式，冒着极大的风险，立下生死状，在土地承包责任书上按下了红手印，创造了"小岗精神"，拉开了中国改革开放的序幕。随后安徽各地进行了土地制度变革，建立了家庭联产承包责任制，赋予农民土地经营自主权，从而大大促进了农民增收。

与此同时，在国企中探索以放权让利为主要内容的改革。各项改革的兴起与初步展开，为长期封闭的经济注入了生机和活力，工农业生产呈现快速增长的良好势头。这一时期，全省生产总值年均增长11.2%，其中农业增加值年均增长8%，工业增加值年均增长12.7%。

2. 全面发展阶段（1985~1991年）

这一时期改革重点由农村转向城市，改革的目标是发展社会主义有计划的商品经济。这次改革增强了国企活力，扩大了企业自主权。其间，安徽省经济发展遇到一些波折，一度出现物价猛涨、金融形势混乱现象，投资和消费需求大幅增长。按照中央"治理经济环境、整顿经济秩序、全面深化改革"的要求，经过1989~1991年三年的治理整顿，安徽省供需矛盾明显缓解。1991年，安徽省因遭遇特大洪涝灾害，当年生产总值下降了0.9%，其中农业增加值下降22.8%。这一时期，全省生产总值年均增长6.1%，其中农业增加值年均下降1.3%，工业增加值年均增长12.2%。

3. 整体推进阶段（1992~2002年）

这一时期，党的十四大召开，并确立了建立社会主义市场经济体制的改革目标。根据中央的统一部署，安徽省以国企改革为中心，积极探索建立现代企业制度。农村改革方面，主要是广泛开展土地二轮承包，保障农民土地承包和流转权。改革进一步解放了社会生产力，推动了经济迅速升温。1998年后，安徽省努力抵御亚洲金融危机的负面影响，并战胜连年的水旱灾害，不断克服通货紧缩、需求不足等多重困难，积极扩大内需，保持了经济平稳较快增长。这一时期，全省生产总值年均增长12%，其中农业增加值年均增长7.3%，工业增加值年均增长12.9%。

4. 攻坚完善和平稳快速发展阶段（2003~2015年）

党的十六大、十六届三中全会以及十七大的召开，标志着改革开放进入到完善社会主义市场经济体制的新阶段。安徽省以深化企业改革为重点，积极推进国有经济战略性调整和国有企业战略性重组。农村改革主要是进行税费改革、取消农业税。随着各项改革的不断深入，经济增长稳步加快。2003年，安徽因受"非典"疫情及严重自然灾害影响，当年生产总值增速下滑到9.4%。2004年以来，安徽省坚持科学发展观，积极抓住发展机遇，加快转变经济发展方式。2008

年，在应对多重自然灾害的影响和国际金融危机的挑战后，依然保持了经济平稳较快发展的良好势头，当年全省生产总值增长 12.7%，连续五年保持两位数增长。"十二五"时期，是安徽全面建设小康社会的关键时期，是深化改革开放、加快转变经济发展方式的攻坚时期。至 2015 年底，"十二五"规划完美收官，全省生产总值达到 22005.63 亿元。

第二节　安徽经济发展现状特征

经过多年的建设与发展，特别是改革开放以来，曾经贫穷落后的安徽发生了翻天覆地的变化，产生了质的飞跃，实现了重大转折。现在的安徽，社会生产力迅速发展，综合实力显著增强，经济社会统筹推进，人民生活水平大幅度提高，为全面建成小康社会和加速安徽崛起奠定了坚实的基础。

一、经济发展总体特征

1. 经济总量持续增长，整体经济跨上新台阶

改革开放后，安徽社会经济实现突飞猛进的发展。从经济总量上来看，生产总值呈现大幅度增长趋势（见图 3-1），其中 2009 年是安徽经济增长的分水岭。2009 年以前，安徽省生产总值虽然也在不断增长之中，但经济总量始终维持在千亿元的水平上；2009 年首次突破万亿元大关，达到 10062.82 亿元。2015 年全

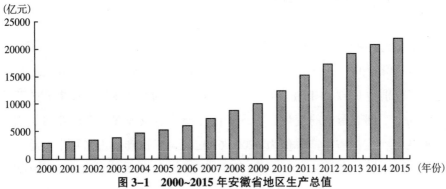

图 3-1　2000~2015 年安徽省地区生产总值

资料来源：《安徽统计年鉴》（2006~2016）。

省生产总值为 22005.63 亿元，比 2014 年增长 5.55%。其中第一产业为 2456.69 亿元，第二产业为 10946.83 亿元，第三产业为 8602.11 亿元。与此同时，区域经济实力不断增强，2015 年生产总值过两千亿元的市有两个，分别为合肥市和芜湖市，其中合肥市以 5660.27 亿元占据绝对优势；生产总值过千亿元的市有七个，分别为安庆市、马鞍山市、滁州市、阜阳市、蚌埠市、宿州市、六安市。

经济的快速发展和规模的不断扩大，促进了社会财富的积累，带来了财政实力的增加，政府调控经济增长、加强薄弱环节建设、切实改变民生、有效应对各种风险和自然灾害的能力进一步增强。1949 年，全省财政收入仅为 0.5 亿元。2015 年，全省财政收入增加到 4012.23 亿元，财政收入相当于生产总值的比例从 1952 年的 11.8% 提高到 2015 年的 18.2%。

2. 产业结构渐趋合理

在经济发展取得巨大成就的同时，安徽省产业结构不断向高度化和合理化方向调整（见表 3-1），专业化部门逐步明朗。

表 3-1　2000~2015 年安徽省地区生产总值构成

单位：%

年份	第一产业	第二产业	第三产业
2000	25.56	36.41	38.03
2003	19.11	39.13	41.76
2006	16.55	44.35	39.10
2009	14.86	48.75	36.39
2012	12.66	54.64	32.70
2015	11.16	49.75	39.09

资料来源：《安徽统计年鉴》（2006~2016）。

中华人民共和国成立初期，安徽省经济发展主要依靠农业，第二、第三产业在经济中的份额很小。1952 年，第一产业增加值比重高达 75.1%，第二、第三产业比重仅分别为 9.9% 和 15%。经过改革开放以来的快速发展，安徽省的三次产业结构发生了翻天覆地的变化，实现了由主要依靠农业向三次产业协调发展转变。2015 年，安徽省生产总值为 22005.63 亿元，三次产业占当年生产总值的比例由 2010 年的 13.99∶52.08∶33.93 调整为 2015 年的 11.16∶49.75∶39.09，第二产业在安徽省经济总量中占主导地位。

随着安徽省由农业大省逐步转变为工业大省，装备制造业、电子信息等行业发展迅速。2012年，安徽省确立了电子信息和家用电器、汽车和装备制造、材料和新材料、能源和新能源、食品医药、轻工纺织、现代服务业及文化产业八大主导产业。"十二五"期间，电子信息制造业增速和总量、安徽全省汽车整车出口量、四自由度以上机器人销量等稳坐全国头把交椅。到"十二五"时期末，安徽省农业规模经营加速，创新型省份建设扎实推进，战略性新兴产业迅猛发展，服务业发展水平不断提升，新兴工业大省地位基本确立。

3. 外向型经济发展迅猛

改革开放前，安徽经济发展基本处于闭关自守的落后状态。改革开放后，安徽始终坚持对外开放的基本国策，积极适应经济全球化、加入世贸组织以及国际产业资本加速转移的新形势，不断扩大对外开放领域，优化开放结构，加快转变外贸增长方式，对外开放的广度和深度不断拓展，外向型经济加速发展，与国际市场的联系日益密切。

1985年前，安徽省利用外资几乎为零。20世纪90年代特别是"十一五"以来实现了历史性突破。2015年安徽省进出口总额由2000年的33.47亿美元迅速增加到488.08亿美元，其中出口总额由21.72亿美元增加到331.14亿美元，占进出口总额的67.85%，进口总额由11.75亿美元增加到156.94亿美元，占进出口总额的32.15%（见图3-2）。与此同时，安徽省利用外资的产业结构不断优化，从一般制造业发展到高新技术产业、基础产业、基础设施建设，商业、外贸、电信、金融、保险、房地产等服务业已成为外商新一轮投资的重点领域。

4. 人民生活水平明显改善

改革开放以来，伴随着国民经济的快速发展，收入分配体制的改革不断深化，城乡居民的收入水平显著提高（见表3-2），生活质量明显改善，从基本消除贫困，到解决温饱，再到实现总体小康，目前正在向全面建成小康社会目标迈进。其中，城镇居民的家庭人均可支配收入由2000年的5293.55元增加到2015年的26935.76元，农村居民的家庭人均纯收入由2000年的1934.57元增加到2015年的10820.73元。并且自党的十一届三中全会以来，全省经济实力和社会财富明显增加，市场供应日益丰富，加快了城镇居民消费，促进了消费结构的优化，使得全省城镇居民生活质量也不断提高。其中，城镇居民的人均消费性支出由2000年的4232.98元增加到2015年的17233.53元，农村居民人均消费性支出由 2000 年的 1321.50 元增加到 2015 年的 8975.21 元。

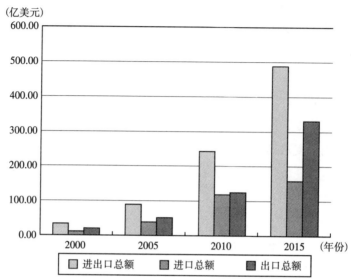

图 3-2　2000~2015 年安徽省进出口总额

资料来源：《安徽统计年鉴》（2006~2016）。

表 3-2　2000~2015 年安徽省居民的收入和消费支出

单位：元

年份	城镇居民		农村居民	
	人均可支配收入	人均消费性支出	人均纯收入	人均消费性支出
2000	5293.55	4232.98	1934.57	1321.50
2005	8470.68	6367.67	2640.96	2196.23
2010	15788.17	11512.55	5285.17	4013.31
2015	26935.76	17233.53	10820.73	8975.21

资料来源：《安徽统计年鉴》（2006~2016）。

二、三次产业发展特征

1. 第一产业由片面强调"以粮为纲"向农林牧渔业全面发展转变

安徽省是传统的农业大省。中华人民共和国成立之初，安徽省经济发展水平偏低，经济发展主要依靠农业。1952 年，第一产业比重达到 75.09%，之后比重逐渐下降，但至改革开放前期，第一产业比重仍基本稳定在 50% 以上。进入 20世纪 90 年代，安徽经济增长迅速，第一产业产值比重快速下降。至 2015 年，第一产业产值比重已下降至 11.16%。

从农业内部构成来看（见表 3-3），改革开放前，高度计划管理体制和单一的粮食生产结构，造成了安徽省第一产业内部比例严重失调，农业生产能力长期在低水平徘徊。1978 年，安徽省农业总产值为 71.07 亿元。其中，种植业、林业、畜牧业、渔业产值的比重分别为 83.60%、1.60%、14.17%、0.57%。改革开放后，开展以家庭联产承包责任制为核心的农村经济体制改革，在保证粮棉油生产稳定增长的前提下，鼓励发展多种经营，极大地调动了农民的生产积极性，解放了农村生产力，促进了农林牧渔业全面发展。近年来，通过大力实施小麦高产攻关活动、水稻产业提升行动以及畜牧业、渔业富民工程，进一步优化了第一产业内部结构，种植业的比重明显下降，林业、畜牧业、渔业所占比重不断提高。2015 年，安徽省农业总产值达到 4390.8 亿元，其中，种植业、林业、畜牧业、渔业、农林牧渔服务业的产值占总产值的比重分别为 49.53%、6.61%、28.67%、10.82%、4.37%。同时，农产品品质结构也大为改善，由单纯追求数量的增加逐步向优质高效农业方向发展。农业生产更加注重生态产品的开发，初步形成了无公害农产品、绿色食品和有机食品协同推进的发展格局。

表 3-3 安徽省农林牧渔业产值结构比例

单位：%

年份	种植业	林业	畜牧业	渔业	农林牧渔服务业
1978	83.66	1.60	14.17	0.57	—
1980	81.10	2.54	15.54	0.82	—
1985	73.30	4.06	20.63	2.01	—
1990	70.32	4.58	22.1	3.00	—
1995	65.08	4.04	25.11	5.77	—
2000	55.35	5.25	28.64	10.76	—
2005	49.12	4.71	33.22	9.94	3.01
2010	52.26	4.58	29.27	9.98	3.92
2015	49.53	6.61	28.67	10.82	4.37

资料来源：《安徽统计年鉴》（2006~2016）。

2. 第二产业发展进程加快，主导产业地位逐步确立

中华人民共和国成立初期，安徽工业经济十分落后，企业数量很少，门类残

缺，仅有几家小煤矿、小电厂、小炼铁厂、棉纱厂和食品厂等，主要工业产品产量在全国所占比重很小。1952 年，安徽工业增加值的比重仅为 7.9%。安徽工业起点低，但增长潜力大，增长速度也很快。1958 年，工业增加值的比重为 20.6%，首次超过第三产业。1978 年则为 37.3%，比 1952 年提高了 27.2%。此时，安徽已具有相当规模的工业基础，初步建立了煤炭、电力、冶金、石油化工、建筑材料、森林工业、纺织、食品、造纸等门类较齐全，具有一定技术水平的工业体系，成为我国煤炭、钢铁、有色金属、建材的重要生产省份之一。1991 年，工业比重已达 37%，首次超过第一产业比重，成为全省经济的主导产业。近年来，安徽省推进工业强省战略，坚持走新型工业化道路，着力加快资源大省向新型工业强省跨越，因此工业经济快速增长，结构不断优化，竞争力明显增强。2015 年，安徽省规模以上工业增加值为 9589.2 亿元，占全省生产总值的 42.1%（见图 3-3）。

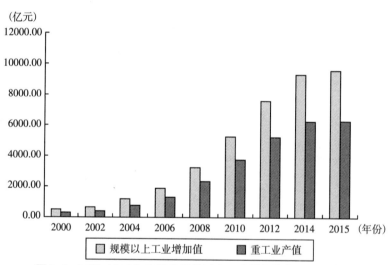

图 3-3　2000~2015 年安徽省规模以上工业增加值及重工业产值

资料来源：《安徽统计年鉴》（2006~2016）。

从工业内部结构来看，安徽省工业化进程已进入重工业化阶段。中华人民共和国成立之初，纺织业、食品加工业、烟草加工业等轻工业是安徽省工业经济的主体。1949 年，轻工业增加值占全部工业比重达 89%。随着产业结构不断调整，工业内部结构发生了重大变化，轻工业比重大幅下降，重工业比重明显上升。2000 年，安徽省规模以上工业增加值为 507.38 亿元，其中，重工业比重达

59.4%。2015 年，安徽省规模以上工业增加值为 9589.2 亿元，其中重工业比重达 65.69%。电气机械及器材制造业、黑色金属冶炼及压延加工业、交通运输设备制造业、有色金属冶炼及压延加工业，以及电力、热力的生产和供应业等成为安徽省工业经济发展的支柱产业。

改革开放以来，尤其是进入 21 世纪以来，安徽省鼓励用新技术和先进适用技术改造传统产业，大力培育高新技术产业，安徽省工业经济结构调整取得明显成效，基本实现了由技术含量低、劳动密集程度高、门类单一的结构向现代加工制造业格局转变。纺织、化工、建材、食品、煤炭、电力、钢铁、水泥等产业生产技术水平明显提高，电子信息、生物技术、医药、新材料和新能源等高新技术产业蓬勃发展，推动工业结构不断向高度化调整。

在第二产业中，建筑业也是经济发展的基础，是国民经济五大产业部门之一。随着安徽省经济的飞速发展，建筑业作为支柱产业，对地区经济的拉动作用尤为显著。改革开放以来，安徽省建筑业得到了飞速的发展。2010 年全省建筑业生产总值为 1029.22 亿元，2011 年为 1247.38 亿元，2012 年为 1379 亿元，2013 年为 1524.11 亿元，2014 年为 1638.32 亿元，2015 年为 1698.92 亿元，实现连年增长。2015 年，安徽省建筑业企业达到 2867 个，房屋建筑施工面积为 41479.74 万平方米，房屋建筑竣工面积为 15553.62 万平方米，分别比 2014 年增长 2.14%、5.04%、1.40%。

3. 第三产业发展突飞猛进

中华人民共和国成立初期，安徽省同全国一样，第三产业受轻视，在产值构成中的比重徘徊不前。改革开放初期，第三产业发展仍相对滞后，1978 年，全省第三产业生产总值为 19.68 亿元，占全省生产总值的 17.27%。2000 年，全省第三产业产值达到 1103.54 亿元，占全省生产总值的 38.03%。2015 年，则为 8602.11 亿元，占全省生产总值的 39.09%。全省第三产业发展取得长足进步（见图 3-4），对经济平稳快速发展具有不可估量的作用。

随着社会主义市场经济体制的逐步完善、经济的快速发展和城乡居民收入水平的大幅提高，交通运输仓储邮政业、批发零售业、住宿餐饮业等传统服务业取得长足发展，为满足人民群众多样化需求、方便群众生活、增加就业岗位、繁荣城乡市场等做出了重要贡献。同时，房地产、金融、教育、文化、科研技术等需求潜力大的现代服务业也不断发展，大大提升了服务业整体水平。

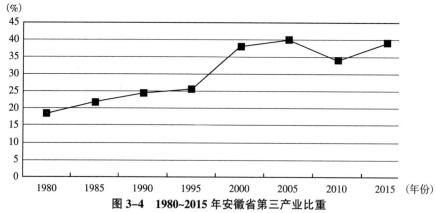

图3-4 1980~2015年安徽省第三产业比重

资料来源:《安徽统计年鉴》(2006~2016)。

产业结构的调整也必然会带来就业结构的变化。改革开放以来,伴随着工业和服务业的大发展以及产业结构的优化升级,越来越多的农村剩余劳动力开始向第二、第三产业转移就业。1978年全省就业人员为1873.4万人,三次产业就业人员比重为81.7∶10.3∶8。2000年全省就业人员为3450.7万人,三次产业就业人员比重为58.5∶16.9∶24.6。2005年全省就业人员为3669.7万人,三次产业就业人员比重为48.6∶21.4∶30。2010年全省就业人员为4050万人,三次产业就业人员比重为39.1∶25.1∶35.8。2015年全省就业人员为4342.1万人,三次产业就业人员比重为32.1∶28.4∶39.5。可见,第一产业就业人员比重大幅度下降,第二产业和第三产业就业人员比重不断上升,尤其是第三产业就业人员比重快速上升。第三产业在快速发展的同时也解决了大量的劳动力就业问题。

第三节 区域经济发展战略

深入实施区域发展总体战略,是促进区域经济协调发展的重要途径。"十二五"以来,安徽进入全面转型、加快崛起的关键时期。为此,安徽大力实施"一体化"战略,推进皖江示范区、合芜蚌试验区、合肥经济圈建设,积极融入长三角,支持皖北地区、大别山区和皖南山区加快发展。在一系列有力政策的支撑下,全省区域协调发展"一盘棋"全盘皆活、多极支撑、竞相发展的格局加速形成。

一、推进皖江城市带承接产业转移示范区

2010 年 1 月 12 日，国务院批复《皖江城市带承接产业转移示范区规划》（规划期为 2010~2015 年），这是全国首个以承接产业转移为主题的区域战略规划，也是安徽省首个上升为国家战略的区域规划。

21 世纪以来，东部沿海地区受要素成本持续上升、资源环境压力加大、周边国家竞争加剧等因素影响更加突出，加快经济发展方式转变、推动结构性改革的需求更加迫切。皖江城市带承东启西、连南接北，区域内长江黄金水道、快速铁路、高速公路等综合交通体系比较完善，区位优势明显；与沪苏浙地区山水相连、人缘相亲、文化相近，产业分工互补，合作基础较好；自主创新特色鲜明，产业基础良好，配套能力较强；矿产、土地、水、劳动力资源丰富，长江岸线条件优越，承载空间较大；综合商务成本低，生态环境优良，宜业宜居。因此，皖江城市带承接产业转移示范区是国家实施区域协调发展的重大举措之一，对于探索中西部地区承接产业转移新途径和新模式、深入实施促进中部地区崛起战略具有重要意义。

示范区规划范围为安徽省长江流域，包括合肥、芜湖、马鞍山、铜陵、安庆、池州、滁州、宣城八市全境和六安市金安区、舒城县，共 58 个县（市、区），辐射安徽全省，连接上海市、江苏省、浙江省。2010 年示范区地区生产总值达到 8406.81 亿元，占全省的比重为 68.02%。其中，第一产业产值为 816.13 亿元，占总产值的 9.71%；第二产业产值为 4717.25 亿元，占总产值的 56.11%；第三产业产值为 2873.42 亿元，占总产值的 34.18%。经过建设发展，2015 年示范区地区生产总值达到 14948 亿元，占全省的比重为 67.93%。其中，第一产业产值为 1168.64 亿元，占总产值的 7.82%；第二产业产值为 7929.99 亿元，占总产值的 53.05%；第三产业产值为 5849.33 亿元，占总产值的 39.13%。示范区的经济实力已大幅度提升，产业结构不断优化，创新能力日益增强，生态环境更加良好，人民生活水平明显提高，在探索产业承接新途径、优化产业分工格局、促进中部地区崛起、推动区域协调发展等方面发挥了重要作用。

为促进示范区在经济发展新常态下实现科学发展和转型升级，更好地为中西部地区承接产业转移发挥辐射和示范作用，依据《国务院关于大力实施促进中部地区崛起战略的若干意见》《国务院关于依托黄金水道推动长江经济带发展的指

导意见》《长江经济带发展规划纲要》和《长江三角洲城市群发展规划》等，2016年，安徽省启动示范区规划修订工作。在战略定位方面做了如下优化调整：一是合作发展的先行区，二是系统推进改革创新的核心区，三是中部地区崛起的重要增长极，四是具有国际竞争力的先进制造业和现代服务业基地，五是长江经济带生态文明建设的安徽样板，以在新的发展时期更好地指导和推进示范区建设。

二、提升合芜蚌自主创新综合试验区

合肥、芜湖、蚌埠三市集中了安徽省大部分的创新资源，是我国中西部地区科技资源较为密集的地区之一。2008年，安徽省启动建设合芜蚌自主创新综合试验区。2009年先后赋予合芜蚌自主创新综合试验区开展企业股权和分红激励等重大政策试点。2015年，中央决定以合芜蚌地区为依托，在安徽开展系统推进全面创新改革试验。近年来，合芜蚌三市GDP增幅均位于全省前三位，2015年以占全省16.8%的土地面积创造了全省42.4%的经济总量，上市公司数达49家，占全省的55%。

在合芜蚌地区，新兴产业蓬勃发展，产业创新中心加速形成。2015年高新技术企业总数达1701家，占全省的53.9%。尤其是合肥，"高、新"产业份额不断提升：七大战略性新兴产业继续保持全面增长，实现增加值235.74亿元，增长14.2%；新能源汽车和新能源产业增长领先，分别达到55.4%、37.3%；节能环保产业、高端装备制造产业和新材料产业分别增长17.6%、12.1%和16.7%。

此外，合芜蚌高新园区实力也在不断增强，集聚带动作用持续提升。其中，合肥国家高新区综合排名居全国第八位，形成了智能家电、新能源、汽车装备制造、电子信息、公共安全等主导产业，成为全国"家电第一区"，建有国家智能语音高新技术产业化基地、公共安全国家火炬特色产业基地，进入国家创新型产业集群试点、国家小微企业创业创新基地城市示范等。

2016年，在国务院常务会议上，合芜蚌正式获批建设国家自主创新示范区，标志着安徽省又迎来了重大的历史机遇，未来将增添更强劲的创新引擎。建设合芜蚌国家自主创新示范区也是安徽参与"一带一路"建设和推进长江经济带等国家重大战略实施的有效抓手。今后，安徽省将围绕合芜蚌国家自主创新示范区战略定位，发挥合芜蚌国家高新区产业特色优势，激发全社会创新活力与创造潜能，创建有重要影响力的综合性国家科学中心和产业创新中心，打造国际化开放型创新高地。

三、扩容合肥经济圈

合肥经济圈成立于 2009 年，当时只包括合肥、巢湖、淮南、六安、桐城五座城市。2011 年，安徽对巢湖进行分拆，扩大了合肥的产业和城市发展规模，被认为是壮大合肥经济圈的一个表现。2013 年，原本为南京都市圈重要城市的滁州宣布加入合肥经济圈，完成经济圈的第一次扩容。2016 年，同样作为南京都市圈的重要城市，芜湖和马鞍山这两位重量级成员被正式纳入合肥经济圈。经过七年的发展，合肥经济圈做大之后，辐射能力增强，周边资源在向其积聚。

合肥经济圈是中西部面向长三角的重要门户、全国重要的现代产业基地和综合交通枢纽、安徽乃至中部崛起的核心增长极。多年来，合肥都市圈内各市共同努力、协同推进，在规划编制、基础设施、产业融合、要素市场、体制机制等一体化发展方面，取得了诸多实质性成果。2015 年，合肥都市圈生产总值达到9107 亿元，财政收入为 1533 亿元，规模以上工业增加值为 3761 亿元，全社会固定资产投资为 9780 亿元，社会消费品零售总额为 3661 亿元，进出口总额为236 亿美元，占全省比重分别为 41.4%、38.2%、38.3%、40.8%、41.1%、48.3%。

2015 年 5 月 10 日召开的合肥经济圈城市党政领导人第六次会商会上，提出合肥经济圈未来五年发展规划。预计到 2020 年，合肥初步形成长三角城市群副中心综合功能，经济圈城镇化率达 64%，培育 3~4 个国家级或世界级产业集群，地区生产总值达 1.5 万亿元，人均收入达长三角地区平均水平，生态环境质量位居全省先进。

四、融入长三角城市群

早在 20 世纪 90 年代初，浦东开发伊始，安徽敏锐地抓住机遇，提出了"开发皖江，呼应浦东"；但仅靠一条长江远远不够，利用长江能促使货物流动，但是对人员的流动，安徽沿江和沪宁中心城市根本没有对接。直到 2005 年，在中央提出中部崛起之机，安徽终于在多年的挫折和失败中找准经济发展方向，毫不犹豫地选择了"东向"战略。到 2010 年，安徽基本形成了由多层次政策交叉覆盖所构建的以皖江承接产业转移示范区为主轴、以合芜蚌自主创新综合配套改革试验区为战略支点、以皖中合肥经济圈为核心层、以皖南国际旅游文化示范区与加快皖北及沿淮地区发展为两翼的区域空间发展格局。

2014 年出台的《国务院关于依托黄金水道推动长江经济带发展的指导意见》，将安徽正式纳入长三角城市群，明确了皖江示范区和皖南国际文化旅游示范区成为长三角区域战略重要组成部分，合芜蚌试验区将在自主创新中起示范作用，而合肥将与杭州、南京并列成为长三角城市群副中心。2016 年 5 月 11 日，国务院常务会议通过《长江三角洲城市群发展规划》，提出培育更高水平的经济增长极，到 2030 年，全面建成具有全球影响力的世界级城市群的目标。该规划将安徽省合肥、芜湖、滁州、马鞍山等 8 个城市作为重点开发区域纳入长三角城市群。2019 年 12 月出台的《长江三角洲区域一体化发展规划纲要》，进一步将安徽省全域纳入长三角范围，合肥、芜湖等 8 个城市纳入中心区范围。根据规划要求，要发挥安徽创新活跃强劲、制造特色鲜明、生态资源良好、内陆腹地广阔等优势，推进皖江城市带联动发展，加快合芜蚌自主创新示范区建设，打造具有重要影响力的科技创新策源地、新兴产业聚集地和绿色发展样板区。这标志着安徽将全面融入长三角。

参考文献

[1] 张理华，张群，周葆华，等.安徽资源环境 [M].合肥：合肥工业大学出版社，2010：257-258.

[2] 安徽省人民政府.安徽 60 年 [M].北京：中国统计出版社，2009.

[3] 安徽省统计局，国家统计局安徽调查总队.安徽统计年鉴 [M].北京：中国统计出版社，2001-2016.

[4] 小岗村 [EB/OL].百度百科，https：//baike.baidu.com/item/小岗村/37194？fr=aladdin.

[5] 安徽省人民政府关于加快做大做强主导产业的若干意见 [J].安徽省人民政府公报，2012（20）：18-25.

[6] "十三五"安徽八大产业产值冲刺 14 万亿 [J].徽商，2017（3）：26-27.

[7] 皖江城市带 [EB/OL].百度百科，https：//baike.baidu.com/item/皖江城市带/1182745？fr=aladdin.

[8] 合芜蚌跻身国家自主创新示范区 [EB/OL].合肥新闻，http：//news.hf365.com/system/2016/06/12/014996602.shtml.

[9] 合肥经济圈 [EB/OL].百度百科，https：//baike.baidu.com/item/合肥都市圈？fromtitle=合肥经济圈 &fromid=4621804.

［10］合肥都市圈五市 GDP 高达 9000 亿，占全省四成以上［EB/OL］. 安徽网，http：//ah. people.com.cn/n2/2016/0411/c358428–28117453.html.

［11］张谋贵. 区域发展战略实证研究——以安徽东向战略为例［J］. 统计教育，2008（11）：56–59.

［12］李本和. 新形势下统筹安徽区域协调发展研究［J］. 理论建设，2010（3）：24–28.

［13］李本和. 安徽对接长江经济带发展的新型城镇化战略［J］. 理论建设，2015（2）：58–61.

［14］长江三角洲城市群发展规划［EB/OL］. 百度百科，https：//baike.baidu.com/item/长江三角洲城市群发展规划/19662892？fr=aladdin.

［15］中共中央，国务院. 长江三角洲区域一体化发展规划纲要［EB/OL］. 中华人民共和国中央人民政府，http：//www.gov.cn/zhengce/2019–12/01/content_5457442.htm？tdsourcetag =s_pcqq_aiomsg.

第四章　农业发展与布局

第一节　农业经济发展

中华人民共和国成立以来，安徽省农业和农村经济发生了翻天覆地的巨大变化。农业生产全面快速发展，经济总量规模迅速扩增，农村基础设施明显加强，农民生活水平和质量实现了跨越式提高。

一、农业发展阶段

中华人民共和国成立前，安徽省农村经济较为薄弱，农业生产极不稳定。中华人民共和国成立后，随着大规模的农业和农村改造，大力实施土地改革与农业合作化，全省农业和农村经济稳步上升，农村极度贫困的面貌得以改变。但在1958~1978年，安徽的农业和农村经济遭受重创。改革开放后，全省加强农村经营体制改革、农村税费改革和农村综合改革，使农业和农村经济得到全面快速的发展。这一时期的农业发展，大体可以分为以下三个阶段（见表4-1）：

第一阶段：1978~1995年。1978年，全省出现了百年未遇的大旱，使农业生产受到很大影响。1978年，全省农林牧渔业总产值仅为71.07亿元。为此，全省积极采取各种措施，各地农民冲破旧体制的束缚，实行"包产到户"的责任制。其中，凤阳小岗村农民大胆地提出了"包干到户"的做法，大大提高了人民的生产积极性，并揭开了中国以家庭联产承包责任制为主要内容的农村经济体制改革的序幕。以后安徽农业和农村经济进入较快发展时期，全省农林牧渔业总产值连

表 4-1　1978~2015 年安徽省农林牧渔业总产值

单位：亿元

年份	农林牧渔业总产值	年份	农林牧渔业总产值	年份	农林牧渔业总产值
1978	71.07	2003	1305.36	2010	2955.45
1990	370.94	2004	1644.42	2011	3459.66
1995	980.26	2005	1666.19	2012	3728.30
1996	1124.51	2006	1742.72	2013	4009.24
2000	1219.96	2007	2070.09	2014	4223.73
2001	1258.06	2008	2446.51	2015	4390.80
2002	1305.56	2009	2569.46	—	—

注：从 2003 年起，农林牧渔业总产值增加农林牧渔服务业，原农业产值中的家庭兼营商品性工业产值取消。

资料来源：《安徽统计年鉴》（1999~2016）。

续 18 年大幅度增长，1995 年达到 980.26 亿元。

第二阶段：1996~2005 年。20 世纪 90 年代，国家的改革重心明显发生了自农村向城市的转移，工业化及城市经济得到了切实发展，而农村方面的政策措施略显张力不够，对农村经济增长刺激作用不大。因此到 20 世纪 90 年代中后期，农村社会经济进入了瓶颈时期。1996 年，全省农林牧渔业总产值为 1124.51 亿元。2000 年，全省农林牧渔业总产值为 1219.96 亿元，2005 年，达到 1666.19 亿元。这一阶段，农民收入增速有所减缓，但全省主要农产品产量还是基本稳定并呈上升趋势，农业大省的地位始终没有动摇。

第三阶段：2006~2015 年。这一时期全省认真贯彻落实各项强农惠农政策，进一步加大支持"三农"力度，大力提高农业生产技术，使全省农业得到快速发展，农林牧渔业总产值逐步增加。2006 年，全省农林牧渔业总产值为 1742.72 亿元。2015 年，全省农林牧渔业总产值为 4390.80 亿元，创下新高。这十年，安徽农村经济得到快速发展，人民的生活得到明显的改善。

二、农业产业结构

1978~2015 年，安徽省农、林、牧、渔业各产值总体趋势均呈现不同程度的正增长，增长率趋势变化则表现出一定的波动性。伴随全省农业总产值逐年提高，农林牧渔业生产结构也不断优化。总体来看，种植业产值占比最高，其次是畜牧业，然后是渔业，农林牧渔服务业和林业产值占比相当，比例都比较低（见

表 3-3)。

具体来说，种植业产值的比重基本呈现逐渐下降的趋势。1978 年，全省种植业产值占农林牧渔业总产值的 83.66%，而在 2015 年，种植业产值占比仅达到 49.53%。畜牧业产值的比重多年来波动不定，但总体呈现逐渐上升的趋势，与种植业产值占比恰恰相反。

1978~2015 年，全省畜牧业发展迅速，畜牧业占农林牧渔业的比重由 1978 年的 14.17% 增长至 2015 年的 28.67%。2000 年后，由于安徽省政府大力支持发展畜牧业，畜牧业科技的发展和规模的扩大，畜牧业产值占农林牧渔业产值比重曾高达 30% 以上。

林业和渔业的产值比重基本上呈现逐年增长的趋势，但相对来说，渔业产值的增长幅度较大。1978 年，全省的林业产值占比仅为 1.60%，而在 1985 年以后，由于安徽省出台一系列发展林业的政策措施，全省林业步入快速发展的轨道。林业产值比重基本维持在 4% 以上，2015 年全省林业产值比重更是达到 6.61%。1978 年全省的渔业产值占比仅为 0.57%，全省"吃鱼难"问题突出。党的十一届三中全会以后，安徽省渔业经济体制得到全方位改革。渔业在农业和农村经济中的产业地位得到提高，渔业结构逐步优化。因此渔业产值占农林牧渔业产值的比重由 1985 年的 2.01% 增加至 2015 年的 10.82%。

农林牧渔服务业是围绕农林牧渔业产前产后展开的相关支持性服务活动，是农林牧渔生产活动不可或缺的组成部分。在 2003 年新的国民经济行业分类标准中，农林牧渔服务业正式划归到农业中来。2003~2015 年，农林牧渔服务业占比基本维持在 3%~4%，但其产值增长较为迅速，产值由 2003 年的 40.94 亿元迅速增长至 2015 年的 192.03 亿元。

安徽省各市农、林、牧、渔、农林牧渔服务业占全市农业总产值的比重差距十分明显（见表 4-2）。种植业比重最高的地区是亳州市，其次是淮北市、宿州市、蚌埠市、阜阳市，分别占总产值的 63.91%、55.72%、55.56%、54.53%、53.72%。种植业产值比重最低的地区是池州市，其次是铜陵市、安庆市、芜湖市、六安市，五地比重均在 45% 以下，分别占总产值的 40.06%、40.17%、42.37%、44.09%、44.78%。林业产值比重较高的地区是黄山市和池州市，其 16.14% 和 11% 的占比远超其他地区，其次是宣城市、六安市、铜陵市、安庆市、芜湖市，林业占总产值的比重分别为 9.73%、9.32%、7.95%、7.83%、5.75%，其他地区的林业比重均未超过5%。从种植业占比和林业占比的地区差异性中可以看出，地形差异对农业生产的影响很大。皖北地区多平原，地势低平，多发展种植业；皖南地区多低山丘陵，耕地较少，林业面积较大。畜牧业占比除马鞍山市和芜湖市外，各地区畜牧业比重差异并不显著。畜牧业占比最高的地区是宿州市，比重达到34.44%，畜牧业占比最低的地区是马鞍山市和芜湖市，占总产值比重分别为15.14%和16.22%，其他地区的畜牧业占比保持在23%~33%。渔业生产比重具有很强的地域色彩，马鞍山市和铜陵市的渔业比重明显高于其他地区，在总产值中的比重分别达到25.62%和25.06%，宿州市、亳州市、黄山市和阜阳市的渔业占比最低，占总产值比重分别为2%、2.39%、2.59%和3.37%。农林牧渔服务业占总产值比重最高的地区为芜湖市，其15.27%的比重远超其他地区，其次是宣城市、马鞍山市、安庆市、亳州市和池州市，其他地区农林牧渔服务业占比均在5%以下。

表4-2　2015年安徽省各市农林牧渔业构成

单位：%

地区	种植业	林业	牧业	渔业	农林牧渔服务业
合肥市	50.18	3.18	30.25	14.29	2.10
淮北市	55.72	3.27	33.20	4.39	3.42
亳州市	63.91	2.78	23.55	2.39	7.37
宿州市	55.56	3.71	34.44	2.00	4.30
蚌埠市	54.53	3.10	29.90	10.11	2.36
阜阳市	53.72	4.69	33.76	3.37	4.47
淮南市	46.89	2.90	32.17	15.45	2.60
滁州市	46.96	2.57	33.31	15.28	1.88
六安市	44.78	9.32	33.71	9.83	2.37
马鞍山市	50.01	1.65	15.14	25.62	7.59
芜湖市	44.09	5.75	16.22	18.67	15.27
宣城市	46.95	9.73	23.87	11.24	8.20
铜陵市	40.17	7.95	22.99	25.06	3.83
池州市	40.06	11.00	25.39	17.15	6.41
安庆市	42.37	7.83	26.97	15.45	7.38
黄山市	51.67	16.14	26.92	2.59	2.68

资料来源：《安徽统计年鉴》（2016）。

三、农村基础设施发展

(一) 农村机械化事业蓬勃发展

几十年来，安徽省农业机械化事业取得了巨大的成就，为促进农村经济发展，加快现代农业进程等做出了重要贡献。改革开放初期，多数地方的农机化基础设施受到严重损害，农机数量急剧减少。1978年，安徽省农业机械总动力仅为541.57万千瓦，农业机械化水平较低。此后，全省积极改革农机经营管理体制，保护和支持农民发展农机化的积极性。全省农机发展速度空前加快，农业机械总动力由2000年的2975.87万千瓦发展到2015年的6580.99万千瓦。其中农用大中型拖拉机的数量由2000年的2.96万台增加到2015年的22.01万台。农用排灌柴油机的数量则呈波动上升的趋势，2015年全省农用排灌柴油机的数量达到39.13万台。联合收获机的数量增长也较快，2015年联合收获机的拥有量达到17.4万台，是2000年的18.33倍。但农村小型农业设备拥有量近几年呈下降趋势，小型拖拉机的拥有量在2011年达到238.06万台的新高后，其后几年的数量不断减少，至2015年仅为214.67万台。2015年全省机耕面积由2000年的3600.94千公顷增加到4287.86千公顷，机播面积由2000年的1995.52千公顷增加到5003.90千公顷，机收面积由2000年的2425.13千公顷增加到6440.64千公顷。

(二) 农田水利建设发展迅速

安徽地处华东腹地，长江、淮河横贯省境，沿江和沿淮支流、湖泊众多。同时，安徽省是南北方过渡带，水资源时空分布不均。特殊的地理位置和复杂的气候条件，要求安徽省必须大力发展水利事业。自中华人民共和国成立以来，全省开展了大规模的农田水利基本建设，农田水利事业得到迅猛发展，农村基础建设显著增强。尤其是21世纪以来，安徽省农田水利设施发展迅速。农田有效灌溉面积由2000年的3197.35千公顷增加到2015年的4400.34千公顷。已建成水库2015年达到5877座，比2000年增加1062座。水电站装机容量发展迅速，2015年达到131.79万千瓦。

(三) 农村电气化事业发展

2000年农村用电量45.81亿千瓦时，2015年农村用电量达到156.75亿千瓦时，是2000年的3.42倍。2000~2015年，安徽省农用化肥施用量和农药使用量

大大增加。其中，农用化肥施用量从 2000 年的 253.15 万吨增加到 2015 年的
338.69 万吨，农药使用量从 2000 年的 7.56 万吨增加到 2015 年的 11.1 万吨。农
用化肥和农药的增施，使土壤肥力和生产力明显提高，农作物产量增加。农村
基础建设的加强，农业生产条件的改善，为农业生产和农村经济快速发展提
供了有效支撑，为推进现代化农业和社会主义新农村建设提供坚实的物质装
备支撑。

四、现代农业发展

发展现代农业就是农业产业不断升级优化的演进过程。改革开放以来，安徽
省农村发生了翻天覆地的变化，经济社会发展都取得了巨大成就。但安徽省目前
还不是农业强省，农业基础仍然薄弱。发展现代农业是促进安徽由农业资源大省
向农业产业强省转变的重要途径，是加快全面建成小康社会，实现中部崛起目标
的重要途径。

首先，农业科技进步加快。推广应用了一系列先进实用的农业新技术，实施
了小麦高产攻关和水稻产业提升及玉米振兴计划，在全省确立了 10 个小麦、15
个水稻、11 个玉米和 7 个油料生产重点县，建立了 73.33 万公顷水稻、40 万公
顷小麦和 33.33 万公顷玉米核心示范区，39 个粮食万亩高产创建示范点，7 个油
料万亩高产创建示范点。

其次，农业集约化、规模化不断发展，农业产业化发展提速。2008 年，安
徽把实施"532"提升行动作为推进农业产业化发展的"第一引擎"，提升龙头企
业的规模与实力，提升了农业产业化科技水平，提升了农产品市场竞争力，推动
了农业产业化快速发展。党的十八大以来，安徽大力实施农业产业化系统工程，
通过培育一批在全国知名度高、成长性好的农业产业化集群，推动农业一、二、
三产业融合、联动发展，有效促进了全省现代农业提质增效、农民持续稳定增
收。农业特色经济发展加快，农产品质量不断提高，无公害农产品、绿色、有机
食品生产逐步扩大。

最后，形成了多种现代农业建设模式。

（1）优势农产品产业带模式。小麦、水稻、油菜、棉花、肉牛、肉禽、淡水
产品等是安徽省的优势农产品，而皖北平原和皖江平原、皖东丘陵台地是安徽省
重要的粮、棉、油、牛、猪、水产品产区，依托安徽大型商品粮生产基地、国家

优质小麦生产基地、优质水稻生产基地、优质棉花生产基地、"双低"油菜生产基地、皖北肉牛优势产区、沿江肉禽及水产品优势产区优势，建立优势农产品产业带，以主导产业、产品为重点，优化组合各种生产要素，实行区域化布局、专业化生产、规模化建设，形成一体化经营体系，大力推动农产品深加工，把优势农产品做大做强，走农业产业化发展之路。

（2）生态农业和特色农业发展模式。皖南山区和皖西大别山区是安徽省两大山区，生态环境优越，土地类型多样，发展生态农业和特色农业的条件得天独厚。其中皖南山区占安徽省面积的 22%，是省内最重要的林茶生产基地和全国著名的茶区。应重点发展山区立体生态农业，形成独特的山区无公害、绿色、有机农产品优势和山区旅游优势，开拓国内外农产品和旅游市场。皖西大别山区占安徽省国土面积的 10%，是长江中下游北岸及淮河中下游南岸主要支流的发源地，是省内仅次于皖南山区的第二大林茶基地和重点产茧区域，是省内中药材主要产地。应重点发展名特稀优农产品，推广以沼气为纽带的生态农业技术模式，大力发展畜牧业和无公害、绿色、有机茶、高山蔬菜等特色农业，提高资源利用率、生态效益和农民收入。

（3）乡村旅游产业带动型模式。安徽省乡村旅游资源非常丰富，皖南古村落、全国农业旅游示范点、最佳旅游乡镇和优秀旅游乡镇所在地，应走农旅结合之路，实施乡村旅游业带动型发展模式。例如，位于合肥东南的包河区大圩乡，通过发展休闲乡村旅游，成为全省社会主义新农村建设的示范区、都市农业的特色乡、农民人均收入过万元的富裕乡、"国家 AAAA 级风景区"的旅游乡。

（4）城郊都市农业发展模式。合肥、蚌埠、芜湖等大城市城郊发展都市农业要以市场为导向，以经济效益为中心，以丰富城市居民"菜篮子"为主要目标，充分发挥人才和科技优势，调整产业结构，优化农产品布局，运用农业高新技术成果，生产绿色安全产品，以满足城市居民日益增长的需求。同时，适应都市农业的特点，积极发展农业休闲观光、农产品采摘、农事教育、生产体验和"农家乐"旅游等第三产业，使都市农业成为生产、教育和旅游相结合的现代产业。

第二节 种植业

安徽是全国农业大省，种植业生产是农业的主体。中华人民共和国成立以来，特别是改革开放以来，安徽省种植业生产取得了巨大成效，粮食生产不断跃上新台阶，经济作物不断实现新突破，不仅为保障国家粮食安全和主要农产品有效供应做出了重要贡献，而且为经济社会平稳较快发展发挥了重要支撑作用。

从农产品种类看，安徽种植业生产以粮、油、棉占大头，粮食生产以水稻、小麦、薯类、玉米、大豆五大作物为主；油料生产主要是油菜、花生、芝麻三大作物；此外，麻类、瓜类、蔬菜、水果、茶叶、蚕桑生产也都占有比较重要的位置。

从农作物种植区域看，安徽分为淮北平原、江淮丘陵、沿江圩区、皖南山区和大别山区五大农区。淮北地区种植的主体作物有小麦、薯类、玉米、大豆、棉花、花生、芝麻、瓜、果、菜等；江淮丘陵种植的主体作物有水稻、小麦、棉花、花生、蔬菜等；沿江圩区以水稻、棉花、蔬菜生产为主；皖南和大别山区除粮油生产外，茶叶、桑蚕也是主体作物。

一、粮食作物

（一）概况

安徽粮食生产总体保持增长趋势（见图 4-1）。1978 年，安徽率先实行家庭联产承包责任制，赋予农民土地经营自主权，给农业发展注入了新的活力，极大地解放了农村生产力，提高了农民生产积极性。1985 年，安徽省大力调整农业结构，在不放松粮食生产的前提下，积极发展多种经营，促进了粮食作物和经济作物竞相发展，当年全省粮食产量达到 2168 万吨。但在 1997~2005 年出现了负增长，产量由 1997 年的 2802.70 万吨下降到 2005 年的 2605.31 万吨。安徽省认真贯彻落实党中央、国务院一系列惠农政策，紧紧依靠科技进步，切实加强基础建设，大力实施小麦高产攻关活动、水稻产业提升行动和玉米振兴计划粮食生产三大行动，有力地促进了粮食增产、农业增效和农民增收。2008 年，全省粮食总产量首次突破 3000 万吨。此后，安徽省的粮食生产继续保持良好态势，2015 年全省粮食作物产量为 3538.12 万吨，全省粮食作物播种面积为 6632.90 千公顷，占农作物总播种面积的 74.11%。

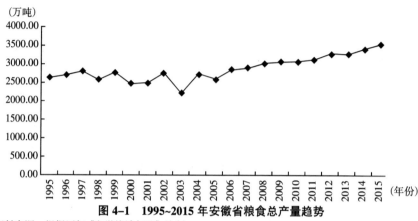

图 4-1 1995~2015 年安徽省粮食总产量趋势

资料来源：根据历年《安徽统计年鉴》绘制。

（二）粮食作物的生产与布局

1. 小麦

小麦是安徽省较为重要的粮食作物，其产量仅次于水稻，并且逐年接近水稻的产量。2015 年安徽省小麦播种面积为 2457 千公顷，产量达到 1411 万吨，占全省粮食总产量的 40%。安徽省小麦生产以冬小麦为主，小麦具有规模比较优势的地区基本位于皖北地区（见图 4-2）。2015 年小麦播种面积从大到小依次是阜阳市、亳州市、宿州市、滁州市、蚌埠市、淮南市（见图 4-2）。排名后 10 位的地区大都在江淮之间和皖南地区，其中黄山地区最低，小麦播种面积仅为 281 公顷。小麦具有效率比较优势的地区基本是生产规模较大的地区，阜阳市的小麦产量高达 342.29 万吨。综合来看，安徽省小麦的主产地区是淮北、亳州、阜阳、宿州、蚌埠等。这部分地区属暖温带半湿润季风性气候，光照条件好，能够满足小麦生长发育对光热的需要，并且总降水量在小麦生长季节较适宜。

2. 玉米

安徽省种植玉米的历史悠久，随着优良玉米杂交种的推广，水利设施的不断完善，化肥、农药施（使）用水平的提高，以及养殖业、加工业大量需求的拉动，安徽省的玉米种植面积迅速扩大，产量急剧增长。2015 年全省玉米播种面积达 881.55 千公顷，玉米产量达到 496.27 万吨。玉米在全省的种植规模也存在着较大的区域差异，播种面积较大的地区为阜阳市和宿州市，播种面积较小的地区为铜陵市和马鞍山市（见图 4-3）。玉米年产量达到 100 万吨以上的地区有阜阳市、宿州市和亳州市，玉米年产量最低的地区为铜陵市，仅有 1.74 万吨。

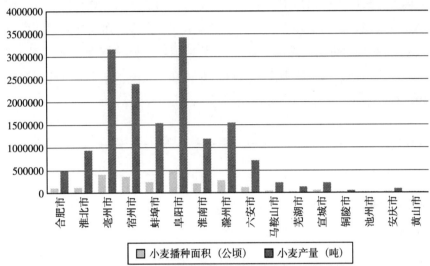

图 4-2　2015 年安徽省各市小麦播种面积和产量分布图

资料来源：根据《安徽统计年鉴》（2016）绘制。

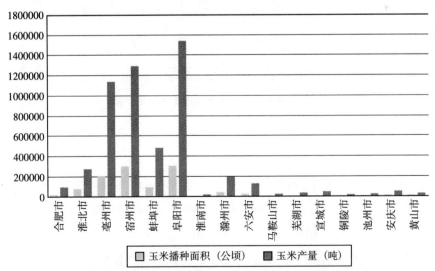

图 4-3　2015 年安徽省各市玉米播种面积和产量分布图

资料来源：根据《安徽统计年鉴》（2016）绘制。

3. 水稻

水稻是安徽的主要粮食作物，总产量居各类粮食作物之首，达到1459.34万吨，占全省粮食产量的41%，播种面积仅次于小麦，为2234.92千公顷。所以水稻生产对安徽省农业和农村经济的发展以及农民收入的提高都有着十分重要的意义。安徽省水稻以单季稻为主，全省水稻年播种面积达到300千公顷以上和年产量达到200万吨以上的地区为合肥市、滁州市和六安市，而播种面积和产量较低的地区主要集中在皖北（见图4-4）。水稻种植要求雨热同期，喜高温、喜湿。江淮地区和皖南地区水资源丰富，水热条件较好，气候、光照等条件适宜水稻的大规模种植。

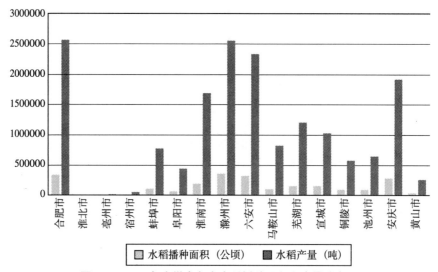

图4-4 2015年安徽省各市水稻播种面积和产量分布图
资料来源：根据《安徽统计年鉴》（2016）绘制。

4. 豆类和薯类

安徽省豆类和薯类种植较少，其播种面积分别占粮食作物总播种面积的13.47%和2.12%。全省豆类生产地区差异明显，豆类播种面积和年产量的前三位依次为亳州市、宿州市和阜阳市，这三个地区的产量占总产量的53.5%，产量最低的地区为铜陵市，仅占总产量的0.45%。全省薯类产量超过10万吨的唯一一个地区是宿州市，占全省薯类总产量的43%，淮北市的薯类产量最低，仅占1.14%。

（三）粮食生产的发展方向

安徽是全国粮食的主产省之一，在保障全国粮食安全中起着举足轻重的作用，但是仍面临着一些不足。

在耕地方面，全省耕地质量总体不高，耕地后备资源不足，且地区分布不平衡，土地开发复垦整理难度大，建设用地与耕地的矛盾突出。所以，今后安徽省要坚持严格的耕地保护制度，坚守耕地红线。全面划定永久基本农田，大规模推进农田水利、土地整治、中低产田改造和高标准农田建设。

在粮食作物单产方面，虽然单产量在逐年提高，但由于农业生产基础薄弱，仍然低于全国平均粮食作物单产。所以，安徽省要在稳定粮食播种面积的基础上，实施粮食高产攻关计划，推进农技、农机技术的发展与融合，提高单产和品质，做大做强粮食产业。在粮食生产布局方面，要多种优势作物，少种劣势作物，尊重自然规律，发挥各个地区的比较优势提高生产效率，实现粮食增产的总目标。

在农业基础设施方面，安徽省还要继续加强基础设施建设。政府应当加大对农村的水利、道路以及生态环境基础设施的建设和保护，积极推进土地整理和复垦，加强易涝洼地治理和农田水利基本建设，改善灌溉和机耕道路条件。建设旱涝保收高标准基本农田，提高农业综合抗灾能力和土地可持续生产能力。落实好强农惠农的补贴政策，逐渐扩大农业补贴的资金规模，向粮食主产区、优势产区集中新增补贴，进一步完善农村补贴政策，继续扩大农机补贴的规模。

安徽省区域跨度大，不同地区在自然资源、经济发展水平等诸方面都存在着显著差异，从不同层面上影响着各地区的粮食作物种植。安徽省应该充分利用不同区域间自然和社会资源条件，挖掘粮食生产潜力，优化农业产业结构，积极开展农业规模化经营，集中力量建设粮食生产核心区，有效提高生产效益和粮食作物的综合生产能力，确保粮食安全。在淮北平原区重点建设优质小麦、玉米、大豆生产基地，在沿江平原区重点建设优质水稻、小麦生产基地。

二、经济作物

（一）概况

经济作物是人们生活资料的重要来源，也是轻工业的重要原料。安徽省经济作物种类繁多，有以棉花为主的纤维作物，以花生为主的油料作物，以及以烤烟为主的烟叶作物等。2015年，安徽省经济作物播种面积达1028.1千公顷，约占全省农作物总播种面积的11.49%，以棉花和油料为主，分别占经济作物播种面积的75.1%和22.61%。

从经济作物的产量结构来看，2000~2015年各主要经济作物的占比变化不大，油料作物以绝对优势成为全省主要经济作物，其产量占主要经济作物总产量的88.29%，其次是棉花，其产量占主要经济作物的9.06%，麻类和烟叶的占比较少，仅分别占主要经济作物的1.02%和1.64%。

从各类经济作物产量变化来看（见表4-3），2000年以来，安徽省各类经济作物产量呈现出不同的变化趋势，其中棉花产量表现出先升后降的趋势。2000~2007年，全省棉花产量整体上呈现波动上升的趋势，棉花产量由2000年的28.50万吨增长至2007年的37.42万吨，其中2004年以39.23万吨的产量创下新高。2007年以后，全省棉花产量逐年降低，2015年全省棉花产量下降至23.37万吨。近几年，棉花产量的大幅度下降主要受到播种面积的影响，全省棉花播种面积由2005年的381.27千公顷减少至2015年的232.50千公顷。粮棉比价的逐步拉大、农村劳动力的减少、土地流转的大势所趋是导致全省棉花播种面积逐年减少的重要原因。

表4-3 2000~2015年安徽省主要经济作物产量

单位：万吨

年份	棉花	油料	烟叶	麻类
2000	28.50	285.06	3.21	3.47
2002	35.30	282.32	3.31	4.58
2004	39.23	299.66	2.84	3.30
2006	37.12	261.65	2.50	3.48
2008	36.88	228.03	2.54	3.18
2010	31.60	227.60	2.98	2.37
2012	29.40	227.69	3.59	2.70
2014	26.33	228.80	4.33	2.44
2015	23.37	227.85	4.23	2.63

资料来源：《安徽统计年鉴》（2001~2016）。

2000~2015年全省油料产量基本上呈现逐年降低的趋势。2000年全省油料作物总产量为 285.06 万吨，2015 年全省油料作物总产量下降为 227.85 万吨，并且 2007 年以 199.2 万吨的总产量创下近 15 年的新低。油料作物总产量的下降同样主要是受到播种面积的影响，全省油料作物的播种面积由 2000 年的 1457.36 千公顷减少为 2015 年的 772.10 千公顷。安徽的油料作物主要有花生、油菜籽和芝麻三个品种，其中，油菜籽为全省的主要油料作物，占全省油料产量的 55.43%，花生的产量次之，略低于油菜籽的产量，占全省油料产量的 41.44%，而芝麻的产量较少。2000~2015 年全省油菜籽的产量整体上表现为波动下降的趋势，至 2015 年，油菜籽产量降至 126.29 万吨。2000 年以来，全省花生产量则表现出明显的先降后升的趋势，2000 年全省花生产量高达 111.15 万吨，至 2007 年下降为 61.76 万吨，随后其产量又逐年上升，至 2015 年增长为 94.43 万吨，但较 2000 年相比还是下降很多。全省芝麻产量占比虽然较小，但整体上还是呈现明显的下降趋势，其产量由 2000 年的 16.62 万吨下降至 2015 年的 7.08 万吨。

2000 年以来，全省麻类和烟叶产量占比很小，2000~2015 年麻类和烟叶产量基本稳定在 2 万~4 万吨，变动幅度相对平缓。烟叶产量呈现先降后升的缓慢趋势，至 2008 年下降为 2.54 万吨，在 2015 年又增长为 4.23 万吨。全省麻类以黄红麻为主，2000~2015 年麻类产量基本保持在 4 万吨以下，且麻类呈逐年缓慢下降趋势，至 2015 年，全省麻类产量 2.63 万吨。

（二）经济作物的生产与布局

1. 棉花

安徽棉花生产地区差异明显（见图 4-5），安庆市是安徽省产棉大市，棉花是其农业六大支柱产业之一，棉花播种面积和棉花产量一直位于全省第一位。2015 年安庆市棉花播种面积为 60.03 千公顷，占全省棉田面积的 25.82%。2015 年安庆市棉花产量为 79374 吨，占全省棉花总产量的 33.97%。安庆现有棉田主要分布在沿江州圩区和沿河、沿湖丘陵区，近 80% 集中分布在望江、宿松、枞阳三个全国优质棉基地县。由于自然条件优越、技术水平较高，棉农种棉经验丰富，安庆市棉花综合生产能力一直走在安徽省前列，是全国知名的沿江优质高产棉区，也是农业部确定的棉花优势生产区域。淮北市和黄山市因气候因素和地形条件，棉花产量较低，分别为 844 吨和 523 吨。

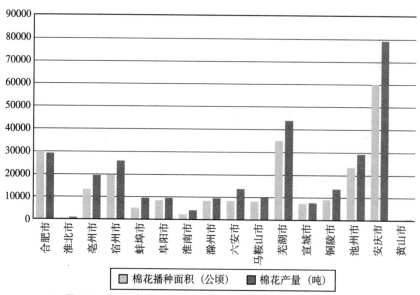

图4-5 2015年安徽省各市棉花播种面积和产量分布图
资料来源：根据《安徽统计年鉴》（2016）绘制。

2. 油料作物

安徽油料作物生产地区差异同样明显（见图4-6），全省油料作物年产量达到20万吨以上的地区有蚌埠市、合肥市、安庆市、宿州市，四地产量总和占全省油料作物总产量的53.52%，其中蚌埠市以17.56%的比例占据绝对优势。淮北市以4778吨的年产量占据最低，仅占总产量的0.21%。花生在安徽省各地区的分布与油料作物的整体分布情况相似，从北到南划分为三大花生种植区：淮北花生区、江淮丘陵花生区、沿江江南花生。主要集中在皖北平原地区，即宿州市和蚌埠市，分别占全省花生产量的24.55%和41.72%，其次是滁州市、合肥市、亳州市、六安市，其他地区也有少量分布。安徽是全国油菜主要产区之一，面积和产量位居全国第二位，仅次于湖北。安徽淮北地区属于黄淮流域冬油菜区，油菜种植面积较小且比较分散；淮河以南地区属于长江流域冬油菜区，油菜种植面积较大，是安徽省油菜的集中产区。种植最多的是安庆市和合肥市，年产量均达到了20万吨以上。油料作物中的芝麻集中分布在阜阳市，其以27758吨的年产量占全省总产量的39.2%，其余地区种植面积较小，分布相对均匀。

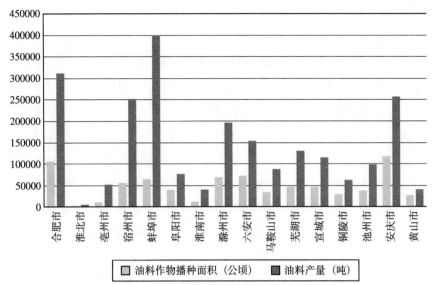

图 4-6　2015 年安徽省各市油料作物播种面积和产量分布图

资料来源：根据《安徽统计年鉴》（2016）绘制。

3. 麻类和烟叶

麻类和烟叶在安徽省经济作物中的比重较小。生麻集中分布在六安市，年产量为 24366 吨，占总产量的 92.58%，其他地区有零星分布，淮北市、蚌埠市和滁州市无种植。烟叶种植集中分布在亳州市、芜湖市和宣城市，三地年产量占总产量的 85.48%，其余地区分布较少，多数地区无种植。

（三）经济作物生产的发展方向

与粮食作物相比，多数经济作物显示出较大的经济优势。因此，安徽在稳定粮食生产、保证粮食安全的同时，应继续调整农业产业结构，大力发展适宜本地自然、经济条件的特色产业。目前，安徽的经济作物种植范围分散，规模较小，难以形成规模效益。因此，增加农业科技在品种选育、配方施肥、病虫害防治等方面的投入，发挥科技对经济作物的增产作用。同时要提高棉花等作物生产的机械化水平，积极引导农民不断扩大经济作物的种植规模，实现科学种植，形成经济作物的种植区域，促进农民收入稳定增长。

对于棉花来说，安徽省是我国的植棉大省，但近几年棉花种植面积有所下降。且除少数国营农场外，大多数还是一家一户的经营模式。种植规模小且分散，种植的棉花品种多而杂，质量参差不齐。今后，加大科技投入的力度，培育适应新时代发展特色的新品种，提高植棉规模化、机械化，加强省工、节本型植棉新技术的研发和推广，降低棉花产业的生产成本，提高产品质量，提高安徽省棉花产业产品的整体竞争力，是安徽棉业未来发展的方向。

油料作物是安徽的主要农作物，也是优势作物和潜力巨大的作物。安徽油料以油菜为主，是全国"双低油菜"优势产区之一。但由于油菜籽价格较低，成本较高，油菜种植效益很低。要发展安徽油菜产业，一是全面提高油菜单产，增加总产，提高效益。二是出台相关扶持政策，支持油菜专业合作社和龙头企业发展，鼓励农户规模种植，延长产业链条。三是支持油菜产业技术体系建设，培育新品种，开发新产品。花生虽然也是安徽省重要的油料作物，但长期以来，一直被看成是小作物。今后，安徽省应加强花生主产区农田基础设施建设；加强花生机械化、病虫无公害防治技术研究和示范，提高花生综合生产能力；同时进行花生种植优势区域规划，实现花生生产基地与加工龙头企业的对接，全面提升安徽省花生产业的整体效益。

第三节　畜牧业

一、发展概况

中华人民共和国成立初期，安徽省畜牧业生产得到了恢复和发展，但仅限于家庭副业的较低水平。中华人民共和国成立后，安徽省畜牧业生产基础条件不断改善，区域化、集约化、产业化和现代化不断推进，特别是改革开放以来，全省畜牧业从家庭副业发展为农村经济的支柱产业，成为全国畜牧业大省。随着1992年我国农村改革全面向市场经济转变，畜牧业生产全面快速发展。"九五"和"十五"期间，省政府分别组织实施了以增加肉蛋奶总量为主要目标的"畜牧业进位工程"和以增加农民牧业收入为主要目标的"畜牧业富民计划"。2006年，全省猪、牛、羊等肉类总产量达到393.8万吨，比1978年增长了6.9倍，年平均递增7.7%。禽蛋总产量为123.6万吨，牛奶产量增加到12.8万吨。2007年以来，国家对畜牧业的政策支持力度进一步加大，宏观调控手段逐步加强。畜牧业的快速发展为改善安徽省居民的膳食结构和营养水平、增加农民收入、促进农村劳动力就业和保障食品供给和质量安全做出了巨大的贡献。2015 年安徽省肉类总产量达到 419.38 万吨，牛奶产量达到 30.63 万吨，禽蛋总产量达到 134.66 万吨。安徽省畜牧业的构成主要分为大畜牧和小畜牧两种。2015 年安徽省大牲畜（牛、马、驴、骡）的数量达到 165 万头，小牲畜（猪、羊）的数量达到 2227.7 万头。

"十二五"期间，安徽省在推进农村经济发展中，始终把畜牧业产业结构调整作为推进现代畜牧业发展的主要工作来抓，通过深入实施畜牧业升级计划，畜牧业保持了稳定健康发展，现代畜牧业得到进一步提升。近几年，安徽省畜牧业经济总量持续增长。2015 年，全省畜牧业总产值达 1259 亿元，占农业总产值的比重达 28.7%，比 2010 年增长 45.6%。而且，畜禽标准化规模养殖示范创建活动成效显著，畜牧业产业结构持续优化。至 2015 年，全省规模养殖比重达到 70%，比 2010 年提高 15 个百分点，规模以上畜禽养殖企业品种良种化、生产设施化、养殖标准化、产品安全化、防疫制度化水平得到显著提高。品种结构进一步调整，肉、蛋、奶产量比重由 2010 年的 73∶23∶4 调整到 2015 年的 72∶23∶5。

二、畜牧业的生产与布局

1. 猪类生产

猪类生产既可以提供大量的肉食，还是优质农家肥的主要来源。养猪业在全省畜牧业生产中居首位，2015 年全省肉猪出栏头数为 2979.2 万头，年末猪头数为 1539.4 万头，属全国养猪业较发达的省份之一。2000 年以来，年末猪头数表现为先降后增的趋势，年末猪头数由 2000 年的 1871 万头减少至 2010 年的 1442.5 万头，此后数量又逐年增长至 2015 年的 1539.4 万头，但年末猪头数整体上还是呈现下降的趋势。肉猪出栏头数变化不大，整体上表现为波动缓慢增长趋势。

猪类养殖在全省分布具有地区差异（见图 4-7），肉猪出栏头数达到 400 万头和年末猪头数达到 200 万头的地区分别是宿州市和阜阳市。马鞍山市和铜陵市猪类养殖数量较少，其肉猪出栏头数和年末猪头数均在 50 万头以下。

2. 牛类生产

牛类既可以作为劳力，又可以提供人类需要的肉奶。但随着农业生产机械化程度提高，当前牛的饲养主要以肉牛和奶牛为主。牛类养殖的数量在大牲畜中占

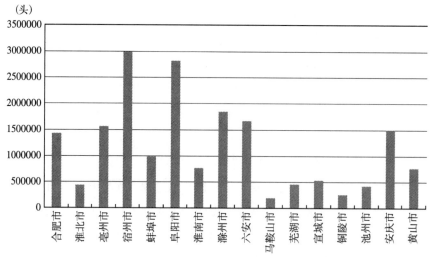

图 4-7　2015 年安徽省各市猪饲养数量分布图

资料来源：根据《安徽统计年鉴》（2016）绘制。

绝对优势，自 2000 年以来其比例均保持在 95% 以上。2000~2011 年全省牛的饲养数量整体表现为大幅度下降趋势，其数量由 2000 年的 553 万头减少至 2011 年的 147.2 万头。其后牛类数量又逐年增长至 2015 年的 164.6 万头，但相比 2000 年还是减少很多。

牛类饲养地区以蚌埠市和阜阳市为主，其 2015 年牛的饲养数量分别为 23.53 万头和 33.64 万头，分别占全省牛类饲养总量的 14.29% 和 20.44%（见图 4-8）。

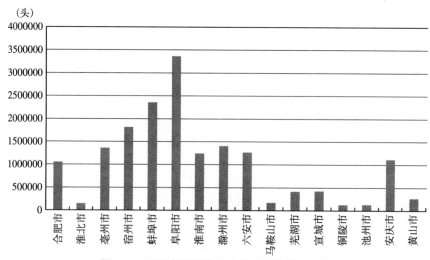

图 4-8　2015 年安徽省各市牛饲养数量分布图

资料来源：根据《安徽统计年鉴》（2016）绘制。

其次是宿州市牛的饲养数量为 18.34 万头，占总数量的 11.14%。牛类饲养数量较少的地区为淮北市、马鞍山市、铜陵市和池州市，其数量均在 2 万头以下。

2000 年以来，作为奶牛养殖的牛奶产量则表现为逐年大幅度增长的趋势。全省牛奶产量由 2000 年的 4.12 万吨迅速增长为 2015 年的 30.63 万吨。因奶牛养殖的条件较多，全省生牛奶产量地区差异较大，生牛奶生产主要集中在合肥市和蚌埠市，其产量均达到 10 万吨以上，两市合计产量占总产量的 86.03%。宣城市、铜陵市、池州市和安庆市均无牛奶生产。

3. 羊类生产

安徽省养羊业比较发达，其数量仅次于猪类，并且山羊占绝大多数，其占比高达 95% 以上。羊类饲养数量变化表现为先增后降又增的趋势，2005 年全省羊的饲养数量比 2000 年多 158.1 万只，其后羊的饲养数量又降至 2007 年的 536 万只，至 2015 年羊的饲养数量又增长到 688.3 万只。

全省养羊业集中分布在皖北平原地区，分别为亳州市、宿州市和阜阳市，饲养数量均在 100 万只以上，三市饲养数量合计占全省总数量的 80.38%（见图 4-9）。其他地区均有羊的养殖，但数量都较少，其中黄山市和铜陵市最少，羊的饲养数量均低于 1 万只。

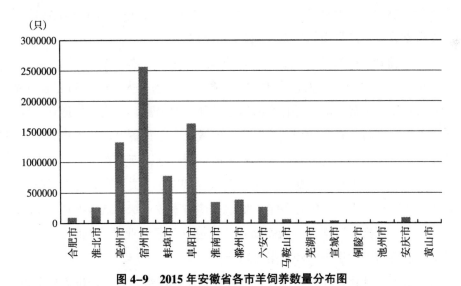

图 4-9　2015 年安徽省各市羊饲养数量分布图

资料来源：根据《安徽统计年鉴》（2016）绘制。

4. 马驴骡生产

安徽省马、驴、骡的饲养数量都相对较少，并且自 2000 年以来，三类的饲养数量均表现为逐年大幅度减少。2015 年，全省马、驴、骡的饲养数量分别为947 头、2222 头、369 头，比 2000 年分别减少 14858 头、35016 头、10560 头。这是因为进入 21 世纪以来，马、驴、骡作为驮运耕作的作用逐渐下降，饲养量就随之大幅度下降。

全省马、驴、骡饲养表现出明显的集中性，其中马的饲养地区仅有亳州市、宿州市和黄山市三个地区；阜阳市以 1589 头的数量在全省驴的饲养中占据绝对优势，另外还有亳州市、宿州市和黄山市有着少量的饲养；而骡的饲养地区和马的饲养地区相同，也集中分布在亳州市、宿州市和黄山市三个地区中。

三、畜牧业发展趋势

畜牧业快速发展的同时，也带来了一些问题。"十二五"以来，畜禽养殖污染问题引起了社会广泛关注。畜禽养殖产生的氨氮和 COD 含量是农业污染的最主要组成部分，成为安徽省生态文明强省建设的难点。健康养殖是畜牧业高产的前提，也是提供安全畜产品的保障，未来畜牧业要得到持续的发展，必须考虑人类的需要和自然生态的承受能力，本着在发展中求生存，在改善中求平衡的理念，力求安徽省牧业生产规模与生态环境共同协调发展。

同时，随着社会经济发展，对安徽省现代畜牧业的发展提出了更高的要求。安徽省地处长三角地区，人口密集，优质畜产品需求量大。畜产品运输距离短，畜产品市场竞争优势明显。并且畜禽地方品种资源丰富，气候条件适宜，发展畜牧业潜力大。畜牧业升级计划实施以来，安徽省产业具备一定的规模，主要畜禽养殖量位居全国前列，畜牧业"五化"生产不断推进，产业素质显著提高，奠定了现代畜牧业的发展基础。2015 年安徽省农委印发了《关于开展五大示范行动扎实推进现代生态农业产业化的实施方案》《安徽省畜牧业绿色低碳循环模式攻关实施方案》等政策指导性文件，为安徽省"十三五"畜牧业结构调整、产业升级，提供了明确有力的发展导向和政策保障。

对于畜禽良种化，要培植现代畜禽种业发展新优势，大力推进畜禽良种提升工程建设。充分利用优质地方资源，鼓励培育新品种，建立以场际或区域联合育种为主要形式的育种体系，促进区域内良种繁育功能。并建立省级畜禽遗传资源基因库，培育壮大一批畜禽种业龙头企业。

对于产业结构优化，首先要调整优化畜牧产业布局，根据发展现状、资源条件、结构调整需求和主体功能区划分，确立五大优势畜产品生产区域。开展畜禽标准化示范建设，以"畜禽良种化、养殖设施化、生产规范化、防疫制度化、粪污无害化和监管常态化"为主要内容，开展生猪、奶牛、蛋鸡、肉禽、肉牛、肉羊养殖标准化示范场创建，鼓励大型标准化集约化规模养殖场建设。

对于畜牧产业化，坚持以市场为导向，提升畜牧产业化水平。积极引导和支持畜牧业龙头企业与家庭农场、畜禽养殖专业合作社结合，组建畜禽产业化联合体。并打造畜牧业区域公共品牌和企业知名品牌，加大安徽省畜牧业市场竞争力。

对于畜牧业科技化，要以加快转变农业发展方式为引领，依托现代农业示范区、农业产业化示范区、现代生态农业产业化示范区以及畜禽标准化示范创建项目，开展畜牧业新技术实验示范。并加快培养和引进各类管理和专业人才，作为转变畜牧业发展方式的核心动力。

对于畜牧业绿色低碳循环模式的建立。应建立绿色畜牧业主体功能区，各地要合理划定禁养区、限养区和可养区。应培育绿色畜牧业经营主体，围绕绿色低碳循环畜牧产业，培育、扶持畜牧龙头企业、农民专业合作社、家庭农场、种养大户等新型农业生产经营主体。应健全绿色畜牧业标准化体系，坚持以"标准"保质量、树品牌、创产业。应强化绿色畜牧业科技支撑能力。

第四节　渔　业

一、发展概况

安徽省地处长江中下游，长江、淮河横贯全境，湖库、池塘较多，其中巢湖为安徽省第一大湖，是全国五大淡水湖之一。并且安徽气候温和，有适宜的水温和水质，水产资源丰富，渔业发展条件优越，是全国重点淡水渔业省份。安徽省渔业资源十分丰富，种类繁多，大宗淡水鱼类有青鱼、草鱼、鲢鱼、鳙鱼（四大家鱼）和鲫鱼、鲤鱼、鳊鱼等；名优鱼类有鮰鱼、黄颡鱼、黄鳝、鳜鱼等品种；

甲壳类有青虾、淡水小龙虾和河蟹等。

中华人民共和国成立以来，渔业经济快速发展，为富裕农民，保障供给，推进新农村建设做出了突出贡献。中华人民共和国成立初期，安徽省认真贯彻国家提出的"以养为主，养捕结合"的方针，实行"斤鱼斤粮、优质优价"等帮扶措施，积极恢复和发展安徽渔业。因此到1957年，全省组织了7万多专业渔民，成立了137个初、高级渔业社，经营池塘、湖泊、水库、河沟等养殖水面16万公顷水产品；水产品总产量10.7万吨，为1949年的2.7倍，这一时期渔业成为江河湖区农民脱贫的重要产业。之后，盲目加大捕捞求高产；围湖造田，填塘改田，拦河闸坝，使湖泊水面日益缩小，水产养殖业发展受到严重影响。这一时期，全省水产品产量逐年下滑，"吃鱼难"问题突出，1978年，全省水产品产量仅为5.3吨。

改革开放后，安徽省渔业经济体制全方位改革，使得水产养殖进入大发展时期。至1993年，全省水产品产量迅速增加到36.4万吨，甲鱼、牛蛙、河蟹等人工养殖发展迅速，基本上解决了"吃鱼难"的问题。1994年，安徽省组织实施"渔业致富工程"，逐步形成了多元化、全方位开发水产业的新局面，渔业进入了快速发展时期，彻底解决了"吃鱼难"，并向"吃优鱼"转变，渔业也成为农民致富、农村经济发展的支柱型产业。

21世纪以来，安徽省积极实施渔业"三进工程"，即"鮰鱼进水库、龙虾进稻田、河蟹进湖泊"工程，生态健康养殖技术得到全面推广。水产品养殖品种增多转优，包括河蟹、鳜鱼、鳗鱼、银鱼、黄鳝、青虾、小龙虾、泥鳅等几十种优质品种。渔业结构逐步优化，增长方式逐步由高产向高效转变，渔业在农村和农村经济中的产业地位得到增强。

二、渔业的构成与布局

安徽省渔业养殖面积变化明显，2000~2006年养殖面积呈现大幅度增长趋势，由2000年的549千公顷增加到2006年的614.69千公顷，并创下近15年的新高，这是因为2006年安徽省积极实施渔业"三进工程"。在2007年养殖面积降至435.5千公顷，随后又逐年增加至2015年的580.2千公顷。安徽省水产品总产量在2000~2013年整体呈现逐年增长趋势（除2007年），水产品总产量由2000年的159.8万吨增加到2015年的230.43万吨。

从水产品的来源看，安徽省水产品总产量由养殖产量和捕捞产量构成，其中，养殖产量以 86.27% 的比重占据绝对优势。从水产品的品种来看，安徽省水产品总产量构成以鱼类为主，鱼类产量占水产品总产量的 79.95%，其次是虾蟹类，占水产品总产量的 14.19%，贝类的比重较小。

　　安徽各地都有水产品分布，但空间分布具有明显的差异性（见图 4-10、图 4-11）。其中，滁州市和安庆市水产品总产量最多，分别占全省水产品总产量的 15% 和 13.17%。因为滁州市和安庆市均南靠长江，且区域内水域面积较大，适宜渔业大规模发展。其次是合肥市和六安市，其产量分别占全省水产品总产量的 10.42% 和 9.16%。水产品总产量低于 6 万吨的地区分别为亳州市、宿州市、淮北市、黄山市，分别占全省水产品总产量的 2.28%、1.95%、1.26%、0.74%。但是全省水产品捕捞产量最高的地区是合肥市，占全省水产品捕捞产量的 19.82%。不同种类的水产品在全省的分布也有地域性。其中，鱼类产量最高的地区是滁州市和安庆市，总量占全省鱼类产量的 28%；虾蟹类产量最高的地区是滁州市和合肥市，总量占全省虾蟹类产量的 40.36%；贝类产量达到 1 万吨以上的地区分别是宣城市、安庆市、马鞍山市、淮南市，四地总产量占全省贝类总产量的 49.96%。

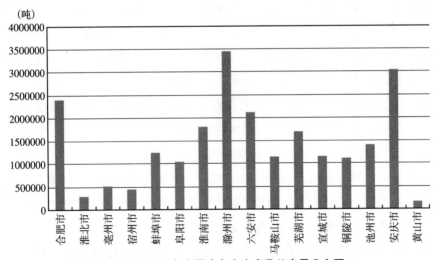

图 4-10　2015 年安徽省各市水产品总产量分布图

资料来源：根据《安徽统计年鉴》（2016）绘制。

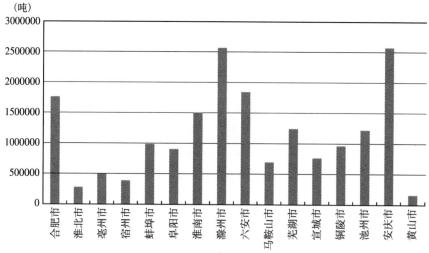

图4-11 2015年安徽省各市鱼类总产量分布图

资料来源：根据《安徽统计年鉴》（2016）绘制。

三、渔业发展趋势

安徽省是全国淡水渔业大省，渔业是农林牧渔业中增长较快的产业，发展潜力大，对于优化安徽农业经济结构，增加农民收入，繁荣农村经济，促进社会稳定发挥着越来越重要的作用。"十二五"期间，安徽省渔业稳步发展，经济和社会效益提升明显，生产结构不断优化，渔业产业化经营步伐加快，围绕水产良种、加工、出口和休闲旅游等方面的产业化发展迅速。但仍存在不少问题，今后安徽省还要加快调整渔业结构，促进渔业可持续发展。

近年来，安徽省渔业生态条件有不断恶化的趋势，渔业污染事故时有发生，鱼、虾、蟹病害依然比较严重。促进渔业绿色发展、循环发展、低碳发展，是全国"十三五"渔业生态文明建设的基本理念。所以安徽要积极修复严重退化的渔业生态系统，推进渔业科技体制改革，加强调整渔业结构，促进绿色健康养殖，引导沿江湖泊群和皖西水库群发展"以水养鱼、以渔净水"为模式的增值移植渔业，构建资源节约、环境友好、质效双增的现代渔业发展新格局。

安徽省渔业资源丰富，产业集群度较高，具备发展区域性渔业产业化龙头企业的良好条件。舒城万佛湖渔业总公司就依托皖西万佛湖、佛子岭、响洪甸、磨子潭、梅山五大水库20万亩优质水资源，通过资源和品牌的整合，建成全省最大的有机鱼生产基地。所以，安徽其他区域要因地制宜，依托资源优势，培育特色龙头企业，提高渔业发展效益。

安徽省发展休闲渔业条件优越。近年来，安徽省以现代渔业理念为指导，积极引导发展休闲渔业，开辟了渔业发展的新渠道。经过多年发展，安徽省休闲渔业已形成了生产垂钓、休闲垂钓、观赏娱乐、旅游度假、垂钓餐饮、美食文化、科普教育七种主要类型。全省现有规模休闲渔业基地2000多家，已命名省级休闲渔业示范基地70余家。其中舒城县万佛湖获"中国国际休闲垂钓基地"称号，宁国市获"中国休闲渔业之乡"称号，宁国山里仁港口湾渔业有限公司获"国际路亚垂钓基地"称号。但是目前安徽省休闲渔业在基础设施建设和经营管理等方面还有待进一步提高。在今后的发展中，要根据自然资源禀赋、渔业发展状况和旅游需求，依靠江、河、湖、库等水面资源，打造各具特色的休闲渔业项目，因地制宜发展休闲渔业。

第五节 林业

安徽古代森林遍布山区、丘陵和平原，随着政治、经济、文化的发展，森林逐渐被开发利用。中华人民共和国成立以来，全省大规模开展植树造林和育林护林，发展林业产业，改善生态环境。1949~1960年，是安徽林业恢复发展阶段。全省着力治理战争造成的创伤，实行"普遍护林、重点造林"的方针，薄弱的林业开始恢复，造林面积有所增加。但是，由于"大跃进"时期伐树炼铁，使恢复发展起来的森林资源遭受重创。其后在1961~1965年，林业工作执行"调整、巩固、充实、提高"的八字方针，以及"以营林为基础，采育综合，造管并举，多种经营，综合利用"的生产方针，五年造林366.1万亩，四旁植树4.5亿株。1978年党的十一届三中全会后，安徽林业进入振兴时期，先后制定出台一系列发展林业的政策措施，尤其是实施"五八"绿化规划和林业二次创业的可持续发展战略，积极推进林业改革开放，坚持实行依法治林和科技兴林。

近年来，全省林业系统紧紧围绕生态强省发展战略，大力实施千万亩森林增长工程，推进生态强省建设。基本圆满完成"十二五"规划确定的林业发展目标任务，取得跨越式发展。2016年，安徽省林业发展"十三五"规划出台，明确提出安徽省未来五年林业发展的总体目标,即"到 2020 年,全省森林覆盖率达到 30%以上、林地保有量 6645 万亩、湿地保有量 1560 万亩、森林面积达到 6225 万亩、林木总蓄积量达到 3.1 亿立方米、林业产业产值突破 5000 亿元"。

一、林业发展与构成

21 世纪以来,安徽省在造林工程方面取得很大发展。2015 年,全省林业用地面积为 449.33 万公顷,森林面积达到 395.85 万公顷,森林覆盖率为 28.65%,活立木总蓄积量为 2.6 亿立方米,森林蓄积量为 2.2 亿立方米。首先,安徽省造林总面积大幅度增加。由 2005 年的 5.75 万公顷增加到 2015 年的 12.84 万公顷。其中,2013 年安徽省开始全面实施千万亩森林增长工程,这一年造林面积创下了近十年的新高,达到 20.81 万公顷,随后两年有所下降。另外,安徽造林结构也有所变化。2005~2015 年全省造林主要以防护林和用材林为主,两者面积呈现多年波动增长趋势,2015 年两者总面积占造林面积的比重达 67.7%。长期以来,由于过度樵采和不合理的耕作方式,导致森林生态系统受到严重的破坏,因此安徽省积极建设防护林工作。其中长江淮河防护林的建设,使沿江工程区生态环境得到了明显改善。同时安徽省属森林主要短缺省份,随着社会经济的发展,木材生产与经济建设和人民群众生活的日益需求矛盾突出,因此安徽省一直坚持培育用材林。安徽省经济林种类繁多,资源丰富,从淮北平原、江淮丘陵到大别山和皖南山地,都分布着大量经济林木。2005~2013 年全省经济林面积呈现大幅度增长趋势,由 2005 年的 4489 公顷增加到 2013 年的 51817 公顷,随后两年下降至 25173 公顷。皖南、皖西山区以松、杉、竹和干果为主,淮北地区以杨树、泡桐和水果为主,且都建成了一批规模宏大的基地,如淮北市和蚌埠市的石榴基地,合肥市及沿苏沿浙地区、沿江地区的苗木花卉基地,皖南和大别山山区的竹类、油茶、板栗基地,天目山区的山核桃基地等。

安徽省由于地貌差异较大,各地自然条件不均一,省内森林资源的分布与构成具有明显的地区差异性(见图 4-12)。森林资源主要分布在皖南山区和大别山区,其次是沿江丘陵,淮北平原森林面积相对较小。因为皖南山区、大别山区以及沿江丘陵原有林业生产基础较好,且山区面积广大,地势较高,气候湿润,有利于林业生产,林地面积大且集中,因此形成了全省森林资源最丰富、最集中的地区。2015 年,黄山市林地面积最大,达到 828.57 千公顷,占全省林地面积的

18.44%，森林覆盖率达 82.57%，以绝对的优势占据全省第一。这与黄山市组织实施丘陵增绿突破、山地造林攻坚、平原农田防护林提升三大造林工程，大力开展森林城镇、森林村庄、森林长廊三项创建活动密不可分。宣城市和六安市林地面积分别为 761.28 千公顷和 721.27 千公顷，森林覆盖率分别为 57.98% 和 44.56%，两个地区占全省林业总面积的 33%。其次就是安庆市和池州市，两地占全省林业总面积的 25.4%，森林覆盖率分别为 40.34% 和 59.98%。安徽省北部地区多为平原，地势较低，林地面积较小且分散。

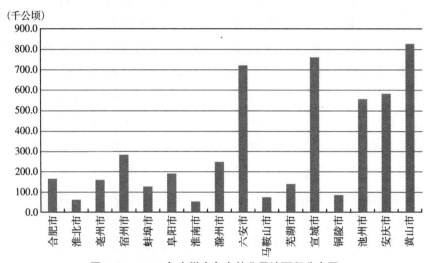

图 4-12　2015 年安徽省各市林业用地面积分布图
资料来源：根据《安徽统计年鉴》（2016）绘制。

二、林业发展趋势

发展林业是践行五大发展理念、转变发展方式的重要体现，是构建生态安全屏障的重要支柱。近年来，全省林业围绕生态强省发展战略，大力实施千万亩森林增长工程推进生态强省建设，顺利完成了"十二五"规划确定的林业发展目标，取得跨越式发展，林业事业也实现了由过去的单纯绿化型向生态效应型转变。但全省林业资源在空间分布、经营水平、林龄结构、林种组成等方面仍存在一些问题。

"十三五"期间，安徽省将全面完成千万亩森林增长工程建设任务，提升国土绿化水平，优化空间布局，落实林业生态红线，严格保护森林、湿地和野生动植物资源，加快推进林业机械化，全面加强森林经营，大力发展高效林业产业，提高林地生产力和优质生态产品供给能力，有力促进贫困地区脱贫和农民林业收入稳定增长。

在林业布局中，必须结合安徽地域特点，按照发挥优势、分区突破的原则，融合国家战略，合理规划森林、湿地等生态空间。构建"一圈、三带、三区"的生态建设与保护格局。"一圈"即环巢湖生态修复圈；"三带"即沿江湿地群保护带、江淮分水岭森林生态保护带和沿淮湿地群保护带；"三区"即皖南林业生态保育区、皖西林业生态保育区和皖北平原林业生态优化提升区。打造"一群、一区、两带"的林业产业发展优化格局。"一群"即皖北用材林生产及木材精加工集群；"一区"即沿江江淮木本油料及花卉苗木基地建设提升区；"两带"即皖西大别山森林旅游及特色经济林发展带、皖南山区森林旅游及特色林产品高效发展带。

在林种培育中，一要加大对幼、中龄林和未成林造林地的森林抚育力度，保育结合、人工促进天然更新和森林演替，调整林种结构，优化树种组成。对稀疏的天然林实行封育和补植补造，对重要水源地、风景区等地的中幼林进行培育改造，确保天然林分面积逐渐增加，质量明显提升。二要对树种不适、病虫害危害严重、生产力严重衰退的低产低效林，采取更新改造的方式，调整林种、树种和品种结构。

现代林业的发展，还要加大科技和生产相结合的力度。在林业经营管理中，应充分发挥科技的引领作用。安徽省现有国有林场 141 个，经营面积比重大，已成为安徽省生态脆弱地区最主要的生态屏障和重要的后备森林资源基地。应充分利用国有林场在林业经营中资源、人员与技术优势，充分发挥国有林场在林业经营工作中的示范带动作用。

参考文献

[1] 安徽省人民政府. 安徽 60 年 [M]. 北京：中国统计出版社，2009.

[2] 安徽省统计局，国家统计局安徽调查总队. 安徽统计年鉴 [M]. 北京：中国统计出版社，2001–2016.

[3] 陶学军，郑之宽. 安徽现代农业应在统分结合的双层经营体制上做文章 [J]. 安徽农学通报，2011，17（19）：14–19.

[4] 柳百萍，胡文海. 安徽省现代农业发展模式研究[J]. 农业经济问题，2011（10）：16–20.

[5] 孔令聪，王光宇，胡永年. 安徽省主要粮食作物区域比较优势分析 [J]. 中国农学通

报，2006（5）：396-399.

　　［6］张翼，韩文兵，何团结，等.安徽省棉花产业发展现状与对策［J］.安徽农业科学，2016，44（21）：185-186，204.

　　［7］周可金.安徽省油菜产业发展现状及对策研究［C］//中国作物学会.2015年学术年会论文摘要集，2015.

　　［8］倪皖莉，郭高，刘磊，等.安徽省花生产业现状、问题及对策［J］.安徽农学通报，2010，16（9）：87-89.

　　［9］闫协平.三十年安徽农业成就辉煌［J］.安徽省情省力，2008（6）：23-24.

　　［10］安徽省畜牧局.安徽省"十三五"畜牧业发展规划［EB/OL］.https：//www.tuliu.com/read-53875.html.2017-04-07.

　　［11］李正荣.安徽省休闲渔业现状、问题及发展对策［J］.安徽农学通报，2015，21（3-4）：136-137.

　　［12］程光茹.新形势下安徽省森林可持续经营的发展方向和策略［J］.林业资源管理，2016（4）：24-29.

　　［13］安徽省林业发展"十三五"规划出台，生态建设提质增效［EB/OL］.安徽新闻，http：//ah.anhuinews.com/system/2016/09/01/007450649.shtml.2016-09-01.

第五章 工业发展与布局

第一节 工业发展概述

安徽工业历史悠长，源自春秋时代的芜湖冶金术。但延至 1949 年，全省工业固定资产却不足亿元，年产值仅有 4.4 亿元。中华人民共和国成立以后，尤其是改革开放以来，安徽工业取得突飞猛进的发展，形成门类比较齐全、技术装备比较先进、具有一定规模和经济实力的工业基础。

一、发展概况

1. 工业发展持续较快增长

改革开放以来，安徽省产业结构不断优化，科学技术不断进步，工业发展呈现出持续较快增长的态势，工业经济总量迅速扩张，彰显了蓬勃发展的强大生命力，成为推动全省经济增长的第一原动力（见表 5-1）。2006~2015 年，安徽省GDP 年均增长速度比全国高出 1.3 个百分点，规模以上工业年均增长速度比全国高出 6.33 个百分点。GDP 增速在全国各省中的位次，由 1998 年的第 14 位提高到 2015 年的第 8 位，与中部六省相比，安徽省经济发展水平居中部第三，排名仅低于河南省与湖北省。

表 5-1　2006~2015 年工业对安徽省经济增长的贡献情况

年份	GDP 增长（%）		工业增长（%）		工业贡献率（%）	
	安徽	全国	安徽	全国	安徽	全国
2006	12.5	12.7	19.7	12.9	54.03	42.3
2007	14.2	14.2	21.6	14.9	55.62	43.8
2008	12.7	9.7	17.5	10.0	53.77	43.4
2009	12.9	9.4	17.4	9.1	54.46	40.7
2010	14.6	10.6	21.9	12.6	63.19	49.6
2011	13.5	9.5	19.6	10.9	63.47	45.9
2012	12.1	7.9	15.3	8.1	58.20	41.9
2013	10.4	7.8	12.3	7.7	56.19	40.5
2014	9.2	7.3	10.4	7.0	54.73	39.2
2015	8.7	6.9	8.3	6.0	46.50	35.0
平均增长	12.1	9.6	16.4	10.0	——	——

资料来源:《中国统计年鉴》(2016) 和《安徽统计年鉴》(2016)。

2. 规模以上工业发展势头迅猛

安徽省规模以上工业发展势头迅猛，企业个数由 1998 年（即开始规模以上工业企业统计）的 3887 家增加到 2015 年的 19077 家，实现增加值由 1998 年的 445 亿元增加到 2015 年的 9589.20 亿元，是 1978 年的 264.5 倍，占 GDP 的比重由 1978 年的 31.8% 上升到 46.50%（见表 5-2）。随着中国工业化程度的逐步加深，全国工业贡献率逐年减少，安徽省的工业贡献率近五年也在缓慢下降，但仍然占据了全省一半的生产总值。

表 5-2　2010~2015 年安徽省规模以上工业企业主要经济指标

年份	2010	2011	2012	2013	2014	2015
工业总产值（亿元）	18732.00	25875.87	29245.17	33756.82	37420.62	39875.66
工业增加值（亿元）	5290.62	6776.02	7614.11	8646.00	9302.81	9589.20
生产总值（亿元）	12359.33	15300.65	17212.05	19229.34	20848.75	22005.63
规模以上工业企业增加值占 GDP 比重（%）	42.81	44.29	44.24	44.96	44.62	43.58
主营业务收入（亿元）	18164.60	24960.16	28905.07	33788.82	36838.37	39064.41
利润总额（亿元）	1445.57	1663.16	1870.26	2108.77	1943.62	2000.12

资料来源:《安徽统计年鉴》(2011~2016)。

3. 工业内部结构不断优化

2010 年以来，安徽省积极贯彻国家产业政策，立足省情，不断加大工业结构调整的力度，淘汰和关停并转一批技术落后、产能过剩的企业，工业结构不断优化。从产出结构看，煤炭、冶金、石化等传统行业所占比重相对下降；以装备制造、电子信息、家电等为主的高附加值、高技术含量、高成长性行业地位明显加强。主要工业门类在 2010 年产出结构中的比重前四位依次为装备制造、冶金、石化和食品，产值所占比重分别为 32.40%、14.84%、12.76%、11.05%（见表5-3）；到 2015 年，比重居前的仍为这五大行业，其中装备制造、食品、家电行业比重增加，标志着工业技术水平的装备制造业在工业产出中比重提高幅度尤其大（增幅 4.77%），继续保持安徽省工业第一大支柱的地位。冶金、石化行业的比重下降，冶金行业下降的比重尤其大（降幅 3.45%）。其他行业当中，电子信息业比重大幅上升，而煤炭行业比重大幅下降。这都说明，安徽省工业结构中技

表 5-3 工业分行业在全省工业中的比重

行业	2010 年比重（%）		2015 年比重（%）		增减（百分点）	
	企业数	总产值	企业数	总产值	企业数	总产值
煤炭行业	0.80	4.99	0.17	1.61	-0.63	-3.38
冶金行业	3.62	14.84	4.36	11.39	0.74	-3.45
建材行业	12.32	5.56	12.60	6.60	0.28	1.04
石化行业	14.41	12.76	13.56	12.69	-0.85	-0.07
装备制造	32.05	32.40	36.44	37.17	4.39	4.77
食品行业	13.73	11.05	11.05	11.92	-2.68	0.87
纺织行业	10.63	4.85	4.85	6.22	-5.78	1.37
电子信息	1.47	1.59	2.70	5.11	1.23	3.52

注：本书在 40 个工业门类中重点选取 27 个门类分 8 个行业进行统计分析，分别为煤炭行业、冶金行业、建材行业、石油化工行业、装备制造行业、电子信息行业、食品行业、纺织行业。其中，煤炭行业包括煤炭开采和洗选业；冶金行业包括黑色金属矿采选业，有色金属矿采选业，黑色金属冶炼和压延加工业，有色金属冶炼和压延加工业；建材行业包括非金属矿采选业，非金属矿物制品业；石化行业包括石油加工、炼焦和核燃料加工业，化学原料和化学制品制造业，医药制造业，化学纤维制造业，橡胶和塑料制品业；装备制造业包括金属制品业，通用设备制造业，专用设备制造业，汽车制造业，铁路、船舶航空航天和其他运输设备制造业，电气机械和器材制造业，计算机、通信和其他电子设备制造业，仪器仪表制造业；电子信息行业包括计算机、通信和其他电子设备制造业；食品行业包括农副食品加工业，食品制造业，酒、饮料和精制茶制造业，烟草制品业；纺织行业包括纺织业，纺织服装、服饰业，皮革、毛皮、羽毛及其制品和制鞋业。

资料来源：根据《安徽统计年鉴》（2011-2016）整理。

术含量高、加工程度深的先进制造业的比重上升，而采掘、原材料行业比重下降。

二、工业空间布局

根据各市工业发展情况和区位，将安徽省划分为皖北地区、皖中地区和皖南地区（见图5-1）。皖北地区为安徽省淮河以北的地区，共有淮北、淮南、阜阳、亳州、宿州、蚌埠六市，总面积4.2万平方千米，占全省的29.9%，总人口2840.8万，占全省的42.1%。皖中地区指安徽位于淮河以南与长江以北的江淮地区，包括安徽省省会合肥、安庆、滁州、六安四市及原地级巢湖市，面积约6.32万平方千米，人口约2400余万。皖南是指安徽省长江以南的区域，区域内包括芜湖、宣城、马鞍山、铜陵、池州、黄山、安庆七市，面积约为57826平方千米，人口为1787万。

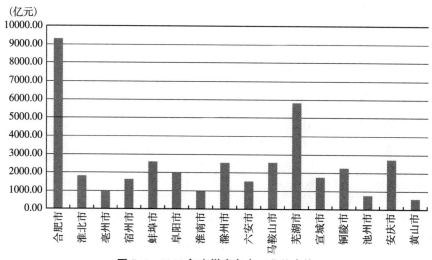

图5-1 2015年安徽省各市工业总产值

资料来源：根据《安徽统计年鉴》（2016）绘制。

（一）皖北地区

2016年，皖北六市规模以上工业增加值2538.6亿元，占安徽省规模以上工业增加值的25%。除淮南和淮北外，皖北其他四市规模以上工业增加值同比增速均在全省排名靠前，但只有蚌埠市工业增加值超过500亿元，淮南和亳州两市不足400亿元，工业经济发展相比其他两个地区平稳一些（见表5-4）。其工业主导地位日益突出，电子信息、生物医药、现代中药等战略性新兴产业近年来异军突起，煤电、化工、农副食品加工等主导产业规模日益壮大，对经济支撑力明显增强。

表5-4　2016年皖北各市工业概况

设区市	规模以上工业企业 增加值（亿元）	主导产业
宿州	405.6	食品加工、煤电能源、板材家具、轻纺鞋服、化工建材、机械电子
淮北	411.2	煤炭及煤化工产业、机械制造工业、食品工业、新型建材行业、化学工业、生物医药工业
蚌埠	523.6	电子信息、装备制造、生物化工、农副产品深加工及食品产业、轻工业
阜阳	478.6	食品工业、煤电工业、再生资源利用业、机械电子工业、化学工业、纺织工业、医药工业
淮南	383.5	煤电产业、化学工业、现代医药产业、汽车及装备制造业、纺织工业
亳州	336.1	现代中药产业、食品制造及农产品加工业、白酒产业、劳动密集型装备制造产业、煤电煤化工及新能源产业

资料来源：根据《安徽统计年鉴》（2017）整理。

2015年，皖北地区规模以上工业企业数达到6090户，占全省的33.8%，有57家省级开发区，2家国家级开发区，分别是蚌埠高新技术产业开发区、淮南经济技术开发区（见表5-5）。

表5-5　皖北国家级开发区名单

开发区	批准日期	主导产业
蚌埠高新技术产业开发区	2010年11月	汽车空调离合器产业、孵化养殖产业基地、新材料产业、电子机械产业
淮南经济技术开发区	2013年3月	生物医药、纺织印染、软件开发、机械加工、食品加工、电子电器

资料来源：根据安徽省统计局网站相关资料整理。

（二）皖中地区

2016年，皖中地区规模以上工业增加值共4232.19亿元，占安徽省规模以上工业增加值的42%，在三个地区中所占比重最大，除六安外，皖中合肥、安庆、滁州三市规模以上工业增加值同比增速均在全省排名靠前，工业增加值均超过600亿元，其中合肥以2562.6亿元排名第一位（见表5-6）。其工业主导地位日益突出，今后发展以新型显示、集成电路、软件、量子通信、云计算、大数据、电子专用设备、数字音视频为重点，打造世界级电子信息产业群。

表5-6　2016年皖中各市工业概况

设区市	规模以上工业 增加值（亿元）	主导产业
合肥	2562.6	光伏及新能源产业、食品及农副产品加工业、装备制造业、家电产业、汽车及零部件产业、新型平板显示产业
安庆	670.79	石油化工产业、装备制造产业、纺织服装产业、生物医药产业、节能环保产业、电子信息产业
滁州	617.6	智能家电产业、新型化工产业、先进装备产业、农副产品深加工产业、硅基材料产业、新能源产业
六安	381.2	装备制造、绿色食品、新能源、生物医药、电子信息、采矿冶金

资料来源：根据《安徽统计年鉴》（2017）整理。

到2015年，皖中地区有七个国家级开发区，分别是合肥高新技术产业开发区、合肥市经济技术开发区、合肥出口加工区、安庆经济技术开发区、滁州经济技术开发区、六安经济开发区、桐城经济技术开发区（见表5-7）。

表5-7　皖中国家级开发区

开发区	批准日期	主导产业
合肥高新技术产业开发区	1991年3月	电子信息、光机电一体化、生物工程与新医药、新材料
合肥市经济技术开发区	2000年2月	汽车配套、装备制造、家用电器、轻工产品、日用化工及橡胶轮胎、新材料
合肥出口加工区	2010年7月	港口、物流、大型制造业、加工贸易业
安庆经济技术开发区	2010年3月	汽车零部件行业、食品行业、纺织行业、装配制造行业、电子信息行业、制药行业、商贸物流行业
滁州经济技术开发区	2011年4月	家电、计算机、电子（手机）、服装、家具、木地板、服务业
六安经济开发区	2013年3月	先进装备制造、轻工电子、新型建材、食品医药、纺织服装
桐城经济技术开发区	2013年11月	塑料加工、包装印刷、化工建材、机械制造、农副产品深加工

资料来源：根据安徽省统计局网站相关资料整理。

（三）皖南地区

皖南地区轻工、机械、原材料产业基础雄厚，工业资源丰富。皖南地区可以细化分为沿江地区和皖南山区，沿江地区由于其便捷的交通和区位优势，第二产业发展优势大，以马鞍山为重点的钢铁工业，以芜湖为基础的新型建材和汽车工业，以铜陵为中心的有色金属工业在全国均享有较高知名度，而皖南山区依托其丰富的旅游资源，第三产业发展前景广阔。2016 年，皖南地区规模以上工业增加值共 3369.27 亿元，占安徽省规模以上工业增加值的 33%，仅次于皖中地区（见表 5-8）。其中沿江的三个市的工业增加值超过 500 亿元，其中芜湖市以工业增加值 1478.59 亿元在安徽省排名第二，池州和黄山两市规模以上工业增加值不足 200 亿元，皖南六市工业经济发展极不平衡。

表 5-8　2016 年皖南各市工业概况

设区市	规模以上工业增加值（亿元）	主导产业
芜湖	1478.59	汽车及零部件、材料、电子电器、电线电缆
马鞍山	627.68	钢铁工业、装备及汽车制造业、化工产业、轻工业、水泥建材产业、电子信息
铜陵	516.2	有色金属冶炼和加工业、化学原料和制品业、电气机械和器材制造业、非金属矿物制品业、黑色金属冶炼及压延加工业
池州	183.4	电子信息、装备制造、材料与新材料、新型化工、生物医药
黄山	132.7	绿色食品、汽车电子、绿色软包装、新材料（精细化工）
宣城	430.7	汽车和装备制造、新材料、食品医药

资料来源：根据《安徽统计年鉴》（2017）整理。

至 2015 年，皖南有九个国家级开发区，分别是芜湖经济技术开发区、芜湖高新技术产业开发区、芜湖出口加工区、马鞍山经济技术开发区、马鞍山慈湖高新技术产业开发区、宁国经济技术开发区、宣城经济技术开发区、铜陵经济技术开发区、池州经济技术开发区（见表 5-9）。

表 5-9　皖南国家级开发区

开发区	批准时间	主导产业
芜湖经济技术开发区	1993 年 4 月	汽车及零部件产业、电子电器产业、新材料产业
芜湖高新技术产业开发区	2010 年 10 月	汽车及汽车零部件、电子信息、节能环保、服务外包
芜湖出口加工区	2002 年 6 月	国际加工、国际采购、仓储、物流
马鞍山经济技术开发区	2010 年 3 月	汽车及零部件制造、食品及乳制品、机械深加工及成套设备制造、新材料及环保产业
马鞍山慈湖高新技术产业开发区	2012 年 10 月	新材料、高端装备制造、软件服务外包
宁国经济技术开发区	2013 年 3 月	汽车橡胶零部件、水暖器材、电子元器件、耐磨材料、复合化肥、塑料包装及农林产品加工

续表

开发区	批准时间	主导产业
宣城经济技术开发区	2014 年 11 月	汽车及汽车零部件产业、卫浴洁具产业、光电产业、新型建材产业
铜陵经济技术开发区	2011 年 4 月	铜工业、化工、装备制造、纺织服装、电子元器件、基础材料产业
池州经济技术开发区	2011 年 6 月	电子信息产业、新能源产业、装备制造产业、现代服务业

资料来源：根据安徽省统计局网站相关资料整理。

第二节　重点产业发展与布局

一、煤炭工业发展与布局

安徽是我国主要产煤省份之一，煤炭资源十分丰富，全省含煤面积 17950 平方千米，已探明储量 484 亿吨，保有储量 247 亿吨，为华东之首，居全国第七位。煤炭工业对安徽工业发展形成了强大支撑，同时也为全省经济发展提供了有力的能源保障。

（一）发展概况

安徽煤炭开采历史悠久。远在唐元和年（808 年）就在相地（今宿州）发现"投火可燃"的煤炭，宋代在今萧县白土镇一带已开煤燃用，清代安徽已成为我国南方产煤较多的省份。安徽煤炭虽然开采较早，但发展缓慢，到 1949 年，全省只有淮南大通、九龙岗、新庄孜 3 对矿井和皖南几处小煤窑，当年产煤 114 万吨。中华人民共和国成立后，安徽煤炭工业的发展突飞猛进，1958 年，7 个地市、21 个县开办小煤窑 1200 多处，1959 年到 1963 年，产量连续五年突破 1000 万吨，到 1960 年，全省煤炭产量达到 1850 万吨，是 1949 年的 16 倍。1978 年改革开放为安徽煤炭工业迎来稳定发展的新时期，"七五"期间地方煤矿原煤产量比"六五"增长了 1 倍多，超过前 37 年的总和。"八五"末期，全省产量首次突破 4000 万吨，在全国的位次由"七五"末的第 12 位上升到第 10 位。到"九五"期末，全省有各类煤矿近 1000 对，实际生产水平达 5000 万吨以上，有大中型选煤厂 13 座，年入选能力为 2550 万吨。

步入 21 世纪后，省政府把加快发展能源产业、建设大型煤炭基地作为工业强省的战略目标之一，高标准、高起点建设大型现代化矿井，鼓励国有大矿继续加大对现有生产矿井的改造投入，优化布局，提高技术装备水平，加大了对小煤矿的整顿关闭力度。到 2010 年，全省共关闭各类小煤矿 801 对，批准 55 对小煤矿进行改造升级，有 14 对国有大矿进行了改扩建，有 16 对新建矿井投产，达到了矿井数量逐年减少，煤炭产量连年提升（见图 5-2），安全效果持续好转的目的。"十二五"期间，累计新增煤炭资源量 50 亿吨，其中可建井资源量 2.8 亿吨。建成大中型矿井 8 对，改扩建矿井 12 对，核增生产能力 3340 万吨/年；关闭小煤矿 128 对，淘汰落后产能 958 万吨/年；资源枯竭闭坑 2 对矿井，核减产能 120 万吨/年。

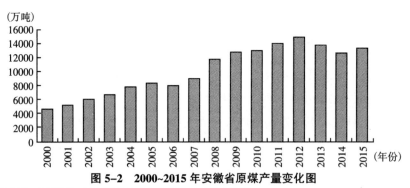

图 5-2　2000~2015 年安徽省原煤产量变化图

资料来源：根据历年《安徽统计年鉴》和统计公报整理绘制。

近十多年来，受国内经济增速放缓，能源需求减弱，国外市场煤炭、石油、天然气、页岩气供应充足，新能源、清洁能源对煤炭的替代速度加快，国内煤炭产能过剩等影响，安徽省煤炭企业在皖江沿岸地市，华东、长江中下游省市市场占有率缩减。同时，安徽省煤炭工业发展也存在很多问题。第一，资源开采条件复杂，安徽省煤矿均是深井开采，平均开采深度达 710 米，煤矿瓦斯抽采难度大、利用率低，地质条件复杂，随着开采向深部拓展，地温、地压、水害威胁日益严峻，生产成本、安全成本不断增加。第二，采煤塌陷影响严重，安徽省两淮矿区人口密集，村庄较多，资源压覆严重，村庄、矿区迁村任务繁重、补偿标准持续上调，两淮矿区以煤层群开采为主，采煤塌陷区短时间内难以稳沉，治理难度高、投入大，且前期不具备大规模治理的条件，塌陷区综合治理和搬迁居民安置任务艰巨复杂。第三，涉煤税费负担较重，安徽省煤炭开采成本高、售价高、计税基数高，可清理的煤炭收费项目较少，致使煤炭资源税从价计征改革后安徽省煤炭企业的税费不降反增。第四，企业效益下滑明显，受供求关系影响，全国煤炭价格不断下滑，成本与售价出现了倒挂，省内煤炭企业从"十二五"前两年盈利到后三年亏损，且亏损额不断加大，2013年、2014年、2015年安徽省煤炭行业的亏损额分别达到36亿元、71亿元、94.4亿元（见表5-10）。第五，安全生产形势趋于严峻，随着矿井采深的增加，煤矿瓦斯、水害、地压等治理难度加大，且部分矿井通风、运输等系统复杂，加上近年来煤炭市场持续下行，企业亏损严重，煤矿安全投入资金紧张，技术人员和熟练工人流失较多，煤炭安全生产形势趋于严峻。

表5-10　2000~2015年安徽省规模以上煤炭企业经济效益情况

单位：亿元

年份	工业总产值	工业增加值	主营业务收入	利润总额
2000	77.47	32.09	80.59	0.42
2005	285.85	163.38	292.47	9.13
2006	350.4	197.06	372.51	13.24
2007	402.61	234.22	434.61	25.12
2008	669.2	—	690.87	67.42
2009	736.28	494.78	800.41	64.55
2010	935.49	614.78	984.99	91.91
2011	1056.89	717.67	1194.39	115.7
2012	1005.65	673.6	1194.94	90.05
2013	924.98	608.7	1456.78	0.91
2014	761.13	453.16	1112.94	−75.6
2015	641.89	350.07	1052.02	−90.57

资料来源：根据历年《安徽统计年鉴》和统计公报整理。

煤炭是重要的基础能源和工业原料，煤炭产业为促进安徽省经济社会快速健康发展做出了重要贡献。今后，将坚持安全、绿色、集约、高效的发展原则，推进煤炭安全绿色开发和清洁高效利用，构建煤炭工业科学发展体系，实现煤炭可持续健康发展，保障安徽省能源安全。深入推进煤炭供给侧结构性改革，加大科技创新和生产矿井安全改造力度，提高安全生产水平，以煤炭产业升级转型发展为主线，延伸煤炭产业链，大力发展煤电一体化、积极稳妥推进现代煤化工。提高煤炭就地转化率，加大煤层气（瓦斯）开发利用力度，提高资源综合利用率，实现煤炭清洁、高效利用。在统筹兼顾区域战略地位、能源供应安全等基础上，加快淘汰落后产能，引导过剩产能有序退出。

（二）产业布局

按所处的构造位置和不同沉积类型可将全省含煤区划分为淮北煤田、淮南煤田和皖南煤田。安徽省已发现的煤炭资源量主要集中在淮南煤田和淮北煤田，占99%，皖南煤田只占1%，形成北多南少的格局。淮南煤田和淮北煤田为华北型石炭、二叠纪含煤地层，煤层比较稳定，厚度有 20~30 米、煤层集中，煤种齐全，有气煤、肥煤、瘦煤、无烟煤和天然焦等，煤质较好，大多属于低磷、低硫、中等灰分，发热量较高，这两大煤田是我国黄河以南地区的最大煤田。两淮煤矿邻近上海、江浙等工业发达地区，开发条件优越，煤炭运输方便，区内有津浦、淮南、青阜、符夹、阜淮等铁路，还可以通过淮南线联结长江，运往沿江各城市。

安徽省煤炭资源主要集中在两淮地区的格局使煤炭产业集中度较高，成为安徽省煤炭产业突出的亮点。安徽矿井分布密度大，精煤产量大，四大国有矿业集团人才、技术实力雄厚，煤电一体化、现代煤化工产业集聚发展，煤炭、煤电、煤化工产业集中度高，培育壮大产业的基础条件优越。

新形势下，安徽省应转变传统粗放发展方式，充分发挥安徽省优势，走集约高效清洁低碳的路子。争取到 2020 年，安徽省煤炭资源过剩产能全部化解，矿井现代化程度进一步提高、大型现代化煤炭企业、矿井主体地位更加突出，基本建成集约、安全、高效、绿色的现代煤炭工业体系。稳妥推进淮南、淮北、阜亳煤化工产业基地的建设，建成中安煤化工一期项目，开工建设淮南煤制气项目，推进安庆、宿州煤制气项目前期工作。

（三）主要企业

安徽煤炭的发展，淮南、淮北、皖北和国投新集四大国有煤炭企业发挥了重要作用。截至 2015 年底，全省共有生产矿井 51 对，核定生产能力 15704 万吨/年，其中淮南矿业（集团）有限责任公司、淮北矿业（集团）有限责任公司、皖北煤电集团有限责任公司、国投新集能源股份有限公司四家煤炭企业 49 对，核定生产能力 15519 万吨/年，占全省的 98.8%。单井平均规模达 308 万吨/年，在全国排名第一位。

1. 淮南矿业（集团）有限责任公司

该公司位于淮南市，是由原淮南矿务局改制而成的国有独资公司，以煤炭、电力，房地产为主业，兼营机械、化工、环境开发等，是全国 520 家大型企业集团和安徽省 17（目前第三）家重点企业之一。2016 年 8 月，淮南矿业集团在"2016 中国企业 500 强"中排名第 304 位。淮南矿区煤炭储量丰富，总储量占安徽省的 74%，品位优良，是一块难得的整装煤田，建设亿吨级煤炭基地和大型煤炭基地，比较优势明显。淮南矿业集团有着百年采矿历史，20 世纪五六十年代，就成为全国五大煤矿之一；七八十年代，被列为国家重点煤炭生产建设基地；90 年代，进入中国煤炭行业十强企业的行列，连续七年入围全国 500 家最大工业企业。

2. 淮北矿业（集团）有限责任公司

该公司位于淮北市，其前身为淮北矿务局，是以煤炭和煤化工产品生产为主，集电力、建筑建材、医药、机械制造、农林养殖、商贸旅游为一体，多种经营、综合发展的大型企业集团。2016 年 8 月，淮北矿业（集团）在"2016 中国企业 500 强"中排名第 253 位。淮北矿区煤炭资源丰富，煤种齐全，是华东地区唯一煤种齐全的矿区。其中占储量 85.7% 的焦煤、肥煤和瘦煤，为国家稀缺煤种，非常适宜精深加工，综合高效利用。淮北矿区煤炭产品优良，属低硫、低灰、特低磷，高发热量、粘结性强、结焦性好的"绿色煤炭"。主要有临涣精煤、芦岭精煤、淮北瘦精煤、淮北优混煤和朱仙庄优动煤等产品。煤炭产品主要销往华东、华南地区，同时还出口韩国、日本、印度、东南亚等地。

3. 皖北煤电集团有限责任公司

该公司位于宿州市，安徽省属 12 户重点企业集团之一。公司以采掘业为基础，以煤电化、煤炭物流、非金属材料开发为支撑，主要产业地跨全国七省十五市，初步形成了产物贸一体化、跨区域经营的综合性企业集团，是华东主要能源生产基地之一，排名中国企业 500 强第 474 位。矿区坐落在全国 13 个亿吨级煤炭基地之一的两淮基地，纵跨淮北、宿州、淮南三市，现下辖 11 对矿井，产能 2000 万吨，矿区煤种齐全，主要有贫瘦煤、1/3 焦煤、气煤、无烟煤、主焦煤等，其中 1/3 焦煤、无烟煤是华东地区稀缺煤种，煤炭质量优良，低硫、低磷、低灰、高发热量，发热量平均在 22.87 兆焦耳/千克，广泛应用于电力、冶金、石化、建材、炼焦、高炉喷吹、民用等领域，是理想的动力用煤和生活用煤。

4. 国投新集能源股份有限公司

该公司位于淮南市，由国家开发投资公司、国华能源有限公司、安徽新集煤电（集团）有限公司发起设立，是以煤炭采选为主、煤电并举的国家大型煤炭企业。公司井田面积为 1092 平方千米，煤炭储量 101.6 亿吨，总资产 222 亿元，核定生产能力 1555 万吨。公司以"全国第一家运用市场机制建成的现代化煤炭企业"，而荣列中央举办的"辉煌的历程——中华人民共和国成立 50 周年成就展"的中国煤炭工业的"十项第一"。国投新集还被作为"煤矿建设中投资省、造价低、建设快的范例"写入《中国的能源政策》。2007 年投产的刘庄煤矿被誉为"中国第一对数字化矿井"，工程建设获得国家工程质量最高奖——鲁班奖，入围中华人民共和国成立 60 年"重大经典建设工程"。

二、冶金工业发展与布局

安徽临江近海，矿产资源丰富，能源供应充裕，水路运输便利，发展冶金工业有着得天独厚的条件。冶金工业已成为安徽省的支柱产业之一。目前，已形成钢铁、有色两大生产体系，钢铁行业居国内同行业第九、有色金属行业居国内同行业第十一。同时还建立了与之相适应的地质勘探、科研开发、工程设计、教育卫生、国际贸易等专业化辅助设施，从而成为安徽省具有比较优势和发展潜力的基础原材料产业，在经济建设、社会发展、财政税收及稳定就业等方面发挥着重要作用。

（一）发展概况

早在春秋战国时期，安徽就开始了采矿冶铜。公元 480 年以后，历代封建王朝统治者在铜陵的铜官山都设有官办机构。鸦片战争以后，外国侵略者开始了对安徽矿产资源的掠夺。1905 年英商在铜陵设立"伦华公司"，1942 年日本在马鞍山兴建小型炼铁高炉，在铜官山开矿建选场，疯狂掠夺安徽矿产资源。抗日战争胜利后，国民党政府多次将两矿区设备拆运盗卖，两矿区处于半停产状态。至 1949 年 4 月，马鞍山的小高炉已支离破碎，铜陵的采矿井巷多已倒塌。

中华人民共和国成立后，经过三年恢复和"一五"时期的艰苦奋斗，安徽冶金工业实现了"夺铜出铁"的目标，建成了华东最大的钢铁基地和全国第二大铜都。党的十一届三中全会之后，安徽冶金工业实行"以效益为中心、以提高素质为根本"的调整原则，关停部分能耗高、效益差的企业。"六五""七五"期间，安徽冶金工业坚持走"挖潜、改造、扩建、配套"的发展战略，进行规模空前的技术改造，十年间建成了65个大中型项目，新增生产能力，钢100万吨，生铁50万吨，钢材125万吨，粗铜3万吨。"八五""九五"期间，冶金工业发展呈现了多元化、开放式的新格局，在此期间，马钢股份公司、铜都铜业股份公司先后改制上市。

2000年后，冶金工业进入跨越式发展阶段，生产持续增长（见图5-3）。2008年钢、铁、材、铜产量分别比1978年增长17.6倍、6.7倍、24倍和42倍。连铸自20世纪90年代起步，仅八年时间连铸比就达到100%。产品形成了以板、轮、线、型、管、带、丝、箔为代表的数百个品种，而且产品的性能、科技含量、市场覆盖面也有很大提高。能耗较大幅度下降，30年累计节约能源折标准煤280万吨。2008年与1978年相比，全行业资产由19亿元增加到1221亿元，累计实现利税1250亿元，全省冶金企业自20世纪80年代末开始参与国际竞争，产品出口创汇累计达100多亿美元。

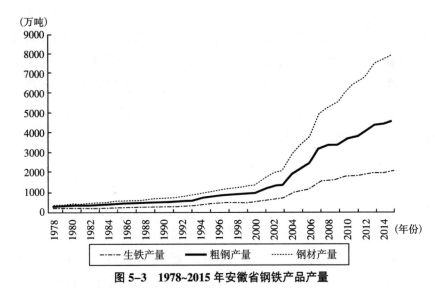

图5-3　1978~2015年安徽省钢铁产品产量
资料来源：根据历年《中国统计年鉴》整理绘制。

"十二五"期间安徽省地区发展取得显著成就，但受整体节能减排、缩减产能的大环境影响，利润下降较快。截至2015年底，安徽省冶金行业实现工业增加值 1009.4 亿元，同比增长 13.1%。其中，钢铁 605.1 亿元，同比增长 12.5%；有色 404.3 亿元，同比增长 14%。全年冶金行业规模以上企业实现主营业务收入 5240.5 亿元，同比下降 2.4%；利润总额 26.9 亿元，同比下降 74%。2016 年以来这几年将是冶金行业推进结构性改革的攻坚时期。有效化解过剩产能、积极推进供给侧结构性改革、切实加强行业管理将是安徽冶金工业发展的必由之路。

（二）产业布局

安徽省金属矿产资源丰富，铁、铜等储量都居全国前五位。铁矿主要分布在六安市（39%）、马鞍山市（37%）、巢湖市（16%），合计占全省铁矿资源储量的 92%，其余分布在淮北市、安庆市等地；铜矿主要分布在铜陵市（65%）、巢湖市（17%）、池州市（4%）、安庆市（3%）、淮北市（3%），其余分布在滁州市、宣城市等地；锰矿主要分布在池州市、宣城市；铅锌矿以铜陵县和庐江、金寨探明的储量居多，约占全省储量的 80%，其余分布在黄山市、池州市、铜陵市、巢湖市等地，目前逾 80% 的探明储量未被开发利用；金矿主要分布在铜陵市（81%）、滁州市（6%）、池州市（3%），其余分布在淮北市、六安市、蚌埠市及皖南山区。

钢铁工业主要分布在马鞍山、芜湖、合肥。安徽省钢铁行业调整和振兴的重点产业基地有以下两个：第一，建成以马鞍山、芜湖为龙头的沿江优质钢铁材料生产基地。依托马鞍山、芜湖钢铁资源优势和加工优势，开发高档汽车和家电用薄板、高效节约型建筑用钢、高速车轮轮箍、汽车车轮等，打造全国重要精品钢铁基地，经过统一规划，提高产业集中度，形成若干个具有竞争力的不锈钢产品的加工产业园。第二，建成沿路的省会经济圈优质钢铁材料生产基地。依托合肥的科技和制造业优势，突出发展汽车及工程机械、家用电器、高效节约型建筑用钢材，结合国家已经批准的马钢（合肥）公司轧钢系统搬迁计划，对合肥市区的冶炼能力实施同期搬迁，形成以马钢（合肥）公司为龙头的 500 万吨优特钢生产基地。

安徽省有色金属行业调整和振兴的重点产业基地有以下七个（见表 5-11）：第一，铜陵是铜开采、冶炼、回收加工基地。充分运用先进技术改造提升现有铜冶炼水平，重点建设铜陵有色集团公司金昌冶炼厂铜冶炼技术升级改造项目。做好冶炼副产品黄金、白银、铂、钯、铟等贵金属回收工作，建设铜陵有色铜冶炼渣综合利用项目。争取铜陵市成为国家"废七类金属"进口定点口岸，推进铜陵国家废杂铜拆解加工基地项目建设。推进资源开发战略，加强有色金属矿山资源开采。第二，沿江城市是优质铜材生产基地。围绕电力、家电、汽车、电子等行业的需求，在铜陵、芜湖、池州、宣城沿江城市，重点发展铜杆—线缆，铜箔—印制电路板，电子、变压器铜带，铜管，铜粉，铜棒材—铜五金，民用、工艺铜产品等，打造沿江优质铜材生产基地。第三，省会经济圈是铜、铝材和稀有金属生产基地。依托合肥高新技术开发区，重点发展热交换器用冷凝管、导线及组合线、电解铜箔、特种线缆等产品。第四，池州、阜阳是铅锌材料基地。加快池州有色金属工业园建设，形成特种合金、超细金属粉末、钼粉及制品生产能力。加快阜阳界（首）太（和）再生铅循环经济工业园建设，建成电动车、化工染料等产业集群，打造全国最大的再生铅示范工业园。第五，淮北是铝箔产业基地。以淮北恩远铝业、淮北东磁等企业为主，通过技术改造扩大产能，形成家用箔、医药用箔、食品用涂层铝箔、铝光箔、腐蚀化成铝箔、电子元器件等产业链。第六，安徽省有色金属新材料产业基地主要分布在凤阳、马鞍山、巢湖、六安、合肥、铜陵。一是依托凤阳等地的石英矿资源，争取建成硅石—工业硅—多晶硅—单晶硅—硅片生产基地。二是依托天源科技、龙磁科技等企业，开发高性能烧结钕铁硼、粘结钕铁硼、高性能稀土永磁材料等，形成马鞍山、巢湖、六安、合肥稀土磁性材料产业基地。三是支持铜陵有色工业园和中南大学、合肥工业大学合作，建设镍氢电池和锂电池及材料加工基地。第七，铜陵、皖东北，黄金产业基地。依托铜陵丰富的黄金资源和骨干企业，进一步勘探开发周边及深部黄金资源，建设黄金冶炼厂和黄金产业园，延伸产业链条，形成金盐、金丝、金箔、金

表 5-11 安徽省冶金行业重点产业基地

重点产业基地	分布地区
沿江优质钢铁材料生产基地	马鞍山、芜湖
省会经济圈优质钢铁材料生产基地	合肥
铜开采、冶炼、回收加工基地	铜陵
优质铜材生产基地	铜陵、芜湖、池州、宣城等沿江城市
铜、铝材和稀有金属生产基地	合肥省会经济圈
铅锌材料基地	池州、阜阳
铝箔产业基地	淮北
有色金属新材料产业基地	凤阳、马鞍山、巢湖、六安、合肥、铜陵
黄金产业基地	铜陵、滁州、蚌埠

资料来源：《安徽省钢铁工业振兴规划》和《安徽省有色金属产业调整和振兴规划》。

条和黄金工艺品产业集群。依托皖东北地区黄金地质找矿的新突破，打造滁州、蚌埠黄金生产基地。

（三）主要企业

经过多年发展，安徽省冶金产业涌现了一批优势企业和特色产品，在全国同行业保持领先位置。目前有铜陵有色金属集团控股有限公司、马鞍山钢铁股份有限公司、芜湖新兴铸管有限责任公司、安徽楚江投资集团有限公司、铜陵精达铜材集团有限责任公司、华鑫铅业集团公司、铜陵有色稀贵金属分公司、安徽铜都铜业股份有限公司、安徽精诚铜业股份有限公司、安徽鑫科新材料股份有限公司、安徽天大石油管材股份有限公司等多家冶金企业。

1. 铜陵有色金属集团控股有限公司

该公司坐落在我国青铜文化发祥地之一、"中国古铜都"铜陵市，是中华人民共和国最早建设的重要铜工业基地，在"2016 中国企业 500 强"中排名第 107位，在"2016 安徽省百强企业榜"中排名第 1 位。公司现已发展成为以有色金属（地质、采矿、选矿、冶炼、加工）为核心主业，以化工、装备制造为相关主业，集地质勘探、科研设计、井巷施工、物流运输、地产开发等相关产业多元化发展的国有大型企业集团。公司主产品"铜冠"牌高纯阴极铜为中国名牌产品和全国用户满意产品；"铜冠"牌高纯阴极铜在伦敦金属交易所注册，"铜冠"牌高纯阴极铜、白银商标在香港注册，成为国际知名品牌；阳级磷铜、圆铜漆包线、工业硫酸、陶瓷过滤机、碳酸二甲酯、塑料电缆等 13 种产品均为安徽省名牌产品。

2. 马钢（集团）控股有限公司

该公司位于马鞍山市，是我国特大型钢铁联合企业之一，安徽省最大的工业企业。马钢自 1953 年 9 月 16 日恢复生产以来，从当年的一个小铁厂发展成为粗钢产能具备 1200 万吨规模的大型企业集团。公司主营业务为黑色金属冶炼及其压延加工与产品销售、钢铁产品延伸加工、矿产品采选、建筑、设计、钢结构、设备制造及安装等。现拥有我国最先进的热轧 H 型钢生产线和我国最大的车轮轮箍专业生产厂，建成了车轮轮箍、高速线材、H 型钢、钢筋、CSP、冷轧、镀锌、彩涂等 20 条具有国际标准的生产线，形成了独具特色的"板、型、线、轮"产品结构，按国标组织生产的产品达到钢材产品总量的 80%。

3. 芜湖新兴铸管有限责任公司

该公司位于芜湖市，现为新兴铸管股份有限公司所属全资子公司，隶属于新兴际华集团有限公司。公司以"打造成世界一流的制造用钢和管业生产基地"为战略要求，着力打造"新兴特钢"和"新兴铸管"两个品牌。公司主要经营离心球墨铸铁管、钢铁冶炼及压延加工、铸造制品等，目前年产生铁 120 万吨、球墨铸管 35 万~40 万吨、特钢产品 80 万吨。公司坚持"科技兴企"方针，加大技术研发和投入，生产多种接口型式、多种防腐处理的球墨铸铁管，可生产冷镦钢、优质碳素结构钢、合金结构钢、轴承钢、齿轮钢、模具用钢、油缸活塞用钢等 100 多个钢种，产品广泛应用于机械加工、汽车制造等领域。其中球墨铸铁管的生产规模、综合技术实力居世界领先水平。国内市场占有率达到 40%，30% 以上的产品出口到世界 80 多个国家和地区，位列"2016 安徽省百强企业榜"第 19 位。

4. 安徽楚江投资集团有限公司

该公司位于芜湖市，是一家专业从事金属材料加工的民营企业集团，是国内重要的铜合金材料加工制造基地、省循环经济示范企业。集团主营铜合金板带、铜合金线材、导电铜杆、精密焊管及精密光亮带钢加工、贸易及物流等业务，产品广泛应用于电力、电子、五金电器、汽车、机械等行业，营销网络覆盖全国各地。现已具备年产 14 万吨铜合金板带、3 万吨铜合金线材、10 万吨导电铜杆、5 万吨精密焊管、18 万吨冷轧窄带钢的生产能力。其中，铜合金板带、铜合金线材产销量分别居国内行业第一、第二位，精密带钢位居国内窄带钢行业第三位。连续多年跻身中国民营企业 500 强、中国制造业 500 强。

5. 铜陵精达铜材集团有限责任公司

该公司位于铜陵市，是中国最大、全球第四大的特种电磁线制造商。公司主要产品及生产能力有：12 万吨特种漆包圆铜线、1.1 万吨特种漆包圆铝线、1.5 万吨汽车线和电子线、1 万吨工程线。已经形成安徽、广东、天津、江苏四大生产基地，产品覆盖长三角、珠三角和环渤海地区，并有部分产品销往欧美、南亚地区，是国家重点高新技术企业，2007 年被评为中国 500 家最大制造业之一，"精达"牌漆包线 2007 年被国家质量监督检验检疫总局授予"中国名牌产品"称号。

三、建材工业发展与布局

建材工业是国民经济的重要基础产业，是改善人居条件、治理生态环境和发展循环经济的重要支撑。改革开放后，随着安徽省工业化城镇化的速度不断加快，建材工业产业规模持续扩大，产业结构加速优化，绿色发展进展显著，对安徽省工业经济的发展有重要的作用。

（一）发展概况

早在春秋战国时期，安徽省就出现了砖瓦等建筑材料，但在随后的 2000 多年历史中发展缓慢。中华人民共和国成立初期只有一些小砖瓦窑厂和灰砂石厂，1949 年建筑材料工业产值只有 607 万元（当年价格），仅占当年全省工业总产值的 1.7%。中华人民共和国成立以后，安徽省建材工业仍以传统的砖瓦产品为主，同时建立了一批国营建材企业，为建材工业的全面发展奠定了初步基础。随后，水泥及水泥制品工业得到较快发展，砖瓦轮窑逐渐普及，但发展进程起伏较大。党的十一届三中全会以来，安徽省建材工业发展发生了翻天覆地的变化，企业改革和技术进步加快，大水泥和化学建材在全国形成优势。1978 年底，全省建材企业单位数 1817 个，工业总产值 4.4 亿元。到了 1999 年，全省建材工业总产值约 200 亿元（全国第 11 位），居全省工业行业第五位，约占全省工业产值的 7%~8%。2000 年起，全省建材行业贯彻"控制总量、调整结构"和"节能减排、科学发展"的方针，积极走推进技术进步和产业升级、淘汰落后产能的新型工业化发展道路，加强"禁实限粘"的墙体材料改革力度和"预拌禁现"的散装水泥推广力度，使安徽省建材工业由小变大，靠新出强，实现了跨越式发展（见图 5-4）。2015 年，安徽省规模以上建材企业 2258 户，累计实现工业增加值 760.5 亿元，

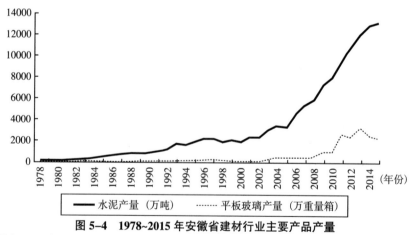

图 5-4 1978~2015 年安徽省建材行业主要产品产量

资料来源：根据历年《中国统计年鉴》整理绘制。

同比增长 9.4%；实现主营收入 2459.2 亿元，同比增长 3.7%；利润总额 158.6 亿元，下降 16.2%；行业利润率 6.4%，较 2014 年下跌 1.6 个百分点。

安徽建材在快速发展的同时，也面临诸多的挑战。从全国看，随着经济发展进入新常态以及发展动能转换，建材工业近年来增速放缓、效益下降、分化加剧，水泥、平板玻璃等行业产能总体严重过剩。从安徽省看，建材工业发展和结构调整取得了显著成效，但在发展过程中积累的结构性矛盾日益凸显，部分适应生产消费升级需要的家居建材产品缺乏，在种类和质量上与市场需求还有较大差距，生产企业规模、数量和技术水平、经济效益尚有较大提升空间。要坚决落实《促进绿色建材生产和应用行动方案》，推进安徽建材生产绿色化、建材消费便利化、建材产品高端化、建材建筑一体化。推动行业脱硫、脱硝、除尘等综合改造，鼓励采用物理上节能降耗减排的先进工艺技术和装备；充分发挥建材行业在发展循环经济中的作用，壮大再生骨料生产规模，加快水泥窑协同处置城市生活垃圾等工艺技术装备的示范应用和标准化推广。

（二）产业布局

安徽省建材非金属矿产已有探明工业储量的为石墨、压电水晶、熔炼水晶、硅灰石、石棉、长石、叶蜡石、透辉石、砩石、石膏、水泥用灰岩、饰面用灰岩、泥灰岩、玻璃用白云岩、石英岩、脉石英、水泥配料用砂、高岭土、陶瓷土、凹凸棒石粘土、膨润土、珍珠岩、铸石用玄武岩、建筑用花岗岩、饰面用大理岩。其中水泥用灰岩是优势矿产，其保有储量近 32 亿吨，位列全国第二位。水泥用灰岩广为分布，沿江地区的芜湖、铜陵、安庆、巢湖、池州及宣城地区已探明的储量占全省储量近 90%。

经过 60 多年的努力，安徽省建成了干法水泥、化学建材、建材机械、玻璃及玻璃深加工、非金属矿开采和深加工五大基地。其中，水泥工业在 1978 年以后，新建和扩建了宁国水泥厂、东关水泥厂、巢湖水泥厂、白马山水泥厂、铜陵水泥厂等一批国有大中型企业。20 世纪 90 年代末形成以长江沿线（海螺集团为核心）为龙头，皖中（省巢湖水泥厂、东关水泥厂为核心）、沿淮（淮南、寿县、凤台等地水泥厂为核心）相呼应的三大水泥基地。建筑卫生陶瓷工业在 1998 年以无锡、合肥、淮南三地为核心的皖中陶瓷基地形成，具备年产中高档建筑陶瓷 300 万平方米的产能。

"十三五"期间，安徽省将继续推动建材工业转型升级、提质增效。安徽宿州市大力发展新型建材产业，培育新材料产业，发展碳纤维、石墨烯、金属软磁、建材制造、铝基新材料、安全防护材料等产业，打造宿州新材料产业基地。安徽含山县大力发展绿色陶瓷产业，以清溪绿色陶瓷产业园为承接载体，重点引进高档日用陶瓷、卫生陶瓷、电瓷等绿色陶瓷产业，突出发展艺术陶瓷。安徽滁州市依托凤阳丰富的石英砂资源和德力玻璃、台玻、中建材、凤玻、联塑侨裕建材等龙头企业，加快产业集中集聚，推动硅基材料产业链向高端延伸，提高资源综合利用水平，重点发展高端日用玻璃、电子显示玻璃、光伏玻璃、建筑节能玻璃、汽车玻璃、光纤光缆等产业，支持凤阳硅基新材料集聚发展基地申报。

（三）主要企业

安徽省建材行业的安徽海螺集团有限责任公司、安徽国风集团有限责任公司、安徽皖维集团有限责任公司、安徽星马汽车股份有限公司、合肥水泥研究设计院股份有限公司和蚌埠玻璃工业设计研究院等八家单位被安徽省认定为创新型企业，富煌钢构股份公司等单位被确定为创新型试点企业。

1. 安徽海螺水泥股份有限公司

该公司总部位于芜湖市，是目前亚洲最大的水泥、熟料供应商，水泥制造是海螺集团的主导产业，"海螺牌"硅酸盐水泥熟料和高等级水泥是公司主导产品，成就了"世界水泥看中国，中国水泥看海螺"的美誉。主要从事水泥及商品熟料的生产和销售，其先后建成了铜陵、英德、池州、枞阳、芜湖五个千万吨级特大型熟料基地，并在安徽芜湖、铜陵兴建了代表当今世界最先进技术水平的三条12000吨生产线。公司生产线全部采用先进的新型干法水泥工艺技术，具有产量高、能耗低、自动化程度高、劳动生产率高、环境保护好等特点。同时，产品现已出口美国、欧洲、非洲、亚洲等20多个国家和地区。本着"为人类创造未来的生活空间"的经营理念，依托雄厚的实力，公司成为国内能够全部提供抗硫酸盐水泥、中低热水泥和道路水泥等特种水泥的供应商。

2. 淮北矿业相山水泥有限责任公司

该公司位于淮北市，是皖北地区最大水泥生产厂家，现已发展为全国煤炭系统最大的国有水泥生产企业之一。公司现有日产 2500 吨熟料新型干法生产线 1 条和湿法回转窑生产线 3 条，年产优质水泥 150 万吨。公司生产设备先进，管理科学，"相山"牌水泥产品荣获安徽省"著名商标"和"名牌产品"称号。"相山"牌水泥品种齐全，主要有 32.5 等级、42.5 等级矿渣水泥、32.5 等级、42.5 等级和 52.5 等级普通硅酸盐水泥，并可根据用户需要生产其他特种水泥。产品适用于各种混凝土构件、高等级公路、桥梁、水利枢纽工程、地下工程隧道、高层建筑和其他工业建筑。产品畅销安徽、江苏、上海、河南等地。

3. 安徽珍珠水泥集团股份有限公司

该公司位于滁州市凤阳县，是一个以水泥生产为主业，集汽车运输、包装材料织造、机械加工、耐磨材料铸造、金融投资、工程服务于一体的大型民营企业。公司主导产品年产优质"皖珍珠"牌水泥 800 万吨，是安徽省最大的民营水泥建材企业之一，为刘府镇建材业的支柱。公司主导产品"皖珍珠"牌 32.5 级、42.5 级水泥为"国家免检产品""安徽名牌产品"，畅销周边各省市县，已成为众多国家重点工程首选建筑材料，市场遍及皖北及苏、豫两省。

4. 安徽巢东水泥股份有限公司

该公司坐落在我国五大淡水湖之一的巢湖之滨，以各种高标号水泥、化学建材、非金属矿深加工产品的生产和销售作为主营业务，主要产品为 32.5 级、42.5 级普通硅酸盐水泥、矿渣硅酸盐水泥及 PVC 门板、"巢东"牌纳米碳酸钙、重质碳酸钙、凹凸棒粘土等，水泥及商品熟料年生产能力 300 多万吨。公司两大著名品牌"巢湖"牌、"东关"牌水泥均为免检产品，出厂水泥合格率、富裕标号合格率连续 20 多年保持 100%。水泥产品远销中国台湾、中国香港等地区，出口韩国、东南亚等国。

四、化工行业发展与布局

安徽化工行业历史悠久，全省化工行业已经初步成为一个多品种、多层次、产业关联度大、配套性强的行业，成为安徽省经济发展的重要支柱行业。

（一）发展概况

安徽省化工行业开始于庐江矾矿、安子山硫铁矿和向山硫铁矿，其历史可追溯至唐朝。1945 年 5 月，省内除庐江矾矿和向山硫铁矿外，另有十余所生产肥皂、块碱、墨水、油墨等日用化工作坊，全省化工总产值 260 万元。党的十一届三中全会以后，全省化工行业以经济效益为中心，发展步伐加快。"九五"期间，全省化工行业发展重点是继续稳定发展农用化学品，增加化肥农药的生产和供应，集中力量突出发展精细化工。"十五"以来，安徽省化工产业增加值以年均25% 左右的增长速度快速发展，形成了涉及石油炼制、化学矿山、农用化工、有机无机基本原料、合成材料、精细化工等十几个行业的较为完整的工业体系（见图 5-5），可以生产 3500 多个化工产品。逐步形成了蚌埠、安庆、淮南、铜陵、合肥等一批各具特色的石油和化工生产基地。全省化工行业已经初步成为一个多品种、多层次、产业关联度大、配套性强的行业，成为安徽省经济发展的支柱行业。

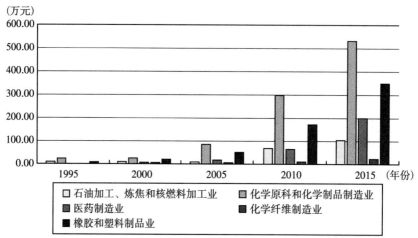

图 5-5　1995~2015 年安徽省石化细分行业规模以上工业企业增加值
资料来源：根据历年《中国统计年鉴》整理绘制。

2015 年是"十二五"收官之年，我国经济下行压力持续加大，全国化工行业发展速度全面放缓。在各级政府高度关注和支持下，安徽省化工行业克服重重困难，实现了行业的平稳运行（见表 5-12），全行业主营业务收入位列全国第 15位，比 2014 年又上升 1 位，化工行业固定资产投资增速超过 15%，增速居全国

表 5-12　1995~2015 年安徽省石化行业规模以上工业企业主要指标

单位：亿元

年份	工业总产值	工业增加值	工业销售产值	利润总额
1995	307.19	54.68	250.67	6.41
2000	315.42	73.23	309.24	7.85
2005	717.42	177.59	702.90	18.64
2010	2389.49	627.02	2324.00	197.15
2015	5060.48	1216.29	4891.96	294.98

资料来源：《安徽统计年鉴》（1996、2001、2006、2011、2016）。

第7位。今后，安徽将贯彻落实《国务院办公厅关于石化产业调结构促转型增效益的指导意见》精神，全力推进供给侧结构性改革，加快推进化工产业转型发展，着力去产能、降消耗、减排放，补短板、调布局、促安全，推动化工产业提质增效、转型升级和健康发展。

（二）产业布局

安徽省化工产业四大化工基地分别为安庆、淮南、淮北和定远。目前四个化工基地呈现出良好发展势头，产业集约化、规模化、一体化、高端化、差异化态势初现。化工产业为安庆市首位产业，发展基础良好，产业体系较为完善，已形成石油化工、化工新材料、煤化工、精细化工、生物化工五大产业。安庆化工新材料产业的发展，为安徽省战略性新兴产业提供原料支撑。淮南市的化工行业是三大支柱产业之一，以丰富的煤炭资源和水资源为优势，省政府重点建设淮南新型煤化工基地，将其打造成安徽煤化工产业核心区、沿淮经济带最大的化工产业聚集区。淮北市依托已有原料优势和产业基础，重点建设煤化工基地，以创建战略性新兴产业聚集发展基地为抓手，打造绿色循环发展一流的新型煤化工合成材料产业基地。定远县是全国岩盐资源大县，是亚洲最大的盐化工基地，盐化工业园区主要分布在西部经济区，主要发展氯碱化工、乙炔化工、硅氟硅化工、氢深加工以及精细化工、化工新材料及专用化学品产业。

根据《安徽省新型化工基地发展纲要（2013—2020年)》，安徽省将建设三大新型化工产业基地（见表5-13)，积极发展壮大六大化工产业（见表5-14)，着力打造五个特色化工园区（见表5-15)。依托两淮煤炭及淮河、长江两大水系资源条件，建设安庆石油化工基地、淮南现代煤化工基地、定远盐化工基地。充分利用安徽省丰富的煤炭、原盐、水等自然资源，进一步提高产业集中度，加快产

表5-13 安徽省三大新型化工产业基地

基地名称	发展重点
安庆石油化工基地	以油化煤化一体化为基础，以化工新材料为主攻方向，强力推进安庆石油化工基地建设
淮南现代煤化工基地	采用洁净煤气化工艺路线，建设大型煤制烯烃、煤制天然气以及煤制乙二醇装置；发展合成气，发展煤基精细化学品，建设全国重要的现代煤化工基地
定远盐化工基地	依托华东地区最大的定远县东兴盐矿，利用无为县杨家岭矿区的石灰石资源，借助两淮地区丰富的煤炭资源，着力打造千亿元盐化工基地

资料来源：《安徽省新型化工基地发展纲要（2013—2020年)》。

表5-14　安徽省六大化工产业

化工产业	发展重点
石油化工产业	以安庆市为重点建设沿江新型石油和化工产业基地,加快实施安庆炼化一体化工程项目
煤化工产业	在淮南建设淮南现代煤化工产业园;在安庆建设大型煤炭储备基地,发展大型煤制烯烃及煤制乙二醇等新型煤化工项目
盐化工产业	重点在滁州等地集中建设大型盐化工基地
生物化工产业	大力发展生物农药、生物肥料、腐殖酸肥料、全降解农用薄膜、非粮乙醇、生物柴油、生物基高分子材料、新型酶制剂、高性能水处理絮凝剂、杀菌剂、生物填料等生物技术产品
精细化工产业	重点发展农药、染料、涂料、橡胶助剂、塑料助剂、医药化工中间体、电子化学品等精细化工产品,积极开拓新领域精细化工
化工新材料产业	研究开发为新能源、生物技术、节能环保、电子信息、再生资源利用等新兴产业和汽车、轨道交通、航空航天、低碳绿色生活配套服务的各类化工新材料

资料来源:《安徽省新型化工基地发展纲要(2013—2020年)》。

表5-15　安徽省五个特色化工园区(集聚区)

园区名称	发展重点
淮北临涣工业园	重点建设煤焦化电和煤化工深加工项目,完善甲醇、煤焦油、苯的加工产业链,发展循环经济,提高资源利用率,力争建设成国家级煤焦化产业转型升级示范园区
蚌埠精细化工集聚区	以化工新材料和精细化学品为主导,重点发展氨基酸、生物食品添加剂、生物医药、生物化学品及生物塑料等产品
铜陵化工集聚区	以化工新材料、精细化工为主要方向,重点培育打造涂料、精细磷化工、碳酸二甲酯和工程塑料四大核心产业群
阜阳化工集聚区	以安徽昊源化工集团有限公司和安徽晋煤中能化工股份有限公司为龙头,打造具有特色的化工新材料制造基地,重点发展专用化学品和化工新材料产品
池州香隅化工园区	以硝基系列产品为龙头,重点发展医药、生物化工、精细化工、电子化工、化工新材料等产品,最大限度延伸产品链,提高产品附加值

资料来源:《安徽省新型化工基地发展纲要(2013—2020年)》。

业升级,积极发展石油化工、煤化工、盐化工、生物化工、精细化工、化工新材料六大化工产业。重点建设淮北临涣工业园、蚌埠精细化工集聚区、铜陵化工集聚区、阜阳化工集聚区、池州香隅化工园区。

(三)主要企业

"十五"以来,安徽省化工产业工业增加值增长速度飞快,涌现了一大批优质企业和优势产品,如安徽辉隆农资集团有限公司的化肥和农药、安徽华源医药股份有限公司的中成药、安徽中鼎控股(集团)股份有限公司的橡胶密封件和特种橡胶制品、铜陵化学工业集团有限公司的"六国"牌磷酸二铵、安徽丰原生物化学股份有限公司的柠檬酸、安徽昊源化工集团有限公司的氮肥、安徽淮化集团有限公司的浓硝酸和二甲基甲酰胺、安徽安庆曙光化工股份有限公司的氰化钠、安庆石化有限公司的丙烯晴、安徽天润化学工业股份有限公司的聚丙烯酰胺等在国内乃至国际上处于较领先的地位；子午线轮胎、农药、磷肥、氮肥、硫酸、粉末涂料专用树脂等产品在全国占有一定比重。

1. 安徽辉隆农资集团股份有限公司

该公司位于合肥市，是安徽省农资供应龙头企业，省级化肥、农药储备和国家化肥淡季商业承储企业。公司主营化肥、农药等农业生产资料的连锁经营业务，同国内 100 多家大中型化肥生产企业有战略合作伙伴关系，出口遍及 60 多个国家和地区。作为全国知名的农资连锁企业，经营网络已经覆盖了全国，化肥、化工业务遍及国内 17 省区，农药业务覆盖 9 省，初步形成从化肥、农药等农资产品供应到农产品收购一条龙的现代农村商品流通服务网络体系。

2. 安徽华源医药股份有限公司

该公司位于阜阳市太和县，主要经营中成药、化学药制剂、化学原料药、抗生素、生化药品、生物制品、精神药品（限第二类）、中药材、中药饮片批发等 10 个大类，销售范围覆盖全国，形成了"买全国药品，卖向全国"的经营格局，销售行情被誉为全国医药商业的"晴雨表"。公司销售定位始终以普药为主，网络覆盖中小城镇、广大农村，致力打造一个平民化、大众化的销售平台，以"品种全、价格低、质量好、服务优"四大优势享誉业界，以"规范救市、质量立市、诚信兴市、服务活市"四大抓手成为全国性的普药集散地之一。

3. 安徽中鼎控股（集团）股份有限公司

该公司位于宁国市，是以机械基础件和汽车零部件为主导的国家大型现代化企业，涉及实业投资、橡胶及塑料制品、机械及模具制造、汽车工具、信息科技、环保材料、新型环保发动机等领域。公司主导产品"鼎湖"牌橡胶密封件和特种橡胶制品广泛应用于汽车、工程机械、石油化工、船舶铁路、航天军事等行业领域，创下了中国橡胶制品（非轮胎）行业的多项之最，部分经济技术指标达到世界领先水平。公司旗下核心控股上市企业——安徽中鼎密封件股份有限公司为目前国内最大的橡胶密封件和汽车用橡胶制品生产、出口企业，主营密封件、特种橡胶制品（汽车、摩托车、电器、工程机械、矿山、铁道、石化、船舶、航空航天等行业基础元件），产品不仅为国内各大汽车主机厂配套，还打入欧美、日本等国际知名汽车公司的全球采购体系；旗下的安徽中鼎橡塑制品有限公司是国内最具规模和实力的汽车用塑料制品以及 OA 办公机器用胶辊生产、出口企业之一。

4. 铜陵化学工业集团有限公司

该公司位于铜陵市，是全国重要的硫磷化工基地之一。集团公司在矿山采选、硫磷化工、精细化工和循环经济方面具有较强生产和技术优势。集团公司拥有"六国"牌磷酸二铵、"九华山"牌过磷酸钙两个中国名牌产品，"安纳达"牌钛白粉、"天井"牌苯酐两个安徽省名牌产品，"六国"商标被认定为中国驰名商标。集团公司以硫磷化工、精细化工为主导产业，具有 150 万吨/年硫铁矿生产能力，产销总量全国第二，铜料 3000 吨/年，铁精矿 20 万吨/年；120 万吨/年硫精矿选矿能力，居全国首位；硫酸年产量 100 万吨/年，化肥总量 200 万吨/年；苯酐 7 万吨/年、钛白粉 4 万吨/年，产销量均位居国内十强。

五、装备制造业发展与布局

安徽省装备制造业实现了快速发展（见表 5-16），经济总量位居工业行业首位，进入全国装备制造业前十位，成为国内重要的装备制造业基地。

表 5-16　2010~2015 年安徽省装备制造业规模以上工业企业主要指标

单位：亿元

年份	工业总产值	工业增加值	工业销售产值	主营业务收入	利润总额
2010	6069.04	1556.35	5882.55	5546.30	497.34
2011	8672.21	2147.21	8371.73	7785.98	549.94
2012	9886.32	2448.99	9591.96	9144.18	681.74
2013	11523.83	2836.49	11121.52	10865.75	757.82
2014	13200.12	3560.42	12764.01	12477.23	748.80
2015	14823.10	3415.63	14352.22	13857.40	834.02

资料来源：《安徽统计年鉴》（2011~2016）。

（一）发展概况

安徽省最早的一家机械工厂出现在清咸丰时期，即曾国藩创办的安庆内军械所，也是全国首家机械工厂。中华人民共和国成立时，安徽省装备制造业非常薄弱，1949 年，全省装备制造业只有 7 个小铁工厂，职工 448 人，机床 40 台，工业总产值 55 万元。后来经过十几年的不懈努力，安徽省装备制造业初现雏形。1978 年中共十一届三中全会的召开，是装备制造业走向蓬勃发展的一个历史性转折点，1978 年的工业总产值是 21.2 亿元，利润只有 1.99 亿元，生产汽车 1500辆，叉车还处于试制阶段，挖掘机只有 30 多台。经过多年的发展，装备制造业已形成汽车、智能制造装备、工程机械、电工电器、机床工具、机械基础件、石化通用机械、重型矿山机械、仪器仪表、农业机械等 10 多个行业、100 多个大类、近万种产品且门类比较齐全的制造业体系。

安徽省装备制造产业在快速发展的同时，也存在一些问题。一是经济总量小，2015 年安徽省装备制造业实现工业总产值占全国总量不到 5%；二是产业集中度低，优势规模企业少，带动性不强；三是企业自主创新能力较弱，拥有自主知识产权的技术和产品不多；四是产品过度"轻型化"，缺少重型及成套设备，高技术高附加值产品少；五是关键零部件发展滞后，配套能力不强。安徽省应加快新一代信息技术与装备制造业深度融合，以中高端产品为重点，大力发展智能装备等高端装备，全面改造提升传统装备，强化重大技术装备和关键零部件研制，推动装备制造业向网络化、智能化、绿色化和服务化方向发展，努力将安徽省建设成装备制造业大省和强省。

(二) 产业布局

安徽省装备制造产业分布广泛，涵盖了合肥、芜湖、马鞍山等地区，尤其是近十多年来，全省装备制造业产业集群不断壮大（见表 5-17）。目前，形成了以合肥、芜湖、马鞍山为主的工程机械产业集群；以芜湖、马鞍山、合肥为主的工业机器人产业集群；以合肥、芜湖、马鞍山、池州为主的高端数控机床产业集群；以合肥、芜湖、蚌埠、马鞍山为主的节能环保装备产业集群；以淮南、淮北为主的煤机装备产业集群；以六安、宣城为主的新型电机产业集群；以芜湖、亳州为主的现代农业机械产业集群；以合肥、滁州、芜湖为主的智能仪器仪表和光电缆产业集群；以马鞍山、滁州为主的轨道交通装备产业集群；以马鞍山为主的冶金装备产业集群；以合肥、芜湖为主的航空产业集群；以宣城为主的密封元器件、耐磨铸件产业集群；以合肥、铜陵、池州、宣城为主的泵阀产业集群等。

根据《安徽省"十三五"装备制造业发展规划》，到 2020 年，安徽省装备制造业发展的目标是形成一批具有国内影响力的企业集团和一大批具有竞争优势的

表 5–17 安徽省装备制造业产业集群主要分布地区

产业集群	分布地区
工程机械产业集群	合肥、芜湖、马鞍山
工业机器人产业集群	芜湖、马鞍山、合肥
高端数控机床产业集群	合肥、芜湖、马鞍山、池州
节能环保装备产业集群	合肥、芜湖、蚌埠、马鞍山
煤机装备产业集群	淮南、淮北
新型电机产业集群	六安、宣城
现代农业机械产业集群	芜湖、亳州
智能仪器仪表和光电缆产业集群	合肥、滁州、芜湖
轨道交通装备产业集群	马鞍山、滁州
冶金装备产业集群	马鞍山
航空产业集群	合肥、芜湖
密封元器件、耐磨铸件产业集群	宣城
泵阀产业集群	合肥、铜陵、池州、宣城

资料来源：《安徽省"十三五"装备制造业发展规划》。

"专、精、特、新"专业化生产企业，在汽车及零部件、工程机械、环保装备、农机装备、冶金装备、智能装备等重点行业培育一批核心竞争力强、主导产品优势突出、具有总承包和总成套能力的大型装备企业集团，建成若干创新能力强、特色鲜明的装备制造集聚区，产业集中度明显提升。

（三）主要企业

改革开放 30 多年来，安徽省装备制造业发展势头迅猛，大型骨干企业越来越多，其中，安徽江淮汽车集团有限公司、奇瑞汽车股份有限公司、格力电器（合肥）有限公司、安徽蓝德集团股份有限公司、合肥美菱股份有限公司、芜湖美智空调设备公司、安徽天康（集团）股份有限公司、安徽叉车集团有限责任公司等在国内都颇具影响力。

1. 安徽江淮汽车集团有限公司

该公司位于合肥市，是安徽省 12 家重点企业集团之一，2009~2011 年被中国工业经济研究院评为"中国制造业 500 强"，在 2015 年中国装备制造业 100 强榜单中排名第 25 位。江汽集团公司是我国客车、客车专用底盘、重中轻型载货汽车和商务车定点生产企业，已形成江汽、客车、重工和零部件四大业务板块。

其中江汽板块以江汽股份公司为主体，主要生产轿车、越野型轿车（SRV）、7～12座商务车（MPV）、0.5～50吨全系列载货汽车、6～12米客车专用底盘；客车板块涵盖安凯客车、江淮客车，主要生产6～18米高中档公路、旅游、公交客车；工程机械板块以工程机械、专用车为主体，主要生产叉车、各种专用汽车和自动化装备线；零部件板块以两桥一箱（合肥车桥公司、安徽安凯福田曙光车桥有限公司、六安齿轮公司）为主体，生产客车、载货汽车车桥和汽车齿轮箱。

2. 奇瑞汽车股份有限公司

该公司位于芜湖市，是一家从事汽车生产的国有控股企业。公司产品覆盖乘用车、商用车、微型车等领域，成为中国自主品牌中的代表，在"2016中国企业500强"中排名第450位。公司以打造"国际品牌"为战略目标，已成为国内最大的集汽车整车、动力总成和关键零部件的研发、试制、生产和销售为一体的自主品牌汽车制造企业，以及中国最大的乘用车出口企业。公司已具备年产90万辆整车、90万台套发动机及80万台变速箱的生产能力，建立了A00、A0、A、B、SUV五大乘用车产品平台，上市产品覆盖11大系列共21款车型。

3. 安徽蓝德集团股份有限公司

该公司位于天长市，是国家级"重点高新技术企业"，国家级火炬计划项目承担单位。公司产品覆盖自动化仪表及控制系统、电线电缆、光纤光缆、桥架母线、开关盘箱、机械设备、模具制造等。公司主要生产自动化仪表、电线电缆、电工材料和设备三大类别产品，已建立了完善的营销服务体系，其中蓝德自动化仪表被认定为"安徽省名牌产品"，仪器仪表、电缆桥架、低压配电设备被认定为"中国著名品牌产品"，"蓝德"商标被国家工商总局认定为国家驰名商标。

4. 合肥美菱股份有限公司

该公司位于合肥市，前身是合肥市第二轻工机械厂，1983年转产家用电冰箱，是中国最早生产冰箱的企业之一、中国家电行业著名的上市公司之一。公司主导产品"美菱"牌电冰箱是国家出口免检产品、首批中国名牌产品。经营范围包括制冷电器、空调器、洗衣机、电脑数控注塑机、电脑热水器、塑料制品、包装品及装饰品制造，主要是电冰箱的生产和销售，现工业生产具有年产200万台电冰箱（柜）、5万台深冷冰箱的生产能力。美菱一直专注制冷专业，矢志不渝地进行技术和产品创新。从"181大冷冻室"冰箱、保鲜冰箱、超级节能冰箱、纳米材料冰箱，到"终结者"冰箱的推出，美菱不断引领冰箱行业的技术进步。

六、电子信息产业发展与布局

安徽电子信息产业从空白到规模化发展，取得了令人瞩目的发展成就。全省已形成规模以上电子信息制造企业 4000 多家，成为安徽高新技术的标志，在全省新型工业化与信息化发展中的支撑作用日益显著，并正逐步发展为安徽省重要的支柱产业之一。

（一）发展概况

自 1957 年出现第一件电子产品（黄山牌电子管收音机）、1958 年诞生第一家电子企业（合肥无线电厂）算起，安徽电子信息产业已有半个多世纪的发展历史，但真正的腾飞始于 1978 年，受改革开放基本国策指引，安徽电子信息产业大胆探索，产值增幅连续多年居全省各行业前列，整体实力和产业规模快速增长，并逐步形成自身发展特色。主营业务收入规模从 2003 年超百亿元开始，几乎每年上一个百亿元台阶，在全国同行业中的规模排位由第 17 位快速上升至2015 年的第 11 位。主导产品彩电、雷达、特种显示器件、汽车仪表、电子磁性材料等产能均居全国前列，其中电容器用聚丙烯膜产量为世界第一。"十二五"期间，全省电子信息制造业年产值规模连续跨越两个千亿元台阶，规模以上工业总产值由 2010 年的 733 亿元增加到 2015 年的 2807 亿元，年均增长 30.8%，总量规模跃居全国第 11 位、中部第 2 位，实现历史最好水平；工业增加值增至 720亿元，是 2010 年的 3.5 倍，年均增长 28.8%，占全省工业比重由 3.6% 提升至7.3%，年均增速超全国同行业、全省工业 10 个百分点以上（见表 5–18）。现在，安徽电子信息产业已初步形成拥有相当规模和科研实力、产业结构不断优化、创新能力日益增强、产业链逐步完善的产业发展体系，形成信息家电、电子材料和

表 5–18　安徽省电子信息制造业"十二五"主要经济指标增长情况

指标	2010 年	2015 年	年均增长（%）
工业总产值（亿元）	733	2807	30.8
工业增加值（亿元）	203	720	28.8
主营业务收入（亿元）	663	2536	30.8
利税总额（亿元）	67	208	25.4
出口交货值（亿元）	42	783	79.5

资料来源：《安徽统计年鉴》（2011、2016）。

元器件、雷达装备制造等在全国具有比较优势的产业领域，以及软件、汽车电子、微电子等自主创新突出的新兴产业领域。

虽然安徽省电子信息制造业的比较优势和竞争能力不断提升，但产业深层次矛盾和瓶颈性问题依然突出：一是经济总量偏小，占全国比重不足3%，与全省经济社会发展需求相比差距明显；二是在产业分工体系中，位置偏向中低端，"制造基地"特征未根本改变，产品附加值不高，关键技术及核心配套依赖外部；三是技术、产品、业态、模式等创新不足，研发投入强度偏低，产学研用联动不畅，除新型显示外，大部分新一代信息技术产业领域发展仍显薄弱，以创新增强发展动力、以供给驱动消费升级的能力亟待提升；四是软硬融合、跨界融合、与互联网融合、与制造技术融合、与工业化融合深度不够，对全省经济调转促的支撑引领作用有待进一步加强；五是支撑产业持续快速发展的技术、人才、资本等要素紧缺；六是产业体系尚不健全，产业链、创新链、资源链协同不足，发展环境需要改善。因此，《安徽省"十三五"电子信息制造业发展规划》提出，以"支撑、引领、赶超、强基"为总体思路，着力增强全省电子信息制造业的支撑能力，强化对战略性新兴产业加速崛起和经济转型发展的引领作用，不断提升产业结构层次、技术水平、规模效益和核心竞争力，夯实关键配套、创新平台、集聚基地、人才队伍、政策环境等基础条件，加速追赶行业先进，全力增强发展质量和效益，努力创建创新型现代产业体系，为制造强省和美好安徽建设做出卓越贡献。

（二）产业布局

21世纪以来，安徽省电子信息制造业集聚效应不断增强，围绕龙头企业与重点产品逐步形成特色明显的产业集聚区，改变了30多年前电子信息产业布局分散、产业链不完善、发展效益受限的局面。各地电子信息产业集聚发展步伐明显加快，区域特色不断彰显（见表5-19），合肥的新型显示产业基地已列入国家级示范基地，集成电路等集聚区入选安徽省战略性新兴产业基地，成为全省首个电子信息制造业年产值超千亿元城市。

合肥、滁州、芜湖等市已汇集一批信息家电的知名企业。铜陵、淮北以及宁国的电容器及电子材料生产以铜峰电子、飞达实业、淮北东磁等企业为骨干，部分产品生产规模与技术水平居国内领先地位，铜峰已成为国家级电子材料产业园。合肥与芜湖汇聚了全省90%的软件企业和汽车电子企业，合肥软件园为国家

表 5–19   安徽省电子信息产业集聚发展基地

设区市	产业集聚发展基地
合肥	合肥新站区新型显示产业集聚发展基地、合肥高新区集成电路产业集聚发展基地、合肥高新区智能语音产业集聚发展基地
芜湖	芜湖鸠江经开区机器人产业集聚发展基地
蚌埠	蚌埠硅基新材料产业园硅基新材料集聚发展基地
滁州	滁州市经开区智能家电产业集聚发展基地
宿州	宿州市高新技术产业开发区云计算产业集聚发展基地
淮南	淮南市高新技术产业开发区大数据产业集聚发展基地
池州	池州市经济技术开发区半导体产业集聚发展基地

资料来源：安徽省信息公开网。

火炬计划软件基地，芜湖汽车电子产业园为国家级汽车电子产业园。此外，马鞍山、巢湖的电子磁性材料，芜湖的信息显示材料，合肥、铜陵的微电子，巢湖、合肥、淮南以及天长的通信线缆和电子配套件等特色产业群体已形成集聚效应。

根据《安徽省人民政府关于加快建设战略性新兴产业集聚发展基地的意见》，省政府确定了 24 个省战略性新兴产业集聚发展基地，其中有 9 个安徽省电子信息产业集聚发展基地。

《安徽省"十三五"电子信息制造业发展规划》提出，电子信息产业布局要坚持龙头带动与集聚发展相结合，"十三五"时期重点是推进建设新型显示、集成电路、智能终端及智能硬件、新型电子材料与元器件、新兴应用电子等一批产业集聚园区和基地，重点推动建设合肥新站区新型显示、合肥高新区集成电路、蚌埠硅基新材料产业园硅基新材料、池州经开区半导体等一批省战略性新兴产业集聚发展基地和合肥经开区新港工业园、芜湖高新区、滁州经开区等一批省级电子信息产业基地园区，不断强化龙头带动、产业配套、集聚辐射效应，在全省构建起以合肥为中心，以芜湖、蚌埠为两翼辐射皖江、带动南北的"一极两核多基地"发展格局。

（三）主要企业

改革开放以来，安徽电子信息产业发展不断跃上新台阶，骨干企业增多变强。1985 年，全省尚没有一家企业产值达到亿元，2008 年全省电子信息产业收入超亿元企业已达 90 多家，其中 9 家企业收入规模超过 10 亿元。2015 年，产值超 10 亿元的电子信息企业已有 476 户，其中超百亿元的企业达 29 户。其中，联宝（合肥）电子科技有限公司是联想全球最大 PC 研发和制造基地，合肥晶澳太阳能科技有限公司是全球领先的高性能光伏产品制造商，合肥京东方光电科技有限公司是国内第一家拥有 TFT-LCD 第六代生产线的大型显示器件的企业，康佳电子是国家家电设计与制造特色产业基地。

1. 联宝（合肥）电子科技有限公司

该公司位于合肥市，成立于 2011 年。由联想集团和台湾仁宝集团携手共建，为联想全球客户提供高科技产品和服务，是联想全球最大 PC 研发和制造基地，其拥有 17 万平方米业界最大的单体厂房，10 万平方米的 HUB 仓库，18 条智能 SMT 生产线和 26 条 BOX 精益组装线，年产能达 3000 万台，是安徽最大外贸企业。公司主营业务范围包括计算机硬件、软件系统及配套零部件、网络产品、多媒体产品、电子信息产品及通信产品（掌上电脑、个人信息助理）、办公自动化设备（打印机、扫描机、传真机、投影仪、数码相机）等的研发和生产。

2. 合肥晶澳太阳能科技有限公司

该公司位于合肥市，是全球领先的高性能光伏产品制造商，已发展成为覆盖硅片、电池、组件及电站业务的垂直一体化全球光伏领军企业，目前在国内外拥有十多个生产基地，硅片产能达 3.0GW、电池产能达 6.5GW、组件产能达 7.0GW，其产品应用于住宅、商业和地面光伏电站发电系统。公司经营范围包括太阳能电池片、组件、硅片的生产、销售，太阳能系列产品的研制及销售等。

3. 安徽康佳电子有限公司

该公司是一家集研发、生产、销售视听产品于一体的国家级高新技术企业，公司位于滁州市经济技术开发区，是"国家家电设计与制造特色产业基地""中国家电及装备制造业基地"和国家级经济技术开发区。成为华东地区最大的模组整机一体化生产基地，掌握了模组及模组核心部件的研发和生产能力，成为国内彩电同行中纵向一体化最好的企业之一。

4. 铜峰电子（集团）公司

该公司位于铜陵市，是中国微电子信息产业中一家生产电子材料、节能电力电子元器件等高科技产品为主的大型骨干企业，中国电子元器件百强企业之一。铜峰电子公司重点发展电子材料、新型电子元器件和电力节能装备，现已形成两大产品发展链：电容器用薄膜—金属化薄膜—薄膜电容器产品发展链，石英晶体材料及延伸产品发展链。经营范围主要有电工薄膜、金属化膜、电容器、聚丙烯再生粒子、电力节能装置、电子材料、元器件的生产、研究、开发、销售及科技成果转让；化工产品、日用或精细化工产品、金属材料及制品、机械设备、电子产品、家用电器、包装材料、塑料膜（绝缘材料）、建材生产、销售及加工服务。

5. 安徽继远软件有限公司

该公司于 2001 年 8 月在合肥国家高新区注册成立，拥有占地面积 32.5 亩的继远软件园区。公司致力于发展成为以信息系统运维、信息系统集成、性能优化、设备维保、信息化架构设计咨询服务、视频会议管理、行业管理软件研发、网络通信建设、软件质量评测、通信产品及电子设备的研发生产等技术领域为核心的 IT 服务商，目前业务已覆盖全国 20 多个省。公司相继通过了"双高""双软""科研单位"认定，被国家信息产业部列为"中国首批行业软件产业化发展试点单位"（全国仅 35 家）。

6. 科大讯飞股份有限公司

该公司成立于 1999 年，位于合肥市，是一家专业从事智能语音及语音技术研究、软件及芯片产品开发、语音信息服务的国家级骨干软件企业，在语音技术领域是基础研究时间最长、资产规模最大、历届评测成绩最好、专业人才最多及市场占有率最高的公司，其智能语音核心技术代表了世界的最高水平。公司在智能语音技术领域有着长期的研究积累，并在中文语音合成、语音识别、口语评测等多项技术上拥有国际领先的成果，是我国唯一以语音技术为产业化方向的"国家 863 计划成果产业化基地""国家规划布局内重点软件企业""国家火炬计划重点高新技术企业""国家高技术产业化示范工程"。

七、食品行业发展与布局

作为农业大省的安徽省，食品产业是安徽省支柱产业和保障民生的基础产业，是安徽轻工业经济发展的中坚力量。安徽依托资源优势，积极调整产品结构，加快培育起点高、发展快、规模大的食品企业，安徽省食品工业已成为国民经济中最具成长活力的产业之一。

（一）发展概况

安徽食品工业原有基础薄弱，技术落后。中华人民共和国成立初期，全省仅有为数不多的农副产品加工小厂（作坊），食品工业（主要是碾米、磨面）产值仅 2.67 亿元。党的十一届三中全会以后，安徽省食品工业有了突破性的进展，农业连年丰收，为发展食品工业提供了充足的原料；同时，由于人民生活水平的提高，对食品工业也提出了更高的要求，食品产业成为安徽省支柱产业和保障民生的基础产业。"十二五"期间，安徽省食品产业继续保持较快发展，呈现出产品产量与经济效益同步增长的良好局面（见表5-20、表5-21）。主要经济指标较快增长，对整体经济增长的拉动作用不断增强，经济总量占全省轻工业的40%以上。2015年，安徽省规模以上食品工业企业2583家；实现工业增加值919亿元，是2010年的2.3倍，年均增长17.8%，食品工业增加值占安徽省工业增加值

表5-20 安徽省"十二五"期间规模以上食品工业企业发展情况

年份	2010	2011	2012	2013	2014	2015
工业增加值（亿元）	405.3	512.4	641.3	749.2	830.6	919
同比增长（%）		26.4	25.2	16.8	10.9	10.6
主营业务收入（亿元）	1780.9	2545	3097.3	3501.5	3895.5	4070.7
同比增长（%）		42.9	21.7	13.1	11.3	4.5
利润（亿元）	146.3	168.6	206.3	229.2	224.2	215.9
规模以上企业数量（家）	2235	1792	2030	2215	2390	2583

资料来源：安徽省统计局，http://data.ahtjj.gov.cn/ndsj/index.jhtml。

表5-21 安徽省"十二五"主要食品产量及平均增长速度

品类	2011年	2015年	累计增长（%）	年均增长（%）
大米（万吨）	1146.9	1713.3	49.4	8.9
小麦粉（万吨）	1279.3	1690.4	32.1	5.5
食用植物油（万吨）	76.3	127.7	67.1	12.4
肉类（万吨）	89.4	142.9	59.5	11.1
水产品（万吨）	4.1	11.4	178.1	22.1
乳制品（万吨）	79	94.3	19.4	3.5
方便主食品（万吨）	44.5	55.9	25.6	4.2
饮料酒（万·千升）	222.8	191.9	-13.9	-1.9
其中白酒（万·千升）	39.4	46.4	17.8	2.8
啤酒（万·千升）	167.5	119.2	-28.8	-4.3
软饮料（万吨）	161.1	433	168.9	21.9
精制茶（万吨）	18.7	25.7	37.4	5.8

资料来源：安徽省统计局，http://data.ahtjj.gov.cn/ndsj/index.jhtml。

的比重由 2010 年的 7.7% 提高至 2015 年的 9.4%；实现主营业务收入 4070.7 亿元，居全国第 10 位，是 2010 年的 2.3 倍，年均增长 18.0%；实现利润 215.9 亿元，居全国第 11 位，是 2010 年的 1.5 倍，年均增长 8.2%。安徽省的食品种类也不断丰富，形成了 4 大类（畜产品、粮油制品、发酵食品、水产品）、22 个中类、57 个小类共计 2 万余种食品。产品结构逐渐向绿色化、多元化、便捷化、品质化方向发展，产品细分程度加深，深加工产品比例上升，新产品不断涌现。

安徽省食品产业在快速发展的同时，也存在许多问题。第一，高品质食品有效供给不足。安徽省食品工业粗放型发展方式尚未得到根本性扭转，初加工产品多，附加值低，资源综合利用率不高。农副食品加工业占比高达 60%，附加值较高的食品制造业和饮料制造业占比较低。食品同质化严重，品种、花色相对较少。产业链不完整，缺乏深度开发利用，综合效益低，高品质食品供应与市场需求不匹配。单位产品能耗、水耗和污染物排放较高。第二，自主创新能力有待提高。安徽省食品工业企业自主创新能力不强，产品技术含量低，精深加工、专用型、功能性产品较少。企业创新主体地位不突出，创新意识不强，科技成果转化率较低，新产品开发、升级换代速度缓慢。今后，将以建设食品制造强省为目标，构建现代食品产业体系，实现食品工业中高速发展和向中高端迈进。努力形成质量安全水平全面提高、自主创新能力显著增强、产品结构进一步改善、产业集中度大幅提高、具有较强生产力的食品产业体系。培育壮大一批龙头企业，打造一批在全国有影响力的知名品牌，发展一批战略性新兴产业集聚发展基地，做大做强做优安徽省食品产业。

（二）产业布局

作为农业大省的安徽省，农产品加工业的迅速崛起是安徽食品工业经济发展的新兴力量。"十二五"期间，随着兼并重组政策环境的不断优化，乳制品、肉类、饮料、发酵等行业的并购重组提速，通过并购重组，涌现出一批综合实力较强、市场占有率高、辐射带动力强的行业骨干和龙头企业，行业集中度不断提高。从区域看，四大农副食品加工密集区初见规模。以皖北地区为主的肉类加工、白酒酿造以及小麦、玉米精深加工；以合肥、巢湖、滁州等地为主的稻米、油脂深加工；以黄山、六安为主的茶叶加工；以宣城、马鞍山为主的禽、蛋、奶加工等产业集群初步形成。

随着安徽省食品工业规模逐渐扩大，企业集聚问题也随之而来。一方面，安徽省食品企业平均规模小。行业"小、散、弱"的状况尚未得到根本改变,产业集中度低,现有龙头企业辐射能力不强,对上下游企业和相关配套产业的带动性较弱,龙头企业引领作用不强。另一方面,安徽省食品工业区域布局不合理。合肥都市圈资金技术充裕、皖北资源丰富的区位优势未得到很好发挥,食品工业整体布局有待优化。今后,将引导各地园区发展各具特色的粮油食品加工,在全省形成特色鲜明、功能完备、有机衔接的产业园区空间布局(见表5–22),加快推进合肥都市圈发展精深加工食品,皖北地区重点发展粮油制品和白酒等,皖南和大别山区发展坚果、茶叶等高附加值产品,沿江、皖南地区重点发展矿泉水等饮料制品,实现布局集中、用地集约、产业集聚和链条完整。加快在粮食产业园区建设一批集仓储、物流、烘干整理等于一体的项目。培育物流市场主体,在园区内大力推动"智慧皖粮"建设,逐步实现粮食收购、加工互联互通,做到生产链、供应链、服务链无缝对接。

表5–22 安徽省粮食产业园区今后发展方向

地区	发展重点
合肥、六安	承接"北粮南运"和国外进口粮食,辐射豫东南等周边腹地,带动皖中、皖西共同发展
芜湖、滁州、马鞍山	联合打造江河海联运枢纽,带动皖中、皖东、皖南共同发展
阜阳、宿州	打造淮河粮运枢纽,发挥集聚产业、引导规模物流的作用,带动皖北共同发展
蚌埠、淮南	打造粮食铁水联运枢纽,带动皖北共同发展
安庆、铜陵、池州	承担长江中下游、西南地区粮食中转功能,带动皖南共同发展

资料来源:安徽粮食政务网,http://www.ahls.gov.cn/openness/。

(三)主要企业

安徽省食品产业实施"优质、特色、名牌"发展战略,不断提高规模效益,对整体经济增长的拉动作用不断增强。截至2015年,安徽省规模以上食品工业企业2419家,成为安徽省国民经济中企业数最多、发展最快的产业之一,同时,也涌现出安徽安粮控股股份有限公司、安徽省盐业总公司、安徽古井集团有限责任公司、合肥华泰集团股份有限公司、安徽迎驾集团、安徽金种子集团有限公司等一大批优秀企业。

1. 安徽安粮控股股份有限公司

该公司位于合肥市,公司经营范围包括预包装食品兼散装食品、乳制品(含婴幼儿配方乳粉)、金属材料、建筑材料、煤炭、化工原料与产品(不含危险品)、机械设备、矿产品、日用品销售等。公司旗下的安粮国际主营进出口贸易,进出口总额累计达40亿美元;旗下的安粮实业主营粮油食品的生产、加工、仓储、贸易,经营的花生、芝麻等产品出口数量和金额名列全国同类产品前茅;旗下的爱地农业是与省农科院等合作的高科技种子企业,主营水稻、小麦、玉米等种子的研发和销售。

2. 安徽古井集团有限责任公司

该公司位于亳州市,是中国老八大名酒企业、中国第一家同时发行A、B两只股票的白酒类上市公司、安徽古井贡酒股份有限公司的母公司,多年来一直位列中国白酒企业前十强。古井贡酒是集团的主导产品,曾四次蝉联全国白酒评比金奖,是巴黎第十三届国际食品博览会上唯一获金奖的中国名酒,先后获得中国驰名商标、中国原产地保护产品、国家文物保护单位、国家非物质文化遗产保护项目等荣誉,被世人誉为"酒中牡丹"。公司主打产品古井贡酒"年份原浆",以"桃花曲、无极水、九酝酒法、明代窖池"的优良品质被安徽省委省政府指定为接待专用酒,成为上海世博会安徽馆战略合作伙伴唯一指定用酒、2010中国—东盟博览会合作伙伴唯一指定用酒,并被全国政协第十一届三次会议指定为专用高档白酒。

3. 合肥华泰集团股份有限公司

该公司位于合肥市,是国家级农业产业化重点龙头企业,现已发展成为以休闲食品、农业产业化、房地产等产业为支柱的综合性企业集团。公司下属机构洽洽食品股份有限公司是一家以传统炒货、坚果为主营,集自主研发、规模生产、市场营销为一体的现代休闲食品企业,被誉为中国炒货行业的领跑者。洽洽公司目前已经建立了覆盖国内大中型城市的全国性销售网络,终端掌控能力强,市场反应速度快,销售渠道稳定、通畅,"洽洽"系列产品不仅畅销全国,还出口到东南亚、欧美等30多个国家和地区。

4. 安徽迎驾集团

该公司位于霍山县佛子岭风景区,是国家大型酿酒企业、大别山革命老区的支柱企业。集团坚持"以酒为主、多元发展"的发展思路,依托白酒主业发展相关配套产业和其他产业,产业涉及光电材料、玻璃、饮料、彩印、五金制品、塑料制品、旅游、商贸等领域。集团核心企业——安徽迎驾贡酒股份有限公司,是全国白酒行业前 20 强企业，主导产品有迎驾之星、百年迎驾和迎驾贡酒生态年份酒等。"迎驾"商标是中国驰名商标，迎驾贡酒是国家地理标志保护产品，迎驾贡酒被商务部认定为"中华老字号"产品，"迎驾酒传统酿造技艺"入选安徽省非物质文化遗产名录。

5. 安徽金种子集团有限公司

该公司位于阜阳市，是安徽省 50 户重点骨干企业和全国食品行业百强企业，主要从事白酒、生化制药、房地产和包装材料的生产与经营。公司白酒产业曾经连续六年位居全国同行业前十强，"金种子"商标荣获"中国驰名商标""全国十大公众喜爱商标"和"安徽十大强省品牌"。核心产品柔和种子酒、祥和种子酒与恒温窖藏天蕴、地蕴醉三秋酒，在全国同行业率先通过国家地理标志注册认证，被中国绿色食品发展中心认定为绿色食品，荣获全省三绿工程畅销品牌。近年来，集团公司着力推进产业、产品结构调整，白酒产业实现了品牌高档化转型，连续五年以 50% 以上的增幅快速发展。

八、纺织行业发展与布局

安徽作为农业大省，具有丰富的纺织资源，纺织工业具有一定基础。但在改革开放前，纺织工业总体水平与其极不相称，改革开放揭开了安徽纺织工业的新篇章，纺织工业发展从小到大，由弱到强，取得了辉煌的成就。

（一）发展概况

1949 年以前，安徽纺织工业基础相当薄弱，除有一座芜湖裕中纱厂两万纱锭外，其余都是一些小型的土纺土织和手工染色作坊。改革开放前十年是安徽纺织工业高速发展时期，不仅为安徽经济社会发展做出较大贡献，也为全国纺织行业提供了改革经验（见图 5-6）。进入"十一五"时期，安徽纺织工业加快产业优化提升和发展步伐，招商引资力度进一步加大，企业组织机构和所有制结构进一步改善，各地工业发展布局中都把培育纺织服装工业园作为发展的重点加以规划。

2015 年，安徽省纺织工业实现主营收入 2053.4 亿元，利润 101.1 亿元，增加值 520.6 亿元，累计出口 41.98 亿美元。目前安徽省共有中国名牌纺织工业 5 个，中国驰名商标 5 个，分别为：鸿润集团股份有限公司的"鸿润 HONREN"商标、霞珍集团的"霞珍"商标、天馨集团的"天馨 TIANXIN"商标、南陵南翔

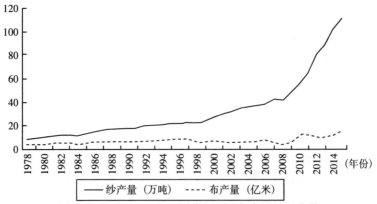

图 5-6 1978~2015 年安徽省纺织工业主要产品产量
资料来源：根据历年《中国统计年鉴》整理绘制。

羽绒有限公司的"古麒 GUQI"商标、岳西天鹅科技实业公司的"咏鹅"商标。全国重点跟踪培育服装家纺自主品牌 3 个：安徽鸿润（集团）股份有限公司、安徽天馨工艺制品集团有限公司和安徽霞珍羽绒股份有限公司。此外，全省纺织业中获得安徽名牌 42 个，获得安徽著名商标 38 个。国家认定企业技术中心 2 个：安徽中天印染股份有限公司和安庆华茂集团公司。省认定企业技术中心 25 个。纺织产业集群 4 个，中国纺织产业转移试点园区 6 个。

当前，在中西部区域间争夺东部产业转移的竞争日趋白热化的情况下，安徽省纺织工业在快速发展的过程中，也存在很多问题。安徽省纺织行业的显著特征是"大棉纺"，其他行业相对滞后，尚未形成高附加值的棉纺织产业链。外来加工占安徽纺织服装产业的 90%，都是以贴牌加工为主，本土品牌占的市场份额不超过 3%，产品结构性矛盾突出。安徽纺织企业大部分是中小企业，装备水平偏低导致了生产成本高、总体规模小、集中程度低、研发能力欠缺、缺乏核心竞争力。今后，要以"精细化"加快推动棉纺织行业产业升级的重点行业发展策略，同时结合淘汰落实提高产业集中度，支持龙头企业做大做强，通过榜样示范推进全行业的企业管理进步和创新，注重新品牌的培育、认证和整合，推进建设设计创意中心、技术研发中心、品牌推广中心，以"配套化"大力支持家用纺织企业成长，促进安徽省由纺织大省向纺织强省迈进。

（二）产业布局

近十多年来，随着皖东南和皖北地区的一批纺织服装项目陆续建成投产，安徽省纺织服装加工基地逐渐形成，各具特色的区域产业集群日益壮大（见表5-23）。全省已形成岳西、望江、宿松和芜湖孙村镇4个国家级纺织产业名城（镇），中国纺织产业转移试点园区6个：华茂国际纺织工业城、郎溪经都产业园、中国中部（宿州）纺织服装产业城、望江纺织服装工业园、宿松工业园、阜阳工业园。皖江城市带的合肥、芜湖、望江、宿松等纺织服装集聚区正在做大做强：合肥瑶海区、长丰县开辟了服装产业园；安庆以"华茂国际纺织工业城"建设为重点；芜湖以繁昌县孙村镇为先锋，扛起"安徽服装第一镇"的大旗。皖北地区，以"中部（宿州）纺织服装产业基地"建设为龙头，带动了淮北华孚、维科印染产业升级；以亳州蒙城为后盾，打造"皖北服装加工基地"。

表 5-23　安徽省纺织产业集群

地点	基地类型	主要产业
岳西县	中国手工艺家纺名城	包括纡缝工艺被、养生布鞋、丝绸和服装等，以全棉布、棉麻布或丝绸为主要原料，采用裁、拼、缝、帖、绣花、盘花等工艺手法精制而成
望江县	中国新兴纺织产业基地	已形成轧花、粘胶、纺纱、织布、印染、印花、成衣、水洗、包装于一体的纺织产业集群
孙村镇	中国出口服装制造名镇	定位为精品服装，服装产业已形成集纺织、染整、水洗、印绣花、制线、成衣加工、包装和物流等为一体的服装产业链
宿松县	中国新兴纺织产业基地	以棉纺以及服装为主

资料来源：安徽省信息网。

参考文献

［1］安徽省人民政府. 安徽 60 年［M］. 北京：中国统计出版社，2009.

［2］安徽省人民政府. 安徽 50 年［M］. 北京：中国统计出版社，1999.

［3］安徽省统计局，国家统计局安徽调查总队. 安徽统计年鉴（2001~2017）［M］. 北京：中国统计出版社，2001-2017.

［4］中华人民共和国国家统计局. 中国统计年鉴［M］. 北京：中国统计出版社，2001-2016.

［5］刘怀雪，谢礼国. 安徽省煤炭资源［J］. 安徽地质，2002，12（2）：120-123.

［6］安徽省能源局. 安徽省煤炭工业发展"十三五"规划［EB/OL］. https：//wenku.baidu.com/view/be6aa88780c758f5f61fb7360b4c2e3f5627257d.html.

［7］安徽省经济和信息化委员会. 2015 年安徽省工业行业发展报告［EB/OL］. http：//ah.anhuinews.com/system/2016/04/19/007311927.shtml.

［8］安徽省人民政府. 2009 安徽省有色金属产业调整和振兴规划 ［EB/OL］. http：//www. docin.com/p-626636455.html.

［9］安徽省人民政府. 2009 安徽省钢铁工业振兴规划 ［EB/OL］. https：//wenku.baidu.com/ view/085a6242f08583d049649b6648d7c1c708a10b91.html.

［10］安徽省经济和信息化厅. 安徽省新型化工基地发展纲要（2013~2020年）［EB/OL］. http：//www.aheic.gov.cn/zwgk/zwgk_view.jsp？strId=13770790564846097&view_type=4？srgdnrplu-ojzfbza.

［11］安徽省人民政府办公厅. 关于加快推进石化产业调结构促转型增效益的实施意见 ［EB/OL］. http：//xxgk.ah.gov.cn/UserData/DocHtml/731/2016/12/7/342973105401.html.

［12］安徽省经济和信息化委员会. 安徽省"十三五"装备制造业发展规划 ［EB/OL］. http：//www.aheic.gov.cn/info_view.jsp？COLLCC=32078220&strId=14879210836481714.

［13］安徽省经济和信息化委员会. 安徽省电子信息制造业"十三五"发展规划 ［EB/OL］. http：//www.aheic.gov.cn/info_view.jsp？strId=14869558047627382.

［14］安徽省经济和信息化委员会. 安徽省食品产业"十三五"发展规划 ［EB/OL］. http：//www.aheic.gov.cn/info_view.jsp？strId=14870400173493139.

［15］罗冬姣，陈林茂，丁振华. 安徽省纺织业承接产业转移的 SWOT 分析 ［DB/CD］. 中国纤检杂志，http：//info.texnet.com.cn/detail-432680-1.html. 2013-03-16.

第六章　服务业发展与布局

第一节　服务业发展概述

服务业指从事服务产品的生产部门和企业的集合，就是我们通常说的第三产业，是除了第一产业与第二产业之外的其他产业。随着时代的发展，服务业在各行各业中崭露头角，对安徽省经济的增长起着越来越重要的作用。

一、安徽省服务业发展概况

（一）服务业规模扩大，发展速度加快

改革开放以来，开放的经济政策、人民生活水平的提高、工农业的迅速增长，都为服务业的发展提供了优越的条件。自 1978 年到 2015 年，安徽省服务业增加值从 19.68 亿元增加到 8602.1 亿元（见图 6-1）。总体来看，1990 年以前服务业发展较为缓慢，1990 年到 2000 年服务业得到平稳发展，2000 年开始服务业较快发展。

截至 2015 年底，安徽服务业法人单位达 38.9 万个。安徽服务业增加值 8602.1 亿元，对经济增长的贡献率为 41.13%，比 2014 年提高 7 个百分点；服务业增加值占 GDP 的比重为 39.09%，比 2014 年提高 3.7 个百分点，呈稳步上升态势。

（二）服务业内部结构不断优化

现代金融、现代物流、信息技术服务、文化创意、休闲旅游等现代服务业快

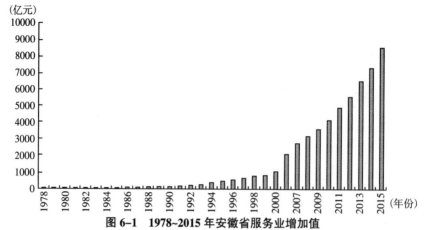

图6-1　1978~2015年安徽省服务业增加值

资料来源：根据历年《安徽统计年鉴》整理绘制。

速成长，传统业态转型步伐加快。2015年，全省现代服务业占比达到53.4%，比2010年提高3.9个百分点；生产性服务业占比达到47.7%。其中，批发零售总产值最高，达到1640.94亿元，占服务业总产值的19.07%；金融业总产值达到1241.87亿元，占服务业总产值的14.44%；房地产业总产值达到870.07亿元，占服务业总产值的10.11%。"十二五"期间，现代金融、现代物流业增加值年均分别增长19.6%、13.8%，比全部服务业增加值增速高9个和3.2个百分点，旅游业总收入年均增长29.1%，文化产业增加值占GDP比重达到3.8%。

（三）提供大量就业岗位，创造大量税收

服务业的一个重要特征是吸纳劳动力就业的能力很强。2015年，安徽省服务业吸纳就业人员1713.8万人（见图6-2），高于农业与工业的就业人数，占全社会就业人员的39.5%，较2000年增长了1倍。其中，批发零售业、交通运输仓储和邮政业、住宿餐饮业及教育等行业提供就业岗位较多，尤其批发零售业就业人数占27.9%，其次是交通运输仓储和邮政业，就业人数占21.1%。服务业已成为吸纳城乡居民就业和增加收入的主要渠道。

安徽省服务业的迅速发展也带来税收的快速增长。2015年服务业完成各种税收1663.6亿元，占全部税收的50.3%，对税收增长的贡献进一步加大。同时，我国实行的"营改增"政策更好地促进了服务业发展，在促进服务业行业增加的同时，减少了对服务业的税收压力。

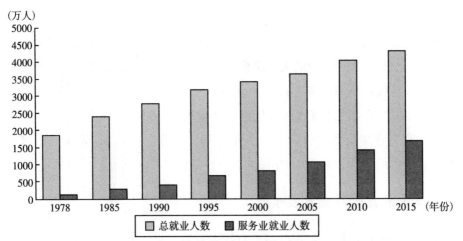

图 6-2 1978~2015 年安徽省服务业就业人数与总人数对比

资料来源：根据历年《安徽统计年鉴》整理绘制。

（四）改革开放持续推进，服务业开放水平明显提升

安徽省成功争取并顺利推进黄山国家服务业综合改革试点，稳步推进 16 个省级服务业综合改革试点。地方金融改革取得重大突破，文化体制改革走在全国前列。价格改革、"营改增"试点、注册登记改革顺利实施，服务业发展环境不断改善。

服务业开放水平明显提升，2011 年，全省现代服务业实际利用外资 12.8 亿美元，是 2005 年的 7.5 倍。"十一五"期间，全省现代服务业实际利用外资年均增长 39.9%，增幅比全省高 22.6 个百分点，安徽金融业对外开放实现"零突破"，东亚、民生、汇丰等外资银行纷纷入驻安徽。"十二五"期间，全省服务贸易累计实际利用外资 215.9 亿美元，年均增长 22.2%，占对外贸易总额的比重提高到 11.8%，服务业实际利用外商直接投资年均增长 33.3%，2015 年实际利用外资额已达到 53.4 亿美元。

（五）皖江城市带异军突起，集聚效应逐步显现

在安徽省整体服务业发展迅速上升的同时，皖江城市带的合肥、芜湖、铜陵等城市的服务业发展尤为迅速，已形成多个服务业集群。合肥作为"中国服务外包示范城市"之一，目前有服务外包企业 406 家，从业人员 15 万人，已形成以软件研发、呼叫中心、金融外包服务、动漫网游设计、数据分析处理五大领域为特色的服务外包产业集群；芜湖规模最大、功能最全的公共物流基地安得综合物

流园，融企业集货、信息交易、零担快运、仓储配送、服务管理于一体，高效便捷，显示出良好的发展前景；铜陵市的"安徽民俗村"，集民俗旅游、餐饮购物、游艺娱乐、教育培训于一体的大型民俗文化旅游园区，是安徽省第一家规模最大的以展示安徽民俗风情为特色的民俗博览馆。

截至 2015 年末已建成省级现代服务业集聚区 100 个，入园企业 17407 家。中心城市服务业集聚势头明显，2015 年合肥、芜湖、马鞍山、黄山四市服务业增加值占全省的 48%，较 2010 年提高 5 个百分点。

二、安徽省服务业发展布局

安徽省各个市的服务业发展水平有较大差异（见图 6-3）。2015 年全省服务业生产总值超过 500 亿元的有三个市，合肥市远远高于其他各市，达到 2061.8 亿元，芜湖居第二名，生产总值达到 715.5 亿元，其次是安庆市，达到 517.2 亿元，其他各市都在 500 亿元以下。

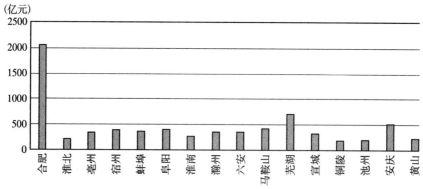

图 6-3　2015 年安徽省各市服务业生产总值

资料来源：《安徽统计年鉴》（2016）。

单以服务业的生产总值并不能概括各市服务业发展的整体水平，本章通过建立服务业发展水平评价指标体系（见表 6-1），使用主成分和聚类分析法分析安徽省各市服务业发展现状。

根据服务业评价指标体系，应用 SPSS19.0 对 2012 年数据进行主成分分析，根据该各主成分与指标间的关系，可得安徽各市在各主成分上的得分，最后，对安徽各市服务业发展水平进行系统聚类，得到安徽省各市服务业发展水平的聚类图（见图 6-4）。

表6-1　安徽省服务业发展水平评价指标体系

一级指标	二级指标	指标数据获取与计算
服务业发展基础	人均地区生产总值（元）	—
	城镇居民全年可支配收入（元）	—
	大专以上学历人数（十万人）	—
	经济发展速度（%）	本年度GDP/上年度GDP-1
服务业发展规模与速度	服务业增加值（亿元）	—
	服务业固定资产投资（亿元）	—
	服务业劳动生产率（万元/人）	服务业增加值/服务业就业人数
	服务业增加值增长率（%）	本年度服务业增加值/上年度服务业增加值-1
	服务业就业人数增长率（%）	本年度服务业就业人数/上年度服务业就业人数-1
服务业发展潜力	服务业固定投资增长率（%）	本年度服务业固定资产投资/上年度服务业固定资产-1
	服务业增加值占GDP比重（%）	服务业增加值/GDP
	城镇化率（%）	—
	服务业固定资产投资比重（%）	服务业固定资产投资/总固定资产投资
	专利申请数（项）	—
	服务密度（亿/平方千米）	服务业增加值/城区面积

资料来源：张洪亮. 基于主成分的安徽省服务业发展水平聚类分析［J］. 安徽工业大学学报（自然科学版），2014，31（2）：218-223.

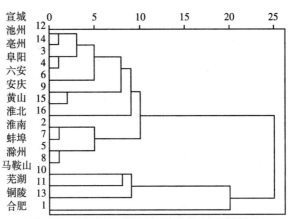

图6-4　安徽省各市服务业发展水平的聚类图

资料来源：张洪亮. 基于主成分的安徽省服务业发展水平聚类分析［J］. 安徽工业大学学报（自然科学版），2014，31（2）：218-223.

根据分析结果，可将安徽的服务业发展水平分为四类：

第一类是合肥，属于服务业发达区。合肥是皖江城市带承接产业转移示范区核心城市和长三角城市经济协调会成员，辖区内教育资源丰富，这些为合肥市的服务业发展提供了良好的支撑性条件，其服务业水平在省内处于明显的领先地位。此外，据统计，2012 年合肥市服务业增加值占 GDP 的比重约为 39.17%，与全国平均水平的 44.60% 仍有差距，所以合肥应充分利用区位、交通优势，以合肥经济圈为依托，进一步做大服务业的体量与规模。

第二类包括马鞍山、芜湖、铜陵三个城市，属于服务业较为发达区。芜湖是皖江城市带承接产业转移示范区"双核"之一，近几年积极转变经济发展方式，服务业水平在逐年提高。马鞍山和铜陵是典型的资源型城市，但几年来两市都在积极调整产业结构，三产的比重在逐年优化。2012 年马鞍山、铜陵两市工业增加值占 GDP 的比重都达到了 65% 以上，服务业产值及其占 GDP 的比重相对于省外同等规模的城市来说普遍偏小。因此，两市需要充分利用资源禀赋，协调好产业结构性矛盾，大力发展生产性服务业，提升服务业发展规模与速度，提高与深化服务业发展水平。

第三类包括淮北、淮南、蚌埠、滁州四个城市。这四个城市的服务业水平在省内处于中等偏下，其中淮南、淮北是典型的能源城市，服务业发展速度与服务业投资力度较好，但在服务业发展环境与人力环境、服务业发展规模及服务业发展潜力等方面较差。蚌埠市加大服务业的投资力度、加快服务业发展速度，促进了服务业的发展，但服务业发展环境有待改善、服务业规模有待提升。滁州近几年经济发展速度较快，服务业发展速度居全省第二位，但服务业发展的经济与人力环境、服务业发展潜力等方面较差。

第四类包括黄山、安庆、六安、阜阳、宿州、亳州、池州及宣城。黄山、池州及宣城旅游资源丰富，徽派文化底蕴深厚，但三市服务业发展水平仍处于全省落后位置。主要因为经济总量偏小，科技含量偏低，综合效益不高。安庆市的服务业总产值虽然居全省前三强，但其服务业发展水平处于全省下游水平，因为服务业发展的经济与人力环境较差、服务业投资力度不强、发展速度缓慢。六安、阜阳、亳州、宿州四市服务业发展水平在省内处于落后位置，服务业发展的经济环境及人力环境欠佳，经济规模偏小，服务业发展滞后，其他方面也不尽如人意，需要进一步发展。

总体来说，安徽省服务业整体发展水平与全国平均水平有不小的差距，规模偏小、速度偏慢，同时安徽省内各市服务业发展水平也不均匀，地区差异较明显。

第二节　商贸服务业

安徽商品丰富，市场活跃，贾儒结合的徽商长期在中国商业史中占有重要地位。徽州地处"吴头楚尾"，山多地少，促进了商业发展。徽商最早经营的是山货和外地粮食。唐代，祁门茶市十分兴盛。宋代，徽纸已远销四川。元成化年间，打入盐业领域，徽商得以雄飞于中国商界。明代中叶以后至清乾隆末年的300余年，是徽商发展的黄金时代。当时，经商成了徽州人的"第一等生业"，徽商的活动范围遍及城乡，东抵淮南，西达滇、黔、关、陇，北至幽燕、辽东，南到闽、粤。徽商的足迹还远至日本、暹罗、东南亚各国以及葡萄牙等地。

改革开放以来，安徽商贸流通业秉承徽商精神，推动整个行业蓬勃兴盛、市场繁荣稳定，为促进全省经济社会快速发展做出了积极贡献。

一、中华人民共和国成立后商贸服务业发展阶段

（1）中华人民共和国成立头十年。以对商业实行社会主义改造为主，主要工农业产品实行计划收购，重点发展国营和合作社商业。1949年4月在蚌埠和芜湖分别设立了皖北、皖南贸易总公司，是安徽省国营商业公司的前身。1952年成立了安徽省商业厅，当年全省社会消费品零售总额比1949年增长66.7%。到1957年，全省实现社会消费品零售总额16亿元，是1949年的3.1倍，其中国营和合作社商业占62%，重要商品基本上都由国营和合作社商业掌握。当时的商业为计划经济条件下经济社会的发展发挥了重要作用。

（2）三年困难和"文化大革命"时期。曾经一度关闭了集市贸易，加之当时物资不足，商业主要采取了统购统销、计划分配、凭证限量、发票供应等措施，全省商业网点大幅度减少。到1978年，全省县以上商业和饮食服务业网点8989个，仅相当于1958年的20%，私营商业仅占全社会商业的28%，国营和合作社商业一统天下，流通渠道单一。

（3）改革开放以来。安徽省商业迎来了发展的黄金时期，逐步实现了由计划经济体制向社会主义市场经济体制的转变，流通体制改革不断深化，产业结构加快调整，城乡市场进一步开拓，流通现代化进程稳步推进，为扩大商品流通、繁荣城乡经济、促进工农业生产、保障社会供给、推动和谐社会建设做出了重要贡献。到 2015 年，全省实现社会消费品零售总额 8908 亿元，是 2000 年的 8 倍、1978 年的 190 倍。商品消费总额达到 9454.9 亿元，是 2000 年的 5 倍，是 1978 年的 143 倍。

二、商贸服务业的发展特点

（一）流通体制改革持续深化，企业发展更添活力

20 世纪 80 年代初，安徽省委、省政府发出 《关于改革商品流通若干问题的通知》，国有大中型商业企业实行承包责任制，中小企业通过个人承包和租赁经营等多种形式放开搞活，改革了商品统购统销制度，打破了国有商业一统天下的局面。1991 年开始实行经营、价格、分配、用工 "四放开"。1995 年后，全省商业企业加快了转换经营机制和产权制度改革的步伐，实行股份制改造，建立现代企业制度，民营经济得到迅猛发展。到 1998 年底，全省 95%左右的企业全面放开，民营经济商品零售额比 1978 年增长了 1000 多倍，年均增长 44%，国有集体经济商品销售额占全社会的比重比 1978 年减少了近 56 个百分点。到 2005 年，1075 户商务系统直属国有集体商业企业完成改革任务，占应改企业总数的65.1%。2007 年，实施减债脱困工程，处置了 786 户市属以上国有流通企业历史债务 39.25 亿元，为全国完成任务最好的省份。到 2008 年，民营商业企业数量已超过总数的 99%。

（二）城乡市场体系日趋完善，消费环境明显优化

按照省委、省政府的部署，努力加强流通基础设施建设，特别是 2005 年后，通过大力实施万村千乡、双百市场、社区双进、重点企业培育等多项重点工程，安徽省城乡市场体系日趋完善。到 2015 年，全省限额以上批发零售和餐饮服务业单位共 8310 个，从业人数 50.1 万人。年交易额超亿元的商品市场 136 个，总成交额达到 2566.9 亿元。构建了芜湖中山路步行街、马鞍山解放路商业街、合肥淮河路步行街、黄山老街等商业街区，成为城市形象的代表和天然名片；建设了合肥周谷堆、和县皖江等 5 个国家级大型农产品批发市场，安徽粮食集团、合

肥华泰等 4 个国家级大型农产品流通企业，改造了 50 个省级重点农产品批发市场；依托骨干龙头企业新建和改造农家连锁店 1.7 万多个、配送中心 290 个，覆盖所有乡镇和 40%以上的行政村，极大地方便了农民生活，显著改善了农村消费环境。

（三）现代化进程稳步推进，产业结构优化升级

连锁经营、物流配送、电子商务等现代流通方式蓬勃发展，大型购物中心、新型百货商店、各类超市、专卖店、便利店等多种流通业态"百花齐放"，商品条形码、POS 销售即时管理系统、MLS 管理信息系统等计算机信息技术和管理手段在大中型企业广泛应用。

2015 年，安徽省网上零售额 574.3 亿元，比 2014 年增长 42.9%；全省有 13 家网上零售额超亿元企业，合计零售额 93.2 亿元，占全部网上零售额的 81.4%；以移动电子商务、农村电子商务和跨境电子商务作为建设重点，目前已经建立了 3 家国家级电子商务示范基地和 15 个国家电子商务进农村示范县；积极推进跨境电子商务发展，全省全年跨境电子商务实现交易额约 2.5 亿美元。目前，安徽全省 A 级以上物流企业 119 家，3A 级以上物流企业 75 家，4A 级企业 57 家，5A 级企业 2 家，居中西部地区前列。

"十二五"以来，社会消费品零售总额五年连续跨过 4 个千亿元台阶，从 2010 年的 4300.5 亿元跃升到 2015 年的 8908 亿元，年均增长 15.7%。流通主体不断壮大。2015 年末，全省限额以上批零住餐企业（单位）9895 家，比 2010 年末净增 6425 家。年销售额超 10 亿元的大型流通企业 165 家。

（四）促进经济快速增长，社会贡献显著提升

商贸流通业作为拉动经济增长的先导产业和消费得以最终实现的关键载体，对促进经济社会发展的重要作用日益凸显。2015 年全省商贸流通行业中，仅批发零售和住宿餐饮服务业就实现增加值 2058.7 亿元，占第三产业增加值的 24%，并且在服务业中批发零售业的增加值最高，达到 1640.9 亿元。全省批零住餐行业从业人员达到 618.6 万人，占全省从业总人数的 14.2%以上，占第三产业从业人员的 36.1%。同时，商贸流通业还在引导其他产业生产调整和产业升级、满足居民日常生活服务消费需求、推动城市化进程等各个方面发挥着巨大作用。

三、商贸服务业的空间格局特征

区域商贸服务业的发展水平可以由各省辖市批零住餐生产总值（见表6-2）与全省批零住餐生产总值平均值的比值来反映，这个值可以称为商贸服务业发展水平梯度值。通过这个值可以反映出各市商贸服务业在全省的相对发展水平。

$$T = X_i / \overline{X}$$

式中：T为某产业发展水平梯度值；X_i为地区 i 产业收入；$\overline{X}$为某一区域某产业收入均值。T=1表示该市该产业发展水平与全省该产业发展水平持平，以下根据 T 值大小的命名，则反映出各市商贸服务业在安徽省的相对发展水平。T>2.0 为高度发达型；(1.5，2.0] 为发达型；(1.0，1.5] 为较发达型；[0.5，1.0)

表 6-2　安徽省各市批零住餐生产总值

单位：亿元

年份	2000	2004	2008	2012	2015
合肥市	36.83	58.84	173.29	376.00	504.50
淮北市	9.83	13.48	29.01	46.78	69.49
亳州市	18.10	27.58	51.18	76.56	102.25
宿州市	13.25	19.18	50.09	83.66	102.10
蚌埠市	13.42	21.50	44.83	74.79	116.14
阜阳市	15.57	21.43	52.02	97.27	123.59
淮南市	12.43	18.19	34.55	58.31	96.78
滁州市	25.58	38.52	49.09	65.78	92.22
六安市	13.34	20.94	43.53	70.70	90.80
马鞍山市	8.80	14.01	37.47	100.32	132.66
巢湖市	17.86	27.03	42.89	—	—
芜湖市	14.39	20.58	47.84	116.67	185.26
宣城市	16.64	21.46	30.27	50.82	78.46
铜陵市	8.66	12.88	23.38	40.05	64.95
池州市	5.70	8.27	19.59	33.72	53.93
安庆市	22.53	31.85	68.66	115.89	150.02
黄山市	10.68	15.86	22.87	41.48	59.46

资料来源：《安徽统计年鉴》（2001~2016）。

为欠发达型；T<0.5 为落后型。安徽省的金融业、邮电交通、对外贸易以及旅游业的空间格局特征都会通过这种评价标准进行描述分析。

从整体上来看，安徽省商贸服务业得到了很大的发展，生产总值由 2000 年的 264 亿元上升到 2023 亿元。从各市发展水平来看（见表 6-3、表 6-4），安徽省商贸服务业的发展不平衡，省会合肥属于高度发达型，且发展水平较稳定，其批零住餐生产总值与全省平均水平的比值都大于 2，其他城市都小于 1.5，少数属于较发达型，多数属于欠发达型以及落后型。2000 年合肥市商贸服务业生产总值是全省平均水平的 2.4 倍，位于第二位的滁州是全省平均水平的 1.67 倍，属于发达型，属于较发达型的有安庆、亳州、宣城、阜阳，属于欠发达型的有 9 座城市，池州属于落后型。2008 年，商贸服务业较发达型城市滁州位次降低，欠发达型城市数量减少，相对落后型城市数量增加。到了 2015 年，城市间商贸服务业发展水平差距拉大，合肥市商贸服务业生产总值是全省平均水平的 4 倍，同时是商贸服务业生产总值最低的池州市的 8.5 倍。从空间分布上来看，安徽省商贸服务业中部发展水平最高，省会合肥为高度发达型，其次是北部，多较发达与欠发达型城市，而南部的发展水平较低，多欠发达和落后型城市。这样一种空间分布特征与安徽省的人口、地形、政策等都有着密切的关系。安徽省人口呈现由东南向西北递增的趋势，人口多少深刻影响着商贸服务业的发展。从地形上来看，南部以山地丘陵为主，中部北部以平原为主，而平原地形更有利于交通联系，从而促进经济发展，南方受地形的阻隔，很大程度上影响经济发展，商贸服务业发展也受到阻隔。合肥作为安徽省省会，政策优势显而易见，其周边的芜湖、马鞍山的商贸服务业得到不错的发展。

表 6-3 安徽省各市商贸服务业发展水平梯度值

年份	2000	2004	2008	2012	2015
合肥市	2.38	2.55	3.59	4.15	3.99
淮北市	0.63	0.59	0.60	0.52	0.55
亳州市	1.17	1.20	1.06	0.85	0.81
宿州市	0.85	0.83	1.04	0.92	0.81
蚌埠市	0.87	0.93	0.93	0.83	0.92
阜阳市	1.00	0.93	1.08	1.07	0.98
淮南市	0.80	0.79	0.72	0.64	0.77

续表

年份	2000	2004	2008	2012	2015
滁州市	1.65	1.67	1.02	0.73	0.73
六安市	0.86	0.91	0.90	0.78	0.72
马鞍山市	0.57	0.61	0.78	1.11	1.05
巢湖市	1.15	1.17	0.89	—	—
芜湖市	0.93	0.89	0.99	1.29	1.47
宣城市	1.07	0.93	0.63	0.56	0.62
铜陵市	0.56	0.56	0.48	0.44	0.51
池州市	0.37	0.36	0.41	0.37	0.43
安庆市	1.45	1.38	1.42	1.28	1.19
黄山市	0.69	0.69	0.47	0.46	0.47

资料来源：根据历年《安徽统计年鉴》计算。

表6-4 安徽省各市商贸服务业发展梯度类型划分

发展梯度划分	比值取值范围	城市名称			发展状况
		2000 年	2008 年	2015 年	
第一梯度	>2.0	合肥	合肥	合肥	高度发达型
第二梯度	(1.5，2]	滁州	—	—	发达型
第三梯度	(1，1.5]	安庆、亳州、巢湖、宣城、阜阳	安庆、阜阳、亳州、宿州、滁州	芜湖、安庆、马鞍山	较发达型
第四梯度	[0.5，1)	芜湖、蚌埠、六安、宿州、淮南、黄山、淮北、马鞍山、铜陵	芜湖、蚌埠、六安、巢湖、马鞍山、淮南、宣城、淮北	蚌埠、阜阳、亳州、宿州、淮南、滁州、六安、宣城、淮北、铜陵	欠发达型
第五梯度	<0.5	池州	铜陵、黄山、池州	黄山、池州	落后型

资料来源：根据历年《安徽统计年鉴》计算。

第三节　邮电通信与交通运输业

邮电通信业是国民经济中从事信息空间位置移动的社会生产部门。在我国，邮电通信业同时办理邮政和电信两类业务。前者指信函邮件的收寄和传递、报刊发行和汇兑等；后者包括电话、电报、传真和数字通信等。邮电通信业的劳动对象是各种信息，因此它与交通运输业一样，同工农业物质生产部门既有共性，也存在差别，是一个特殊的物质生产部门，其主要特点是时效性、公用性和全程网络性。

交通运输是经济发展的基本需要和先决条件，一个地区的经济发展状况与交通运输的发达程度有着密切的关系。主要的交通运输方式有铁路、公路、水运以及航空。

一、安徽邮电通信业发展现状

（一）邮政普通服务业务继续下滑，快递业异军突起

随着电子商务发展和人们寄递习惯改变，邮政普通服务社会需求持续萎缩。2016 年全省邮政普通服务业务量同比均有所下降，其中函件、包裹、汇兑业务量降幅都在 25% 以上；报刊业务也呈逐月小幅下滑态势。邮政企业加大业务创新，提振寄递业务，加快拓展邮政服务电子商务领域，快递包裹等新业务发展较快。全省函件业务量同比下降 27.8%，但邮政国际小包业务量快速增长，带动函件业务收入上扬，累计实现收入近 3 亿元。

2016 年，全省快递业务量完成 6.9 亿件（见图 6-5），同比增长 72.47%，增幅全国第 3 位；业务收入 70.6 亿元，同比增长 53.02%，增幅全国第 11 位。全省快递业务量稳居全国第 12 位、中部第 3 位。宿州、安庆、池州、铜陵、亳州、马鞍山、淮南、六安、芜湖九市快递业务量实现了 80% 以上的超常规增长，说明安徽快递市场正向三、四线城市扩展。同时区域集聚发展态势明显，快递枢纽格局基本形成。2016 年，合肥、芜湖、蚌埠三市快递市场在全省占优势地位，快

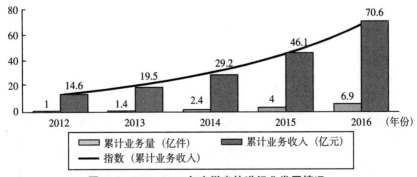

图 6-5　2012~2016 年安徽省快递行业发展情况

资料来源：《2016 年安徽省邮政行业经济运行情况通报》。

递业务收入合计占全省的60%以上。皖江示范区（合肥等八市+六安所属金安区和舒城县）快递业务量完成5.23亿件，占全省的75.88%；快递业务收入完成53.91亿元，占全省的76.40%。皖江示范区快递市场总量超过全省的3/4，区域产业集聚和辐射带动效应明显。

然而，当前快递市场同质化竞争严重，快递企业低价揽件成为常态，陷入微利甚至无利境地。2014年以来，全省快递业务价格持续走低（见图6-6）。2016年，全省快递业务平均单价降至10.24元/件，较2015年降低了1.3元/件；其中异地业务平均单价8.16元/件，较2015年下降了1.86元/件，降幅较大。另外，安徽同城快递业务价格相对稳定，2016年同城业务与异地业务单价差距不足1.3元/件，两者价格呈现出明显的趋近之势。

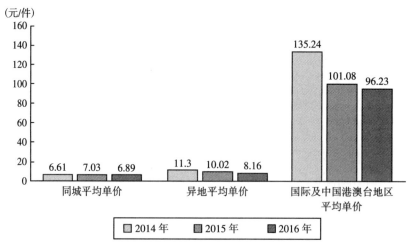

图6-6 2014年以来安徽省专业快递业务平均单价情况
资料来源：《2016年安徽省邮政行业经济运行情况通报》。

（二）电信通信快速发展，网络成为生活必需品

电信通信与我们的生活密切相关，21世纪的信息时代更离不开电信通信。从统计数据可以看出（见图6-7），移动电话的使用人数正在迅速增加，2015年移动电话使用量达4232.6万户，是2000年的20倍。与移动电话使用量持续增加相反，从2000年到2015年固定电话以及公用电话的使用量先增加后逐步减少，2000年固定电话的使用量为483.8万户，2008年达到最大值，为1380万户，之后使用量逐渐降低，2015年下降为739.5万户。同时公用电话的使用量由2000年的10.9万户增加到2011年的104.5万户，随后到2015年下降为59.2万户。

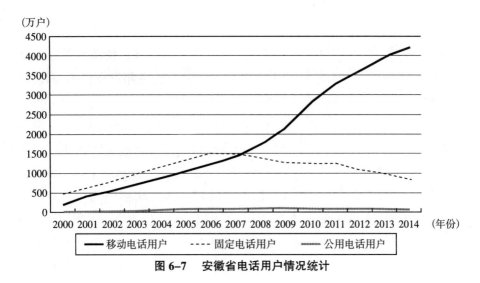

图 6-7 安徽省电话用户情况统计

互联网缩短了人与人的距离，给人们的生活带来了极大的便利。固定互联网宽带接入用户从 2010 年的 342 万户增加到 2015 年的 887.94 万户，增长了 160%。

二、交通运输业发展现状

随着交通基础设施日臻完善、国民经济的迅速发展以及人民生活水平的日益提高，安徽省交通运输业稳步增长。2007 年，各种运输方式货物运输量 8.3 亿吨，货物周转量 1989 亿吨千米，分别是 1978 年的 7.1 倍和 9.8 倍；旅客运输量 8.7 亿人、旅客周转量 974.4 亿人千米，分别是 1978 年的 6.6 倍和 13.8 倍。2015 年客运量则达到 8.7 亿人，旅客周转量达到 1258.2 亿人千米，货物运输量进一步增加到 34.6 亿吨，货运周转量突破一兆吨千米（见表 6-5）。

表 6-5 安徽省客（货）运量与周转量

年份	客运量（万人）	旅客周转量（万人千米）	货运量（万吨）	货物周转量（万吨千米）
1978	13251	707024	11776	2023812
1990	39529	2526008	44643	6622989
2000	62033	5368953	44536	10777360
2007	87151	9743934	83364	19889759
2008	129488	12135219	180170	58434942
2015	87170	12582090	345765	104025651

资料来源：根据历年《安徽统计年鉴》整理。

（一）铁路

近年来，随着铁路网络的不断完善，加之铁路部门陆续淘汰了一批小功率蒸汽机车，新增大型国产蒸汽机车及内燃机车，特别是通过先进机车的引进，铁路提速战略的实施，安徽省铁路技术装备、运输能力和运输质量均有较大提高，为客货营销运输拓展了新的发展空间。2008 年，全省铁路货运量 1.2 亿吨、货物周转量 1011.7 亿吨千米，分别是 1952 年的 26.2 倍和 33.4 倍、1978 年的 3.2 倍和 5.8 倍；客运量 4662 万人，旅客周转量 395.1 亿人千米，分别是 1952 年的 9.6 倍和 42.7 倍、1978 年的 2.2 倍和 10.1 倍。2015 年，客运量 8553 万人，旅客周转量 643 亿人千米（见表 6-6），都比 2008 年大幅增长，说明这一时期社会经济发展保持快速增长势头，高铁的建设对提高铁路客运量也有很大作用。但是同期铁路货运量下降至 1 亿吨、货物周转量下降至 739 亿吨千米，说明其他货运方式对铁路货运的分流作用很大。

表 6-6　安徽省铁路客（货）运量与周转量

年份	客运量（万人）	旅客周转量（万人千米）	货运量（万吨）	货物周转量（万吨千米）
1978	2164	393160	3805	1751400
1990	2342	1117543	4189	4339647
2000	2994	2040820	6473	6201382
2008	4662	3951292	12014	10116993
2015	8553	6429489	10158	7393851

资料来源：根据历年《安徽统计年鉴》整理。

（二）公路

随着公路运输网络建设步伐稳步加快，高速公路不断延伸，路面状况日趋完善，加之"村村通工程"取得明显成效，公路运输呈现蓬勃发展、蒸蒸日上之势，在全省运输体系中所占比重不断上升，主导地位日益增强（见表 6-7 和图 6-8、图 6-9）。2007 年，全省公路货运量 6.2 亿吨，货物周转量 542.8 亿吨千米，分别是 1949 年的 15516.3 倍和 17973.8 倍、1978 年的 10.4 倍和 53.2 倍；客运量 8.2 亿人，客运周转量 604.1 亿人千米，分别是 1949 年的 8224.7 倍和 7296.1 倍、1978 年的 8.5 倍和 21.6 倍。到 2015 年，全省公路货运量则达到 23 亿吨，货物周转量达到 4721.9 亿吨千米，占全省货运总量的 66.7% 和 45.4%，说明公路运输对货物运输的重要性在增加；客运量则下降到 7.8 亿人，旅客周转量降为 574.9

亿人千米，占全省客运总量的 89.6% 和 45.7%，较好地满足了经济社会又好又快发展的需要，也说明其他运输方式对客流运输的分流作用较强。

表 6-7 安徽省公路客（货）运量与周转量

年份	客运量（万人）	旅客周转量（万人千米）	货运量（万吨）	货物周转量（万吨千米）
1978	9733	279931	5978	102112
1990	35706	1340964	35427	1220654
2000	58026	3141134	32740	2747117
2007	82247	6041150	62065	5428078
2008	124426	7917468	140379	37732927
2015	78072	5748829	230649	47218724

资料来源：根据历年《安徽统计年鉴》整理。

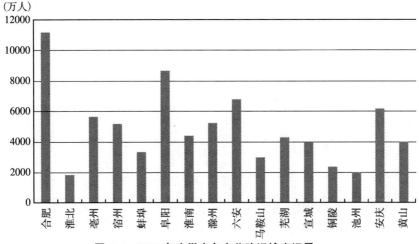

图 6-8 2015 年安徽省各市公路运输客运量
资料来源：根据《安徽统计年鉴》(2016) 绘制。

（三）水运

航道条件的逐步改善、经济的快速发展，拉动了水路运输快速增长（见表 6-8）。2007 年，全省水路货运量 0.98 亿吨，货物周转量 448.6 亿吨千米，分别为 1949 年的 35.2 倍和 148.2 倍，客运量 418 万人，客运周转量 8152 万人千米，分别为 1949 年的 6.2 倍和 2.8 倍。2015 年，全省水路货运量 10.5 亿吨，货物周转量 4941 亿吨千米；客运量 185 万人，客运周转量 3843 万人千米。

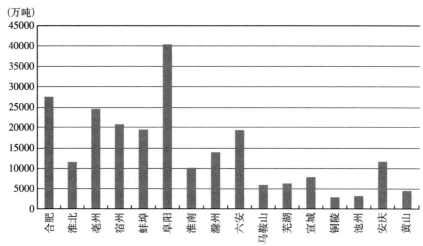

图 6-9 2015 年安徽省各市公路运输货运量

资料来源：根据《安徽统计年鉴》（2016）绘制。

表 6-8 安徽省水路客（货）运量与周转量

年份	客运量（万人）	旅客周转量（万人千米）	货运量（万吨）	货物周转量（万吨千米）
1978	1353	33638	1993	170290
1990	1470	61097	5027	1062644
2000	860	36408	5320	1826251
2007	418	8152	9828	4486127
2008	153	3213	27774	10582137
2015	185	3843	104947	49409946

资料来源：根据历年《安徽统计年鉴》整理。

其中货运量与货物周转量因运输成本相对较低，呈现持续快速发展态势；而客运则因运输时间较长以及公路、铁路运输条件改善被分流，自 20 世纪 90 年代以来，水运客运量持续萎缩。伴随进出口贸易的大幅上升，加之港口建设力度的加大，安徽省港口生产持续高速增长。2015 年，全省港口吞吐量 4.8 亿吨，其中出口 1.8 亿吨、集装箱 95.6 万标准箱，创下了近十年来的最高。

（四）航空

随着民航业务的有效拓展、人民生活水平的日益提高以及旅游事业的蓬勃发展，民航运输以其舒适、快捷的优势，已成为人们长途旅行的重要交通工具，推动了航空运输持续快速发展。2008 年，安徽省航空运输业旅客运输量 247.5 万

人、旅客周转量 26.3 亿人千米；货（邮）运输量 2.5 万吨，货（邮）周转量 0.3
亿吨千米；全省机场旅客、货邮吞吐量分别为 277.4 万人和 2.45 万吨，其中合肥
机场旅客吞吐量 252.5 万人、完成货邮吞吐量 2.4 万吨。2015 年，安徽省航空运
输业旅客运输量 297.1 万人、旅客周转量 40 亿人千米，分别为 1978 年的 209 倍
和 1357 倍；货（邮）运输量 2.29 万吨，货（邮）周转量 0.3 亿吨千米，分别为
1978 年的 58.2 倍和 288.5 倍；全省机场旅客、货邮吞吐量分别为 814.8 万人和
5.5 万吨，其中合肥机场旅客吞吐量 661.3 万人、完成货邮吞吐量 5.1 万吨，占全
省的 81% 和 93.5%。

三、邮电通信与交通运输业空间格局特征

邮电通信交通的发展水平可以由各省辖市邮电通信交通生产总值（见表 6-9）
与全省邮电通信交通生产总值的平均值的比值来反映，这个值可以称为邮电通信
交通业发展水平梯度值。

表 6-9　安徽省各市邮电通信与交通运输业生产总值

单位：亿元

年份	2000	2004	2008	2012	2015
合肥市	24.91	27.71	81.57	165.11	205.63
淮北市	9.73	13.27	25.55	26.56	30.31
亳州市	12.2	16.37	32.07	37.56	43.80
宿州市	11.22	14.73	34.24	47.35	36.50
蚌埠市	19.47	23.93	53.07	33.52	46.87
阜阳市	13.11	14.44	30.57	42.45	48.28
淮南市	13.52	17.69	17.02	22.28	36.85
滁州市	19.97	28.46	21.50	38.28	48.54
六安市	9.52	12.41	24.73	39.81	38.43
马鞍山市	7.78	10.20	26.38	30.17	35.43
巢湖市	13.35	19.26	23.18	—	—
芜湖市	29.14	41.87	66.79	75.36	95.28
宣城市	18.66	22.99	35.21	39.98	40.29
铜陵市	5.3	8.85	20.22	21.13	34.46
池州市	4.7	7.05	11.94	17.72	20.17

续表

年份	2000	2004	2008	2012	2015
安庆市	12.79	18.03	43.45	34.7	37.78
黄山市	7.08	9.69	22.44	20.75	26.70

资料来源：根据历年《安徽统计年鉴》整理。

　　根据表6-9，2000年来，安徽省邮电通信与交通运输业呈现着稳步增长的趋势。但相对于其他服务业来说，安徽省的邮电通信与交通运输业发展速度较慢。根据表6-10和表6-11，各市邮电通信与交通运输业发展水平梯度值较小，大部分城市都属于欠发达型（2015年有13个），大于1的城市数量偏少，2015年只有合肥与芜湖2个市，说明安徽省邮电通信与交通运输业整体发展水平低且地区间极不平衡。各城市的地位也不断发生变化，2000年芜湖市是邮电通信交通高度发达型城市，居于首位，生产总值达到29.14亿元，比位于第二位的合肥市多4.23亿元，比最低的池州市多24.44亿元，是池州市的6.2倍。2008年，芜湖市位次下降，退居第二位，合肥市成为首位城市，生产总值达到81.57亿元，比芜湖市多14.78亿元，是最低城市池州的6.83倍。2015年合肥还是首位城市，邮电通信交通生产总值达到205.63亿元，比芜湖多110.35亿元，是最低城市池州的10.19倍。

表6-10　安徽省各市邮电通信与交通运输业发展水平梯度值

年份	2000	2004	2008	2012	2015
合肥市	1.82	1.53	2.43	3.81	3.99
淮北市	0.71	0.73	0.76	0.61	0.59
亳州市	0.89	0.91	0.96	0.87	0.85
宿州市	0.82	0.82	1.02	1.09	0.71
蚌埠市	1.42	1.33	1.58	0.77	0.91
阜阳市	0.96	0.80	0.91	0.98	0.94
淮南市	0.99	0.98	0.51	0.51	0.71
滁州市	1.46	1.58	0.64	0.88	0.94
六安市	0.70	0.69	0.74	0.92	0.75
马鞍山市	0.57	0.56	0.79	0.70	0.69
巢湖市	0.98	1.07	0.69	—	—
芜湖市	2.13	2.32	1.99	1.74	1.85
宣城市	1.36	1.27	1.05	0.92	0.78

续表

年份	2000	2004	2008	2012	2015
铜陵市	0.39	0.49	0.60	0.49	0.67
池州市	0.34	0.39	0.36	0.41	0.39
安庆市	0.94	1.00	1.30	0.80	0.73
黄山市	0.52	0.54	0.67	0.48	0.52

资料来源：根据历年《安徽统计年鉴》整理。

表 6-11　安徽省各市邮电通信与交通运输业发展梯度分类

发展梯度划分	比值取值范围	城市名称			发展状况
		2000 年	2008 年	2015 年	
第一梯度	>2.0	芜湖	合肥	合肥	高度发达型
第二梯度	(1.5，2]	合肥	芜湖、蚌埠	芜湖	发达型
第三梯度	(1，1.5]	滁州、蚌埠、宣城	安庆、宣城、宿州	—	较发达型
第四梯度	[0.5，1)	淮南、巢湖、阜阳、安庆、亳州、宿州、淮北、六安、马鞍山、黄山	亳州、阜阳、马鞍山、淮北、六安、巢湖、黄山、滁州、铜陵、淮南	滁州、阜阳、蚌埠、亳州、宣城、六安、安庆、淮南、宿州、马鞍山、铜陵、淮北、黄山	欠发达型
第五梯度	<0.5	铜陵、池州	池州	池州	落后型

资料来源：根据历年《安徽统计年鉴》整理。

第四节　金融业

金融业是指经营金融商品的特殊行业，它包括银行业、保险业、证券业和租赁业等。金融业是经济发展的基础，生产网络和生产链的所有要素都与金融有关。金融业具有指标性、垄断性、高风险性、效益依赖性和高负债经营性的特点。金融业在国民经济中处于牵一发而动全身的地位，关系到经济发展和社会稳定，具有优化资金配置和调节、反映、监督经济的作用。

一、安徽省金融业发展阶段

1949 年以来，安徽省金融业发展经历了以下几个阶段：

第一个阶段是 1949~1957 年。这一时期，安徽省人民银行主要发挥了两个方面的作用。一是面对中华人民共和国成立初期多种货币同时流通、金融秩序混乱的局面，开展了统一货币、打击金融投机、平抑物价的工作。二是全力组织资金，发放贷款，有力支持了国民经济恢复和"一五"计划的实施。

第二个阶段是 1958~1977 年。这一时期，安徽省银行业尽管遭遇了较多挫折，但还是为各项经济建设提供了大量信贷资金。1977 年末，全省银行各项贷款余额 48.7 亿元，是 1958 年的 2.7 倍。同时还锻炼和培养起了一大批银行业务骨干，为改革开放后金融业的快速发展奠定了坚实基础。

第三个阶段是 1978~1999 年。党的十一届三中全会以后，安徽省银行业步入了稳步发展阶段，银行业的融通功能得到较好发挥。一是为工商企业提供了大量经营资金。1999 年末，全省工业商业流动资金贷款余额 1133.9 亿元，是 1984 年的 11.1 倍。美菱、荣事达、合肥百货、商之都等一批骨干企业相继得到成长壮大。二是为各项基础设施建设和企业技术改造提供巨额资金支持。1999 年末，全省银行业金融机构中长期贷款余额 347 亿元，是 1984 年的 27 倍。三是积极支持农业和乡镇企业的发展。1999 年末，银行业金融机构农业短期贷款余额 172.1 亿元，是 1984 年的 13.3 倍；乡镇企业短期贷款余额 122.4 亿元，其中，国家银行口径乡镇企业短期贷款余额 66.3 亿元，是 1987 年的 8.4 倍。

第四个阶段是 2000 年至今。随着金融实力的不断壮大，金融市场化程度的不断提高，金融服务手段的不断创新，其服务经济社会发展的作用得到进一步增强。支持基础设施建设，为经济和社会发展保驾护航，资本市场作用进一步发挥，支持了县域经济发展，拉动消费需求快速增长。

虽然安徽省金融业经受住了各种困难和挫折的考验，取得了一个又一个辉煌业绩。但总体上看，金融发展水平还比较低，金融创新能力不强，直接融资比重偏低，城乡、区域金融发展不协调，对"三农"和中小企业金融服务相对薄弱。

二、安徽省金融业发展现状特征

(一) 金融业整体实力不断增强

改革开放后，经过全省人民多年的持续努力，安徽经济和社会已经发生了翻天覆地的巨大变化，金融业整体实力已得到前所未有的增强（见图 6-10），充沛的金融活力为安徽的经济和社会发展提供了源源不竭的资金动力。2015 年，安徽省已实现金融业生产总值达到 1187.3 亿元，占第三产业生产总值的 13.8%，仅次于批发零售业。全省金融业在越来越注重发展质量和效益的基础上仍然保持了较快的增长态势，为安徽经济发展贡献了自己的力量。

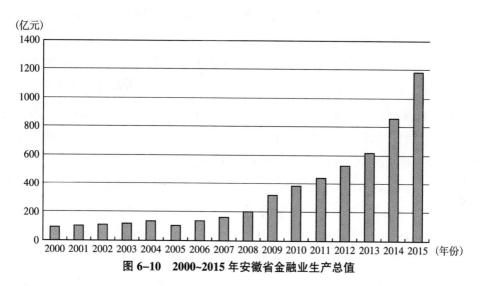

图 6-10　2000~2015 年安徽省金融业生产总值

（二）农村金融发展与创新迈出新步伐

由于农业在安徽经济和社会发展中占有重要地位，改革开放以来，安徽省农村金融也一直得到安徽各界的重视。为破解"三农"融资难题，让安徽农村经济发展走出资金困境，安徽及时组建了农村信用社省联社，以服务全省"三农"为根本宗旨，大力强化"服务、协调、指导、管理"的机构职能，在发展中始终坚持全省农村信用社系统"服务'三农'、服务中小企业、服务县域经济"的市场定位，不断推动全省农村金融业务的发展和创新。使安徽省农村金融机构与农村金融业务不断得到创新与发展，已逐步扭转了安徽省农村金融覆盖客观上比较薄弱的现状，取得了显著的成绩。

目前，安徽省一部分条件较好的村镇银行已经在农村乡镇开设了分支机构，并积极面向"三农"发展业务，其"驻足村镇、贴近农民、服务'三农'"的体制机制优势得以进一步发挥。一批村镇银行还建立了比较规范的公司治理结构，实行科学合理的风险管理，有利于实现其在农村地区的可持续发展。

（三）银行业在金融体系中占有举足轻重的地位

中华人民共和国成立后，安徽银行业金融机构从无到有，逐步发展。1949

年 5 月 1 日，原华中银行合肥分行改组成立中国人民银行皖北分行。同年 5 月 12 日，在屯溪组建中国人民银行皖南分行，后迁址芜湖。1952 年 9 月，皖南分行与皖北分行正式合并成立中国人民银行安徽省分行。当时，安徽省和全国的银行体系均是"大一统"，中国人民银行既肩负着办理存贷款及汇兑业务，又承担着国家宏观调控职能。

党的十一届三中全会以后，安徽金融体系逐步打破计划经济体制下的"大一统"局面。1978 年 8 月 1 日，成立中国银行合肥分行，专司涉外金融业务；1979 年 10 月 1 日，成立中国农业银行安徽省分行；1983 年 4 月 20 日，国务院决定，原从财政部分设出来的中国人民建设银行由事业单位改为独立经营、独立核算的全国性金融经济组织，中国人民建设银行安徽省分行随之成立；1985 年 1 月 1 日，中国工商银行安徽省分行设立，专门管理城市金融业务。至此，安徽省以中央银行为领导、四大国有专业银行为骨干的银行体系基本形成。

中国共产党十二届三中全会《中共中央关于经济体制改革的决定》出台后，安徽省金融改革进一步深化。1986 年 7 月，全省首家以公有制为主的股份制银行——交通银行合肥分行成立；1996 年 1 月 5 日、1999 年 4 月 16 日，中国农业发展银行安徽省分行、国家开发银行安徽省分行先后成立，主要承担国家规定的政策性金融业务；1998 年 12 月 31 日，中国人民银行安徽省分行撤销，成立中国人民银行合肥中心支行；1999 年 11 月 11 日，资产管理公司在皖首家分支机构——中国信达资产管理公司合肥办事处成立；2001 年 12 月 20 日，国元信托投资公司创立；2002 年 4 月 3 日，安徽省银行业协会成立大会隆重召开。2003 年 10 月 12 日，中国银行业监督管理委员会安徽监管局正式成立，实现了辖内金融管理部门货币政策与银行监管职能的分离，由此安徽银行业的发展驶入了快车道，全方位的现代化金融体系开始形成。截至 2008 年末，全省共有政策性银行、大型国有控股商业银行、股份制商业银行、邮政储蓄银行、城市商业银行、农村中小金融机构、外资银行、金融资产管理公司、信托公司、财务公司、新型农村金融机构等 11 大类银行业金融机构，设有各类网点 7283 个。至此，安徽省建立了覆盖广泛、层级分明、职能到位的现代化金融组织体系，银行业已经成为支持安徽省经济社会发展的重要力量。

近年来，安徽省各银行业金融机构在存贷款业务方面做了进一步拓展，城乡各类存贷款业务更为活跃，保持了存贷款业务在融资中的主体地位。2015 年，安徽全省银行业金融机构各项存款余额已达到 34482.9 亿元，再创历史新高，与上年年末相比增加了 4665.17 亿元。全省城乡居民储蓄存款余额达到 17015.27 亿元，比上年增加了 2415.83 亿元，继续保持较快的增长速度。全省银行业金融机构各项贷款余额达到了 25489.05 亿元，比上年增加了 3400.75 亿元，表明安徽省的信贷融资仍然保持了活跃。2015 年全省的各类信贷融资中，短期贷款余额达到 8347.88 亿元，比上年增加了 649.75 亿元；中长期贷款余额达到 15158.12 亿元，比上年增加了 1993.8 亿元，在中长期贷款中，个人贷款余额达到 6275.77 亿元，占 41.4%。个人中长期贷款增速较快，从一个侧面表明安徽个人投资呈现较好的增长态势。

（四）保险业稳步发展

中华人民共和国成立初期的安徽保险业经历了建立、发展、整顿、紧缩、撤销的过程。1949 年 12 月，中国人民保险公司分别在芜湖和合肥设立了皖南和皖北办事处。1952 年 10 月，皖南、皖北办事处由合署办公改建为中国人民保险公司安徽省分公司，并在部分地市县设立了分支机构，先后开办了火灾、汽车、船舶、耕牛、旅客意外伤害等 20 多个险种。1950~1956 年，全省保费收入 1826 万元，赔款 778.3 万元，总赔付率 42.62%，对促进当时经济的恢复和发展起到了积极作用。1953 年，城市保险业务收缩调整、农村保险业务停办。1959 年 2 月，安徽省内保险机构撤销，国内保险业务全部停办，一直到 1980 年才得以恢复。

党的十一届三中全会以后，保险在国民经济中的地位和作用重新得到重视，保险机构开始重建，保险业务逐步恢复。1980 年 4 月，中国人民保险公司安徽省分公司重新设立，在全省铺设分支机构，逐步建立了省、地、县三级组织架构，到 1990 年底，省内保险机构由 1980 年的 6 个增加到 104 个，职工队伍也由 1980 年的 154 人增加到 2947 人。20 世纪 90 年代初，保险市场放开后，中国平安保险公司和中国太平洋保险公司分别于 1992 年和 1993 年在安徽设立代理处，初步形成了"人、太、平"三家共同竞争的市场格局。到 2000 年底，全省共有保险机构 264 家，其中省级分公司 5 家，地市级分支机构 51 家，县级公司 208 家，保险市场竞争体系初步建立。1991~2000 年的十年，全省共实现保费收入 217.43 亿元，是 1980~1990 年总保费收入的 11.5 倍。其中，财产险 101.27 亿元，人身险 116.27 亿元。随着保险业务的快速发展，保险业的经济补偿功能也开始逐步发挥出来。

进入 21 世纪之后，特别是党的十六大以来，安徽保险业发生了深刻变化，行业实力显著提升，整体面貌焕然一新。首先，行业整体实力明显增强。2001 年全省实现保费收入 48.4 亿元，2003 年全省总保费收入首次突破 100 亿元，达 103.9 亿元，当年增幅居全国第一。此后几年业务规模一直保持较快增长势头，2007 年保费收入突破 200 亿元，到 2015 年底全省保费收入达到 698.9 亿元。其次，保险市场体系逐步健全。2016 年，全年实现原保险保费收入 876.1 亿元，比"十二五"开局年 2011 年翻一番。截至 2016 年底，全省共有保险法人机构 1 家、省级保险机构 62 家，其中，财产保险机构 27 家，人身保险机构 36 家；信用险、农险、健康险、养老险、责任险等专业保险机构 10 家，外资公司 7 家；各级保险分支机构超过 2700 家。再次，保险专业中介法人机构 56 家，兼业代理机构 6781 家。保险从业人员近 28 万人，为社会新增就业岗位约 6.4 万个。保险业总资产 1595 亿元，市场体系日益完善。最后，行业竞争力不断提高。随着国有保险公司股份制改革和股份制公司优化股权结构的逐步到位，各保险公司在转换经营机制、加强公司内控、夯实经营管理基础等方面发生了积极变化，效益观念明显增强，激励约束机制不断完善，增长方式逐步转变，结构调整取得成效，竞争能力得到提升，改革给保险业带来的发展活力正在逐步显现，发展质量进一步优化。

三、金融业空间格局特征

金融业的发展水平可以由各省辖市金融业生产总值（见表 6-12）与全省金融业生产总值的平均值的比值来反映，这个值可以称为金融业发展水平梯度值。

表 6-12　安徽省各市金融业生产总值

单位：亿元

年份	2000	2004	2008	2012	2015
合肥市	19.03	31.97	79.51	214.62	396.29
淮北市	2.16	3.01	4.02	16.33	30.95
亳州市	3.82	5.02	5.89	11.01	32.65
宿州市	5.10	6.87	5.69	9.85	58.87
蚌埠市	3.51	5.67	6.87	24.24	51.02
阜阳市	4.97	6.87	10.34	26.77	69.37

续表

年份	2000	2004	2008	2012	2015
淮南市	6.92	10.41	7.86	12.5	40.39
滁州市	5.49	6.34	7.61	22.29	52.20
六安市	4.59	7.18	6.54	19.87	54.95
马鞍山市	6.96	9.49	11.96	29.89	50.62
巢湖市	5.54	7.12	6.42	—	—
芜湖市	3.41	5.92	16.08	46.18	136.02
宣城市	2.94	3.86	5.87	17.17	51.55
铜陵市	5.50	7.76	6.81	22.62	45.74
池州市	0.76	1.57	5.38	12.57	27.66
安庆市	11.77	16.56	11.30	29.96	61.09
黄山市	2.23	3.77	5.41	12.35	27.91

资料来源：根据历年《安徽统计年鉴》整理。

　　安徽省金融发展蒸蒸日上，发展速度不断加快，发展的不平衡也显而易见，但差距日益缩小（见表6-13、表6-14）。2000年合肥市金融业发展水平居于首位，属于高度发达型，金融业生产总值达到19.03亿元，安庆市次之，金融业生产总值达到11.77亿元，分别是全省平均水平的3.42倍和2.11倍，最高的合肥市是池州市的25.04倍。马鞍山和淮南是金融业较发达型城市，大部分属于欠发达型城市。2008年，合肥依旧是首位城市，安庆下降为欠发达型城市，马鞍山由较发达型转变为欠发达型城市，而芜湖由欠发达型发展为较发达型城市。2015年，合肥的首位城市地位不断巩固，金融业生产总值达到396.29亿元，是最低的池州市的14.33倍，可以看出安徽省的金融业正在全面发展，各个城市之间的差异正在缩小，与生产总值最低城市之间的差距缩小了10倍。在所有城市中金融业发展进步最快的是芜湖市，由2000年欠发达型城市发展为发达型，金融业生产总值增加了132.61亿元。

表6-13 安徽省各市金融业发展水平梯度值

年份	2000	2004	2008	2012	2015
合肥市	3.42	3.90	6.64	6.50	5.34
淮北市	0.39	0.37	0.34	0.49	0.42
亳州市	0.69	0.61	0.49	0.33	0.44

续表

年份	2000	2004	2008	2012	2015
宿州市	0.92	0.84	0.48	0.30	0.79
蚌埠市	0.63	0.69	0.57	0.73	0.69
阜阳市	0.89	0.84	0.86	0.81	0.93
淮南市	1.24	1.27	0.66	0.38	0.54
滁州市	0.99	0.77	0.64	0.68	0.70
六安市	0.82	0.88	0.55	0.60	0.74
马鞍山市	1.25	1.16	1.00	0.91	0.68
巢湖市	0.99	0.87	0.54	—	—
芜湖市	0.61	0.72	1.34	1.40	1.83
宣城市	0.53	0.47	0.49	0.52	0.69
铜陵市	0.99	0.95	0.57	0.69	0.62
池州市	0.14	0.19	0.45	0.38	0.37
安庆市	2.11	2.02	0.94	0.91	0.82
黄山市	0.40	0.46	0.45	0.37	0.38

资料来源：根据历年《安徽统计年鉴》整理。

表6-14　安徽省各市金融业发展梯度类型划分

发展梯度划分	比值取值范围	城市名称			发展状况
		2000 年	2008 年	2015 年	
第一梯度	>2.0	合肥、安庆	合肥	合肥	高度发达型
第二梯度	(1.5, 2]	—	—	芜湖	发达型
第三梯度	(1, 1.5]	马鞍山、淮南	芜湖	—	较发达型
第四梯度	[0.5, 1)	巢湖、铜陵、滁州、宿州、阜阳、六安、亳州、蚌埠、芜湖、宣城	马鞍山、安庆、阜阳、淮南、滁州、蚌埠、铜陵、六安、巢湖	阜阳、安庆、宿州、六安、滁州、宣城、蚌埠、马鞍山、铜陵、淮南	欠发达型
第五梯度	<0.5	黄山、淮北、池州	亳州、宣城、宿州、黄山、池州、淮北	亳州、淮北、黄山、池州	落后型

资料来源：根据历年《安徽统计年鉴》整理。

从总体上来看，合肥市金融业发展水平最好，芜湖市次之，从空间分布上来看，由安徽省中部向南北方向金融业发达程度不断降低。同时城市之间金融业发展的差距不断变小，安徽省金融业产业格局不断合理化。

第五节 对外经济贸易

对外贸易是指世界各国之间商品、服务和生产要素交换的活动。对外贸易通过延续社会生产、实现社会产品价值、获得高额利润率、提高生产效率等方式促进国家、企业的发展。党的十一届三中全会以来，改革开放给对外经贸事业的发展注入了勃勃生机，管理体制、经营方式上有了较大的变化，进出口贸易持续增长，利用外资不断扩大，"走出去"战略成效显著，安徽省初步形成了以吸引外资、扩大出口、发展外经为重点的多层次、多渠道、全方位的对外开放新格局。"十一五"期间，安徽省积极有效转变外贸发展方式，积极迎接国际金融危机的挑战，对外贸易发展取得了巨大发展成就：贸易总额不断上升、出口商品结构持续改善、市场多元化取得新进展、民营企业出口发展迅速、外贸政策不断完善，为安徽省经济增长做出了重大贡献。

一、安徽省对外贸易的发展阶段

全省进出口总额由 1957 年的 678 万美元增加到 2015 年的 488.1 亿美元，其中出口由 678 万美元增加到 331.1 亿美元。安徽省对外贸易发展主要经历了以下四个阶段：

（一）曲折增长阶段（1949~1978 年）

20 世纪 50 年代初，安徽省以传统农业为支柱产业，以手工业和小商业为辅助产业，能够提供出口货源的只有茶叶、羽毛、猪鬃、猪肠衣、山羊板皮、桑蚕茧等十多种农副产品，附加值低，贸易额小。1957 年全省出口额仅为 678 万美元，在这个低起点上安徽省对外贸易开始了较长时期的曲折增长，1978 年出口额增加到 1062 万美元，20 年增长了 56.6%，年均增长 2.3%。

（二）外贸转型阶段（1979~1986 年）

改革开放以前，安徽省并没有真正意义上的对外贸易，而是为国家统一经营组织出口货源。1978 年到 1986 年，安徽省完成了从"收购站"式的外贸体制到外贸口岸的转变，1981 年开办安徽省直接出口，到 1986 年已基本实现安徽省商品都由省内口岸直接经营。全省进出口总额从 1062 万美元增加到 4.9 亿美元，年均增长 61.4%，其中出口从 1062 万美元增加到 3.7 亿美元，年均增长 55.7%。

（三）稳步发展阶段（1987~2000 年）

对外贸易由供货型转向口岸型以后，外贸事业迅猛发展。特别是邓小平同志"南方谈话"后，随着省委、省政府制定的"一线两点"发展战略以及外向带动战略的实施，对外贸易发展势头强劲。2000 年，全省进出口总额达到 33.5 亿美元，是 1986 年的 6.8 倍，年均增长 14.7%；其中出口 21.7 亿美元，是 1986 年的 5.9 倍，年均增长 13.5%。

（四）快速推进阶段（2001 年至今）

2001 年我国加入世界贸易组织，这对安徽省外贸发展既带来了机遇，也带来了挑战。为此，安徽省积极实施科技兴贸战略，进一步优化出口商品结构，进出口总额在高起点上得到快速发展，2006 年突破 100 亿美元，2008 年突破 200 亿美元，达 204.4 亿美元，2015 年达到 488.1 亿美元，即将突破 500 亿美元，是 2000 年的 14.6 倍，其中出口 331.1 亿美元，为 2000 年的 15.2 倍。

二、安徽省对外贸易的发展特征

（一）经营主体多元化

改革开放前，安徽省外贸出口和全国一样，主要是国有外贸企业统一收购、统一出口。随着对外开放的不断扩大，特别是 2001 年加入世贸组织以来，外贸体制改革持续深入，外贸经营权条件不断放宽，经营主体结构发生深刻变化，国有企业在外贸市场中的份额不断萎缩，私营企业的力量迅速壮大。同时，随着安徽省利用外资规模的不断扩大，越来越多的外商投资企业加入对外贸易队伍。2015 年，全省有进出口经营权的企业已达 22854 家。从企业性质看，民营企业贸易份额提高，民营企业进出口 234.1 亿美元，同比增长 6.4%，占全省的 48%。国有企业进出口 126.8 亿美元，同比下降 4.8%，占全省的 26%。与 1996 年相比，国有企业出口比重下降 60.5 个百分点，民营企业则提高 42.3 个百分点。

（二）贸易方式多样化

改革开放之初，安徽省对外贸易仅限于一般贸易，加工贸易和其他贸易几乎处于空白状态。20 世纪 90 年代，在国家鼓励"两头在外、大进大出"的指导思想下，安徽省加工贸易也从无到有逐步发展起来，1997 年全省加工贸易出口比重已达 29.9%。但 1998~2000 年受亚洲金融危机和世界经济不景气的影响，全省加工贸易出口比重逐步下降，2000 年仅为 21.5%。近年来，随着沿海加工贸易的梯度转移，安徽省加工贸易出口逐步升温，2015 年出口额为 80.1 亿美元，所占比重为 24.8%，比 2000 年提高 3.3 个百分点；一般贸易出口 239.5 亿美元，所占比重为 72.3%，比 2000 年下降 6.1 个百分点。

（三）出口市场全球化

改革开放初期，安徽省商品仅出口到中国香港地区、朝鲜、日本和苏联。随着对外开放的深入推进，安徽省贸易伙伴不断扩展，1990 年安徽省出口市场达 143 个，但仍集中在中国香港地区、日本、美国和西欧。为此，安徽省按照国家提出的"市场多元化"战略要求，在巩固中国香港地区和日本等传统市场的同时，不断扩大与周边国家的贸易联系，积极开拓非洲、拉美地区市场，深度开发欧洲、美国市场，形成发达国家和发展中国家合理分布的出口市场结构，出口市场逐步全球化。2015 年安徽省商品已销往五大洲的 220 个国家和地区，其中对美国、中国香港地区、欧盟和日本四大市场出口额 147.9 亿美元，占全省出口的 44.7%，所占比重比 1996 年下降 14.5 个百分点。

（四）出口商品结构"工业化"

1978 年以前，安徽省出口的商品主要是农副产品和初级加工品，工业制成品出口几乎为零。进入 20 世纪 80 年代后期，随着工业化进程的不断加快和对外贸易的不断发展，出口商品结构逐步调整和优化，出口产品的技术含量大大提高，工业制成品出口比重逐年上升。1990 年工业制成品出口所占比重为 53.7%，2015 年则高达 94.5%，提高了 40.8 个百分点。在工业产品出口中，机械及运输设备出口逐渐成为主体。2015 年，全省机械及运输设备出口额为 121.03 亿美元，所占比重达 38.7%，比 2000 年提高 25.2 个百分点。

（五）进口商品结构"资源"化

安徽省的进口贸易经历了从无到有、由小到大的发展过程。1981 年全省进口额仅为 2432 万美元，2015 年发展到 156.9 亿美元。进口商品结构由最初的以工业制成品为主逐步变化为以资源性商品、机电产品、高新技术产品等为主。2015 年初级产品进口 79.7 亿美元，占全省的 50.8%，比 2000 年提高 11.8 个百分点。其中，资源性商品如矿物燃料、润滑油及有关原料等占 86.4%，有效保障了省内资源的供给。机械及运输设备进口 22.5 亿美元，占全省工业制成品进口的

29.1%，引进的大量设备和技术加快了安徽省产业结构的升级步伐。

三、对外经济贸易空间格局特征

安徽省各市对外经济贸易的情况可以由各市商品进出口总额（见表6-15）与全省商品进出口总额的平均值的比值来反映，这个值可以称为对外经济贸易发展水平梯度值。

表 6-15　安徽省各市商品进出口总额

单位：万美元

年份	2000	2004	2008	2012	2015
合肥市	192501	350820	769769	1764175	2033125
淮北市	3175	5831	10942	34854	57687
亳州市	691	1606	11070	49906	50164
宿州市	1014	2602	8627	40604	75945
蚌埠市	11767	24473	39429	122794	234111
阜阳市	3699	7880	18329	109718	149578
淮南市	2165	3727	13554	34883	33219
滁州市	8597	22339	70273	153247	204621
六安市	5355	11799	33261	73689	61718
马鞍山市	24699	86139	334576	365213	295522
巢湖市	3255	8515	44793	—	—
芜湖市	20233	68205	203634	462439	681891
宣城市	4387	15602	56074	135483	185163
铜陵市	36785	75211	347219	357036	458106
池州市	2891	6648	10846	34468	51979
安庆市	10232	22526	53269	123899	244463
黄山市	3243	7198	17864	70119	63516

资料来源：根据历年《安徽统计年鉴》整理。

安徽省对外经济贸易发展速度比较稳定，但两极格局较为严重（见表6-16、表6-17），商品进出口总额最高的是合肥市，还有铜矿产资源丰富的铜陵以及铁矿产丰富的马鞍山，其他大部分城市都属于对外贸易欠发达和落后型。2000年，安徽省进出口总额达到33.5亿元，合肥市达到19.3亿元，占全省进出口总额的

57.5%，欠发达和落后型城市有 13 个，这 13 个城市的进出口总额占全省的18.1%，同时进出口总额最高的合肥市是最低的亳州市的 278.6 倍，可见差距之大。2008 年，铜陵和马鞍山因自身矿产资源丰富发展快速，成为对外经济贸易高度发达型城市，位列第二、三名，芜湖也由较发达型城市转变为发达型城市。合肥进出口总额达到 77 亿元，占全省进出口总额的 37.7%，欠发达和落后型的进出口总额占全省进出口总额的 19%，进出口总额最高的合肥市是最低的宿州市的 89.2 倍。2015 年，铜陵和马鞍山转变为发达和欠发达型城市，其自身所具有的资源优势因资源减少而逐渐丧失，对外经济贸易出现衰退的现象。所有城市中对外贸易发展最快的当属芜湖市，由较发达型城市转变为高度发达型城市，2015年进出口总额 68.2 亿元，是 2000 年进出口总额的 33.7 倍，但与首位城市合肥的差距还是很大的。合肥市进出口总额达到 203.3 亿元，占全省进出口总额的41.6%，是芜湖的 3 倍，欠发达型和落后型城市增加到 14 个。总的来说，安徽省对外经济贸易以合肥和芜湖为主导，两极分化严重，大部分城市都属于欠发达型和落后型，有待进一步均衡发展。

表 6-16 安徽省各市商品进出口总额与全省平均水平比值

年份	2000	2004	2008	2012	2015
合肥市	9.78	8.27	6.40	7.18	6.66
淮北市	0.16	0.14	0.09	0.14	0.19
亳州市	0.04	0.04	0.09	0.20	0.16
宿州市	0.05	0.06	0.07	0.17	0.25
蚌埠市	0.60	0.58	0.33	0.50	0.77
阜阳市	0.19	0.19	0.15	0.45	0.49
淮南市	0.11	0.09	0.11	0.14	0.11
滁州市	0.44	0.53	0.58	0.62	0.67
六安市	0.27	0.28	0.28	0.30	0.20
马鞍山市	1.25	2.03	2.78	1.49	0.97
巢湖市	0.17	0.20	0.37	—	—
芜湖市	1.03	1.61	1.69	1.88	2.24
宣城市	0.22	0.37	0.47	0.55	0.61
铜陵市	1.87	1.77	2.89	1.45	1.50
池州市	0.15	0.16	0.09	0.14	0.17

续表

年份	2000	2004	2008	2012	2015
安庆市	0.52	0.53	0.44	0.50	0.80
黄山市	0.16	0.17	0.15	0.29	0.21

资料来源：根据历年《安徽统计年鉴》整理。

表6-17 安徽省各市对外贸易发展梯度类型划分

发展梯度划分	比值取值范围	城市名称			发展状况
		2000年	2008年	2015年	
第一梯度	>2.0	合肥	合肥、铜陵、马鞍山	合肥、芜湖	高度发达型
第二梯度	(1.5, 2]	铜陵	芜湖	铜陵	发达型
第三梯度	(1, 1.5]	马鞍山、芜湖	—	—	较发达型
第四梯度	[0.5, 1)	蚌埠、安庆	滁州	马鞍山、安庆、蚌埠、滁州、宣城	欠发达型
第五梯度	<0.5	滁州、六安、宣城、阜阳、巢湖、黄山、淮北、池州、淮南、宿州、亳州	宣城、安庆、巢湖、蚌埠、六安、阜阳、黄山、淮南、亳州、淮北、池州、宿州	阜阳、宿州、黄山、六安、淮北、池州、亳州、淮南	落后型

资料来源：根据历年《安徽统计年鉴》整理。

第六节 旅游业

安徽是中国旅游资源最丰富的省份之一，大自然的鬼斧神工，造就了旖旎壮丽的自然山水风光，几千年的历史，积淀成底蕴深厚的安徽特色文化。安徽山岳神奇，南有黄山、九华山、齐云山，北有天柱山、琅琊山、大别山等，处处层峦叠嶂，群峰耸翠。安徽江湖清秀，长江、淮河、新安江横贯其间，巢湖、太平湖、八里河风光宜人。安徽文化灿烂，形成了从建安文学到桐城学派，从易经、老庄文化到徽学，从徽商到新安画派，从徽剧到黄梅戏、花鼓戏、庐剧、泗州戏等林林总总的文化。这些自然和历史文化资源形成了安徽发展旅游的珍贵资源，也为安徽旅游发展提供了良好的条件和广阔的发展空间。

一、安徽省旅游业发展历程

(一) 初创阶段 (1978~1980 年)

在这个时期，面对开放后越来越多外事接待参观游览的压力，安徽旅游开始设机构、组队伍、建设施；形成边建设、边接待、边学习的格局。1978 年，经国务院批准，合肥、马鞍山、芜湖三个城市对外开放。1979 年，黄山、九华山对外开放。1979 年 7 月，邓小平同志视察黄山，提出"把黄山的牌子打出去"，奏响了安徽乃至全国旅游发展的序曲。1979 年 12 月，安徽省旅行游览事业管理局成立。1980 年 3 月，召开了第一次全省性的旅游工作会议。这一时期，一部分旅游景区景点得到恢复。这期间的旅游，主要为卖方市场条件下国家计划安排来皖的外国旅游团，游览特点以了解、交流为主。

(二) 起步阶段 (1981~1985 年)

1981 年，安徽省旅行游览事业管理局编制了安徽首部旅游发展规划《安徽旅游业"六五"规划要点》，标志着安徽旅游步入规范有序的发展轨道。这期间，随着我国入境旅游业逐步由卖方市场转为买方市场，国家计划安排来安徽省的入境旅游者日渐减少。"六五"期间 (1981~1985 年)，入境游客数平均每年增长约 29.6%，旅游外汇收入一直在 107 万美元至 117 万美元波动，各年间基本持平。国内旅游人次年增长约 52.4%，国内旅游收入年均增长约 52.3%。

(三) 加速增长阶段 (1986~2002 年)

1986 年 2 月，经省政府第十次办公会议研究决定，单设安徽省旅游局，隶属省政府，负责全省旅游工作。这一年，旅游业被正式纳入国民经济和社会发展规划，这标志着安徽旅游被作为一个独立的产业来建设和发展，使安徽旅游在原来较小规模的基础上，获得了加速度式增长。1996 年，省委、省政府召开全省旅游经济工作会议，会议提出全党重视、全面发动，把以黄山、九华山为中心的皖南旅游区，建设成中国、东南亚乃至世界级的著名旅游风景区，进而带动全省六大旅游区的全面繁荣。2002 年 1 月，省政府出台了《关于进一步加快旅游业发展的意见》。这期间，入境旅游人次平均每年约增长了 15.3%，入境旅游创汇平均每年约增长了 35.3%，国内旅游人次平均每年约增长了 11.4%，国内旅游收入平均每年约增长了 36.6%。与"六五"相比，在旅游外汇收入方面，这个阶段旅游加速增长的状态显露无疑。

（四）恢复成长阶段（2003~2005 年）

2003 年，突如其来的"非典"使安徽旅游受到沉重打击，安徽沿淮地区遭遇特大洪涝灾害，皖南主景区伏旱严重；2004 年 3 月、4 月又受到禽流感和"非典"疫情反弹的负面影响，旅游经济严重受挫。这期间，安徽旅游积极采取应对措施。2003 年，安徽省旅游业被列入了安徽经济社会发展"861"行动计划。2004 年 7 月，省政府召开的省旅执委会议暨黄山规划委工作会议提出，要加强全省旅游中心城市建设，要把黄山建设成为"安徽旅游龙头、华东旅游中心、中国旅游精品、世界旅游胜地"，并进一步制定了《关于促进"两山一湖"地区旅游产业发展的若干政策》。通过全行业凝心聚力，奋力拼搏，内抓开发建设，外抓市场复苏，全省旅游逐步恢复振兴，到 2004 年底安徽旅游基本恢复，到 2005 年实现了新的增长。

（五）快速发展阶段（2006 年至今）

进入 2006 年后，在省委、省政府的高度重视下，旅游业呈现快速发展的态势。2007 年 4 月，省委、省政府召开全省旅游发展大会，出台了《关于推进旅游产业大省建设的意见》。2008 年 7 月，省政府与国家旅游局签订《旅游工作会商制度议定书》，从而建立了省部旅游工作会商机制，开创了高层旅游合作的先河。到 2015 年，安徽省旅游业"1+6"改革试点顺利完成，出台《安徽省人民政府关于促进旅游业改革发展的实施意见》，景区管理体制、市场营销等方面改革成效显著，多极支撑格局基本形成。皖南国际文化旅游示范区建设扎实推进，环巢湖国家旅游休闲区创建有序展开，大别山多彩旅游品牌逐步形成，皖北文化生态旅游开发提速。

二、安徽旅游业的发展特点

（一）旅游经济实力明显增强

1979 年，安徽接待入境旅游人次 10111 人，旅游外汇收入 33.1 万美元，国内旅游人次 37 万，国内旅游收入 740 万元。此时，安徽旅游各项指标在全国尚处在落后位置。2008 年，全省共接待游客首次突破亿人大关，达到创纪录的 10070.28 万人次，进入 14 个旅游接待"过亿人次俱乐部"行列，其中入境游客 132.09 万人次，国内游客 9938.19 万人次，旅游总收入 737.12 亿元（含旅游商品创汇），增长 28%，相当于全省 GDP 比重的 8.3%，旅游总人次和旅游总收入相当于 GDP 的比重双双提前两年实现"十一五"目标。2015 年安徽接待入境游客 445 万人次，同比增长 9.77%；接待国内游客 4.44 亿人次，同比增长 17.16%；旅游总收入 4120 亿元，同比增长 20.38%，"三大指标"增幅分别高于全国平均水平 5.8 个、6.7 个、9.7 个百分点，为全省经济持续健康较快增长做出了积极贡献。2015 年旅游业增加值占全省 GDP 的比重由 3.6% 增至 5.98%，旅游业从业人员增至 420 万人，占全社会就业人数的比重接近 10%，占第三产业就业人数的比重超过 24%，较"十一五"末分别提高 3.6 个和 6 个百分点。

（二）安徽大旅游的格局已经形成

皖南、环巢湖、大别山和皖北四大旅游板块格局形成，协调并进发展。"1+N"整体形象宣传深入推进，"美丽安徽行"旅游推介在境内外反响良好；安徽及皖南示范区旅游形象宣传口号征集、安徽旅游十大新闻评选影响广泛，"美好安徽，迎客天下"的知名度、美誉度不断提升。2015 年安徽省入境市场已覆盖 100 多个国家和地区，来皖游客 2 万人次以上的境外客源地新增 3 个，苏浙沪来皖游客占比接近 20%。牵头发起中国山岳旅游联盟，长三角区域旅游合作取得新进展，建立沪皖蒙旅游区域交流合作机制，鄂豫皖大别山红色旅游区域合作继续推进。在以上主要旅游区内，又包含着许多相对独立、特色鲜明、风格不同的景区、景点，形成有机协调、综合配套的多元化旅游市场。其中皖南示范区实力最强大，2015 年旅游总收入、接待入境游客、国内游客分别增长 33.9%、26.3% 和 29.9%，分别占全省总量的 53.4%、81.3% 和 51.1%。

（三）旅游产业规模逐步壮大

自 20 世纪 80 年代中期开始，安徽逐渐意识到开发旅游商品的重要性。经过发展，2000 年，安徽共有全国旅游商品定点企业和省旅游商品定点企业 72 家，到 2008 年，旅游商品生产企业超过了 400 家。此外，大中型旅游企业也不断发展壮大。安徽省现有旅游车船公司 20 多家，旅游集团公司 8 家。仅 2008 年，黄山旅游集团、省旅游集团、九华山旅游集团、古井集团和天柱山旅游集团营收分别达到 13.15 亿元、8 亿元、35 亿元、3.47 亿元和 1.2 亿元。2015 年全省旅游生产经营单位已超 2 万家，较"十一五"末增加 60% 以上。营收过亿元的单体旅游企业达到 18 家，旅游企业集团 15 家，进入中国旅游集团 20 强的企业 2 家。A 级旅游景区、旅游饭店发展至 560 家、441 家，其中 4A 级以上景区由 94 家增至 181 家，四星以上饭店由 104 家增至 154 家。新增旅行社 518 家，总数达 1465

家，3家旅行社进入全国百强。

（四）旅游投入和旅游基础设施逐步发展

发展旅游，开发建设是前提。1996年全省旅游工作会议之后，尤其是进入"十一五"以来，全省旅游业建设投入明显加快。统计显示，2008年全省在建旅游类项目投资和引进资金达1218.14亿元，当年完成投资362.51亿元，景区景点建设不断向纵深发展。2015年亿元以上旅游项目1480个，完成投资1502.3亿元，芜湖方特东方神画园等一批项目建成开业。旅游六要素直接投资仅次于山东、浙江、四川三省，位列全国第4位。17个项目入选《2015年中国旅游投资优选项目》。442个旅游项目进入全省亿元以上重点项目库，计划总投资7250亿元。乡村旅游、大型旅游综合体、旅游小镇等成为投资新热点。全省各类社会资本投资占全部旅游投资的77%。同时，全省交通等基础设施和配套设施建设投资力度更是令人刮目相看。旅游可进入性逐步改善，初步形成了连接顺畅、衔接有效的水陆空旅游交通网络。

（五）旅游线路和产品日渐丰富多彩

根据不同区域特点，打造了特色各不相同的旅游线路和产品。"黄山世界遗产地之旅""九华千年佛教圣地之旅""名城·名湖·名山之旅""皖江逍遥之旅""历史文化名城游""淮河文化探访之旅""新皖北览胜之旅""大别山红色之旅""皖西生态养生之旅""老庄道教文化寻觅"等一批精品旅游产品和线路应时而生。其中，上海、杭州、黄山三地共同打造的"名城·名湖·名山"国际精品旅游线路，为整合三地旅游资源、推动安徽省融入长三角区域旅游深度合作创造了良机。2015年推出安徽旅游必购商品、特色商品各100件，其中13件获评中国百佳旅游商品，名列全国第二位。

三、旅游业的空间格局特征

区域旅游经济发展水平可以由各省辖市旅游收入（见表6-18）与全省旅游收入的平均值的比值来反映，这个值可以称为旅游经济发展水平梯度值。

安徽省旅游经济发展不均衡，不同地市间旅游经济发展水平差异很大（见表6-19、表6-20），首位城市主要在黄山市和合肥市之间展开竞争，安徽省区域旅游经济空间差异的"南强北弱"基本格局没有发生根本的改变。2000年，合肥与黄山的旅游业都属于高度发达型，国内旅游收入分别是全省平均水平的3.62

表6-18　安徽省各市旅游总收入

单位：亿元

年份	2000	2004	2008	2012	2015
合肥市	21.64	42.35	126.84	577.5	953.20
淮北市	2.05	5.54	12.47	43.2	67.30
亳州市	3.05	5.79	11.17	64.3	108.40
宿州市	3.63	6.13	18.10	57.6	98.30
蚌埠市	4.48	9.26	23.31	98.8	159.80
阜阳市	8.51	11.75	24.74	66.1	111.80
淮南市	3.73	6.77	16.05	57.2	89.40
滁州市	5.13	8.39	28.16	81.3	135.70
六安市	4.16	8.49	24.56	94.6	161.00
马鞍山市	6.50	10.26	22.07	102.3	170.20
巢湖市	5.40	5.92	24.91	—	—
芜湖市	12.00	21.39	48.81	218	377.70
宣城市	5.23	9.03	28.57	99.1	165.60
铜陵市	2.48	4.11	16.63	46.4	72.20
池州市	13.34	15.31	70.41	261.9	408.50
安庆市	17.09	33.12	77.13	256	409.40
黄山市	32.05	46.35	126.29	395	491.90

资料来源：根据历年《安徽统计年鉴》整理。

倍和 2.44 倍，黄山市的国内旅游收入最多，居于首位，比省会合肥多出 10 多亿元，而且最高的黄山市相当于最低的淮北市的 15.63 倍。2004 年黄山比合肥的国内旅游收入多 4 亿元，两者之间的差距不断缩小。2008 年开始，合肥取代了黄山成为首位城市，两者都还属于高度发达型，池州旅游业有所发展，由较发达型上升为发达型。到了 2012 年，合肥市旅游收入比黄山市多出 182.5 亿元，是旅游收入最低的淮北市的 13.37 倍。2015 年，合肥在旅游业发展上已稳居第一，不断拉大与黄山市的差距，合肥比黄山多出 461.3 亿元，几乎多了一倍，黄山市退居发达型城市，同时最高的合肥市相当于最低的淮北市的 14.16 倍，可以看出安徽省各市旅游经济发展水平差异不断加大。但是全省的旅游业也在不断进步，发达型城市的数量由 2000 年的 2 个增加到 4 个。

表6-19　安徽省各市旅游收入与全省平均水平比值

年份	2000	2004	2008	2012	2015
合肥市	2.44	2.88	3.08	3.67	3.83
淮北市	0.23	0.38	0.30	0.27	0.27
亳州市	0.35	0.39	0.27	0.41	0.44
宿州市	0.41	0.42	0.44	0.37	0.40
蚌埠市	0.51	0.63	0.57	0.63	0.64
阜阳市	0.96	0.80	0.60	0.42	0.45
淮南市	0.42	0.46	0.39	0.36	0.36
滁州市	0.58	0.57	0.68	0.52	0.55
六安市	0.47	0.58	0.60	0.60	0.65
马鞍山市	0.73	0.70	0.54	0.65	0.68
巢湖市	0.61	0.40	0.60	—	—
芜湖市	1.36	1.46	1.19	1.38	1.52
宣城市	0.59	0.61	0.69	0.63	0.67
铜陵市	0.28	0.28	0.40	0.29	0.29
池州市	1.51	1.04	1.71	1.66	1.64
安庆市	1.93	2.25	1.87	1.63	1.65
黄山市	3.62	3.15	3.07	2.51	1.98

资料来源：根据历年《安徽统计年鉴》整理。

表6-20　安徽省各市旅游收入发展梯度类型划分

发展梯度划分	比值取值范围	城市名称			发展状况
		2000 年	2008 年	2015 年	
第一梯度	>2.0	黄山、合肥	合肥、黄山	合肥	高度发达型
第二梯度	(1.5, 2]	安庆、池州	安庆、池州	黄山、安庆、池州、芜湖	发达型
第三梯度	(1, 1.5]	芜湖	芜湖	—	较发达型
第四梯度	[0.5, 1)	阜阳、马鞍山、巢湖、宣城、滁州	宣城、滁州、巢湖、阜阳、六安、蚌埠、马鞍山	马鞍山、宣城、六安、蚌埠、滁州	欠发达型
第五梯度	<0.5	蚌埠、六安、淮南、宿州、亳州、铜陵、淮北	宿州、铜陵、淮南、淮北、亳州	阜阳、亳州、宿州、淮南、铜陵、淮北	落后型

资料来源：根据历年《安徽统计年鉴》整理。

从空间分布上可以看出安徽省旅游产业的空间结构为双核联动发展模式。包括黄山、池州、宣城、芜湖、马鞍山、铜陵在内的，以大黄山旅游圈为核心的皖南旅游圈已经成型；包括合肥、六安、安庆、淮南、滁州在内的，以合肥都市旅游圈为核心的皖中旅游圈也已经初步形成。特别是地跨合肥、安庆、铜陵、池州、黄山五市，号称"安徽旅游新干线"的合—铜—黄高速公路于2007年建成通车，为合肥和黄山双核联动发展、轴向一体化奠定了坚实的基础。两个节点之间形成了区域旅游发展的集散扩展轴，而且两节点与周边的次级节点融合成带。两个旅游经济圈基础设施比较完善，旅游资源非常丰富，旅游产品类型能够得以互补。

参考文献

[1] 程利华. 安徽现代服务业发展状况及在全国的地位 [J]. 中国统计，2012 (11)：40-41.

[2] 安徽省统计局，国家统计局安徽调查总队. 安徽统计年鉴（2001~2017）[M]. 北京：中国统计出版社，2001-2017.

[3] 窦祥铭. 经济新常态下安徽省服务业加快发展研究 [J]. 山东农业工程学院学报，2015，32 (5)：57-62.

[4] 徽商 [EB/OL]. 百度百科，https：//baike.baidu.com/item /徽商/25427？fr=aladdin.

[5] 张洪亮. 基于主成分的安徽省服务业发展水平聚类分析 [J]. 安徽工业大学学报（自然科学版），2014，31 (2)：218-223.

[6] 安徽省人民政府. 安徽60年 [M]. 北京：中国统计出版社，2009.

[7] 吴江晨. 安徽省金融业发展路径研究 [D]. 合肥：安徽大学，2013.

[8] 中华人民共和国国家统计局. 中国统计年鉴 [M]. 北京：中国统计出版社，2001-2016.

第三篇

城乡与区域

第七章　城镇化与城乡关系

第一节　城镇化及其历史进程

一、城镇化发展及水平

（一）城镇化发展历程

安徽省作为传统的农业大省，改革开放前，受户口迁移、粮油供应、劳动用工等制度限制，城乡人口流动受阻，城镇化发展呈现出曲折反复的特点。1952年8月25日，安徽省政府正式成立，1953年，安徽开始实施"一五"计划，国民经济有了较快发展，工业增加值年均增长21.4%。随着城市经济和工业化的迅速恢复，安徽省城镇化率由1953年的8.7%提高到1957年的9.0%，非农业人口由1952年的179万人增加到1957年的356万人；1958~1960年，城镇化率从1957年的9.0%快速提高到1960年的16.1%；1961~1965年，转入以"调整、巩固、充实、提高"为主线的调整期，城市人口连续五年出现负增长，1965年城镇化率下降到11.6%；"文化大革命"时期，安徽城镇化陷入停滞阶段，城镇化率从1965年的11.6%小幅提高到1978年的12.4%。

随着改革开放及"中部崛起"战略的提出，安徽省经济迅速发展，城镇化水平不断提高，此时安徽省城镇化发展大体可分为以下几个阶段：

第一阶段（1978~1991年）：城镇化复苏发展阶段。

1978年党的十一届三中全会胜利召开，明确了发展经济的方针、政策，国民经济开始恢复生机。安徽省紧跟步伐，逐步走上了经济快速发展的道路，同时城镇化发展也发生了根本性的变化。市场机制主导和行政指导相结合开始转变为城镇化的动力，城镇化得到发展，城乡经济逐渐复苏，城镇人口明显增加。安徽省城镇化率从 1978 年的 12.6%上升到 1991 年的 18%，平均每年增长 0.42%。

第二阶段（1992~2001 年）：城镇化稳步增长阶段。

1992 年以后，党的十四大明确了社会主义市场经济体制的总目标，市场化改革逐渐发展成为城镇化的推动力。城镇化的速度不断加快，城市建设日益活跃，1992 年到 2001 年，城镇化率平均每年增长了约 1.3%。

第三阶段（2002 年至今）：城镇化加速发展阶段。

21 世纪以来，随着国家中部崛起战略的提出，安徽省开始实施东向发展战略，刺激了安徽省工业化和城镇化的发展。"十一五"期间安徽省大力实施中心城市带动和城乡统筹战略，"十二五"时期制定了"十二五"城镇化发展规划，重点组织实施新型城镇化工程。到 2015 年安徽省城镇化率达到 50.50%，城镇化率从 2002 年到 2015 年平均每年增长了 1.52%，是改革开放以来安徽省城镇化发展最快的时期。

（二）城镇化总体水平

2015 年安徽省拥有常住人口 6144 万人，略低于其户籍人口（6949 万人）。从 1991 年到 2015 年（见图 7-1），安徽省城镇人口由 1030.37 万人增加到 3102.72 万人，平均每年递增 148.03 万人，城镇人口年均增长率 4.70%；城镇化率由 17.96%上升至 50.50%，平均每年递增 1.35%。

根据 2014 年 11 月国务院发布的《关于调整城市规模划分标准的通知》，结合安徽省城市城区常住人口规模，2015 年，安徽省没有城区常住人口 1000 万人以上和 500 万~1000 万人的超大城市和特大城市；城区常住人口 100 万~500 万人的大型城市 9 个，包括合肥、阜阳、六安、淮南、宿州、芜湖、亳州、蚌埠、淮北；城区常住人口 50 万~100 万人的中等城市 6 个，包括马鞍山、安庆、宣城、铜陵、池州、滁州；城区常住人口 50 万人以下的小城市 1 个，为黄山。

（三）各市城镇化发展

虽然安徽省城镇化率不断提高，但在省内不同区域，依旧存在较大的发展差异（见表 7-1）。

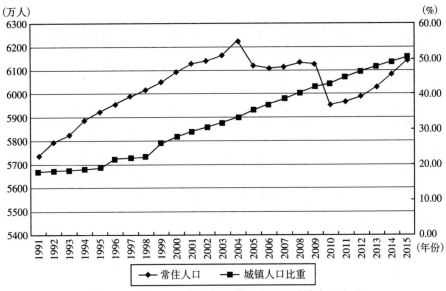

图7-1 1991~2015年安徽省常住人口和城镇人口比重

资料来源：根据历年《安徽统计年鉴》整理绘制。

表7-1 2015年安徽省各市常住人口和城镇化率

地区	城镇化率（%）	常住人口（万人）	市辖区常住人口（万人）
合肥市	70.40	778.95	375.30
淮北市	60.76	217.88	115.80
亳州市	36.96	504.69	146.80
宿州市	38.73	554.12	170.90
蚌埠市	52.22	329.14	118.70
阜阳市	38.81	790.15	191.70
淮南市	60.67	343.11	171.00
滁州市	49.02	401.71	58.20
六安市	42.81	474.12	185.70
马鞍山市	65.15	226.22	94.40
芜湖市	61.96	365.45	164.30
宣城市	50.64	259.24	80.23
铜陵市	52.73	159.22	74.20
池州市	51.11	143.63	61.46
安庆市	45.87	458.61	81.90

续表

地区	城镇化率（%）	常住人口（万人）	市辖区常住人口（万人）
黄山市	48.28	137.37	47.40
安徽省	50.50	6143.61	2137.99
全国	56.10	—	—

资料来源：《安徽统计年鉴》（2016）和《中国统计年鉴》（2016）。

表 7-2　2015 年安徽省各市生产总值和居民收入

地区	生产总值（万元）	三次产业比重	城镇居民家庭平均可支配收入（元）	农村居民人均可支配收入（元）
合肥市	5660.27	4.7∶52.6∶42.7	31989	15733
淮北市	760.39	7.8∶58.1∶34.1	25690	9882
亳州市	942.61	20.7∶39.3∶40.0	23120	9738
宿州市	1235.83	21.7∶37.9∶40.4	23630	9140
蚌埠市	1253.05	15.0∶48.0∶37.0	26369	11552
阜阳市	1267.45	22.6∶40.7∶36.7	23496	9001
淮南市	901.08	12.4∶48.1∶39.5	28106	10139
滁州市	1305.50	17.0∶50.3∶32.7	24168	10070
六安市	1016.49	17.7∶46.1∶36.2	22238	9197
马鞍山市	1365.30	5.8∶56.7∶37.5	35262	16331
芜湖市	2457.32	4.9∶57.2∶37.9	29766	15964
宣城市	971.46	12.5∶48.7∶38.8	28602	12309
铜陵市	911.60	5.2∶61.7∶33.1	31748	11169
池州市	544.74	13.0∶46.1∶40.9	24279	11511
安庆市	1417.43	13.1∶48.4∶38.5	23966	9985
黄山市	530.90	10.4∶39.9∶49.7	26226	11872

资料来源：《安徽统计年鉴》（2016）和《中国统计年鉴》（2016）。

根据各市城镇化率、产业结构、城乡居民收入和空间分布状况（见表 7-2），可以将 16 个地级市划分为以下几种类型区：

1. 城市化发育高级区：合肥市

作为省会，合肥市位居安徽省中心位置，紧邻中国五大淡水湖之一——巢湖。经过多年发展，合肥市经济发展与城镇建设水平已经有很大提升。2015 年城镇化率和生产总值都位居第一位，第一产业比重低于5%，第二、第三产业快速发展的同时结构不断优化，城镇居民家庭平均可支配收入31989元，位居全省第二位，农村居民人均可支配收入15733元，位居全省第三位。

2. 城市化发育较高区：芜湖、马鞍山、铜陵、淮南、淮北、蚌埠

这些城市主要位居安徽省沿江地区和皖赣线，是安徽省发展的十字形主轴。这些城市第二产业比重多数超过50%，第一产业比重大部分低于10%，是安徽省主要的工业城市，其中淮南、淮北、马鞍山、铜陵都是典型的资源型城市。这里城镇化率较高，多数城市超过60%（蚌埠、铜陵为50%~60%）；居民收入水平较高，马鞍山、铜陵、芜湖城镇居民家庭平均可支配收入分别位居全省第一、第三、第四位，马鞍山、芜湖农村居民人均可支配收入分别位居全省第一、第二位。芜湖、马鞍山生产总值分别位居全省第二、第四位。

3. 城市化发育中等区：宣城、滁州、安庆、六安

宣城、滁州位于安徽省东部，安庆、六安位于安徽省西部。四市第二产业比重都在45%~50%，工业化水平较高，但第一产业比重也较高，都在10%~20%。城镇化率多数在45%~50%，只有六安为42.81%，为中等水平。城镇居民家庭平均支配收入除宣城较高外，其余三市都位于安徽省较后水平，六安、安庆农村居民人均可支配收入较低，位于安徽省靠后水平。

4. 城市化发育特色区：黄山、池州

黄山、池州位于安徽省南部，属于旅游业发达城市，其第三产业比重较高，黄山市甚至达到49.7%，位居全省第一位。这两个城市工业发展和第一产业发展都在全省中等水平，城镇居民和农村居民收入也都属于全省中等水平，城镇化率在50%左右，为全省平均水平。

5. 城市化发育水平较低区：亳州、宿州、阜阳

亳州、宿州、阜阳都位于安徽省北部，整体城镇化水平发育较低，是安徽省2015年城镇化率不到40%的三个市。它们共同的特点是地域广阔、农业人口众多。第一产业比重偏高，是安徽省第一产业超过20%的三个市，第二产业比重较低，说明工业化程度较低。城镇居民和农村居民收入水平也位于全省靠后水平。

二、城镇化发展特点及存在问题

（一）城镇化速度较高但总体水平偏低

从安徽省城镇化率现状来看，目前仍低于全国平均水平（见图 7-2），且与长三角地区（见图 7-4）和中部六省（见图 7-3）其他省区相比皆较低。但从增长速度上看，高于全国及周边地区平均增长水平。

与全国平均水平相比，2015 年全国城镇化率平均 56.10%，安徽省城镇化率略低于全国平均水平。但从 2005~2015 年的变化上看（见图 7-2），安徽省城镇化率与全国平均水平的差距在不断缩小，两者差距从 7.49 个百分点下降至 5.60 个百分点，说明安徽省近年来城镇化发展迅速。

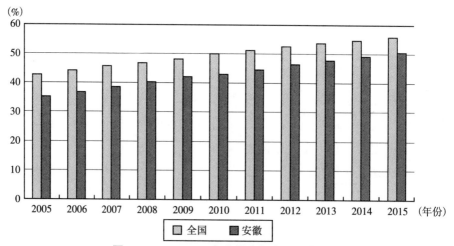

图 7-2　2005~2015 年安徽省与全国城镇化率

资料来源：根据《中国统计年鉴》（2016）整理。

与中部六省相比（见图 7-3），2015 年安徽省城镇化率（50.50%）低于湖北省（56.85%）、山西省（55.03%）、江西省（51.62%），与湖南省（50.59%）相近，在中部六省中仅略高于河南省（46.85%）。从 2005~2015 年的变化上看，总体排序变化较小。从 2005~2015 年城镇化率增长速度上看，安徽省城镇化率增长迅速（平均每年增长 1.50%），仅低于河南省（1.62%），而高于江西省（1.46%）、湖北省（1.37%）、湖南省（1.36%）、山西省（1.29%）四省。

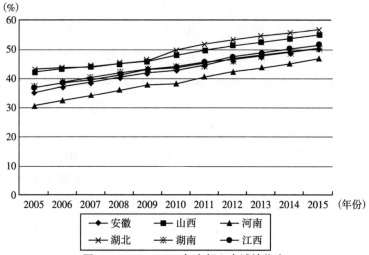

图 7-3　2005~2015 年中部六省城镇化率

资料来源：根据《中国统计年鉴》(2016) 整理。

从安徽省目前的政策和发展方向上看，主要与东部长三角地区对接。但目前安徽省的城镇化发展水平与长三角地区其他省份差距较大（见图 7-4）。从 2015 年城镇化水平来看，安徽省远低于上海市（87.60%）、江苏省（66.52%）和浙江省（65.80%）。

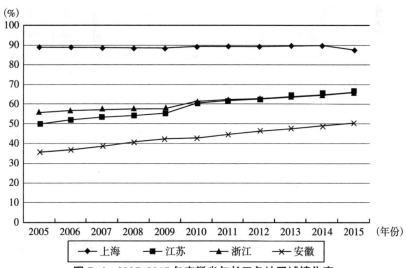

图 7-4　2005~2015 年安徽省与长三角地区城镇化率

资料来源：根据《中国统计年鉴》(2016) 整理。

（二）城镇化区域发展不平衡

由于受地理环境、历史条件、自然资源等影响，安徽省城镇化发展表现出明显的区域差异性，呈现出较明显的中间高周边低的发展趋势。从目前现状来看，合肥都市圈与皖江城市带具有十分明显的优势，综合实力相对较高，在城镇化发展方面有绝对的优势。皖北地区城镇经济社会实力较弱，皖西地区城镇化规模较小，亳州、宿州、阜阳等地区城镇化水平较低，区域反差较大。

（三）城镇化与工业化互动机制有待加强

城镇化是工业化和经济发展的必然结果。随着安徽省工业化水平的提高和经济的发展，必然会带来城镇化水平的提高。当前，安徽省正大力实施工业强省战略，城镇化发展也进入加速发展阶段，呈现出城镇化与工业化"双轮驱动"的良性发展态势。国内外城镇化的实践经验表明，城镇化率一般高于工业化率，城镇化率与工业化率的比例在 1.4~2.5 则相对较为合理。2015 年末安徽城镇化率为50.50%，工业化率为 42.10%，两者比例为 1.20：1，表明安徽省城镇化水平相对滞后于工业化水平，两者的互动机制还有待进一步增强。

（四）农村流动人口城镇化进程较慢

安徽省作为农业人口大省和流动人口大省，存在大量的农村剩余劳动力向城镇流动。其中一部分农村剩余劳动力能够落户于城镇而成为城镇居民，但大部分则在城镇与农村间进行"候鸟式"迁徙流动。由于受城乡二元体制的限制，进入城镇的农村流动人口虽然从事非农产业，但多数流动人口没有稳定的住所和就业岗位，工资较低，仅获得城镇化过程带来的初次分配福利，却不能享受城镇住房、社保、医疗、子女教育和其他福利，难以获得市民化待遇，故返乡率较高，因此依托农村流动人口的城镇化即所谓的"半城镇化"缺乏稳定性，对农村流动人口的吸收和承载能力较差。2015 年按城镇非农业户籍人口计算的安徽城镇化率仅为 27.58%，远低于按城镇常住人口计算的城镇化率，农村流动人口城镇化进程较慢。

第二节　城镇体系与城市群

一、城镇体系空间结构

安徽省城镇体系，近期逐步形成"一圈一带一群五区"，远期将形成"两圈一群两带五区"的空间结构。表现为以经济圈为主的重点城镇集聚空间，以城市带为主的连绵式城镇集聚空间，以城市群为主的点状城镇集聚空间。

近期城镇空间结构中，"一圈"为合肥经济圈，"一带"为沿江城市带，"一群"为沿淮城市群。"五区"为皖北片区、皖中片区、沿江片区、皖西片区和皖南片区。远期城镇空间结构中，"两圈"为合肥经济圈和芜马经济圈，实现合肥、芜湖两个中心城市率先发展，并带动其他地区发展。"一群"为沿淮城市群，培育县城快速发展，实现以点带面、多极并举的城镇空间格局，带动皖北崛起。"两带"为沿江城市带和淮合芜宣城市带，以加快中心城市发展为主，是全省城镇化拓展的重要空间。"五区"为皖北片区、皖中片区、沿江片区、皖西片区和皖南片区。

二、城市群

（一）合肥都市圈

合肥都市圈包括合肥市、淮南市、六安市、滁州市和桐城市的全部行政辖区，总面积4.69万平方千米。

以"一极、两基地、一枢纽"为战略目标。即形成长三角重要增长极、安徽省核心增长极；国家重要的自主创新基地；国家重要的现代产业基地；国家综合交通枢纽。

发展战略上，以加快合肥建设长三角副中心城市为统领，深化区域合作，推进都市圈一体化进程，大力推进创新驱动发展战略，以国家级滨湖新区建设为探索，逐步把合肥都市圈建设成为在全国创新发展、生态文明建设、绿色发展和新型城镇化方面具有示范意义和有较大影响力的城市圈，在中部崛起中闯出新路、创造美好前景。发挥在推进长江经济带建设中承东启西的区位优势和创新资源富集优势，加快建设承接产业转移示范区，推动创新链和产业链融合发展，提升合肥辐射带动功能，打造区域增长新引擎。全面提升城市品质，提高城乡居民生活水平，向实现共同富裕的目标阔步迈进。

空间布局上，集聚合肥、淮南、六安、滁州核心，强化合淮、合六、合宁等主轴线发展，并以此为主轴带，逐步培育县城、产业基地，强化城镇密度，形成"一核、三心、五带、多极"的区域空间结构。

（二）沿江城市带

沿江城市带包括马鞍山市、芜湖市、铜陵市、池州市、安庆市、宣城市、滁州市，总面积 5.6 万平方千米。

发展目标上，充分利用好先行先试权，在体制机制、政府服务、区域合作等方面大胆创新，打造安徽崛起的战略平台，在调整经济结构和自主创新等方面走在全省前列。

空间结构上，以芜马经济圈为核心，安庆增长极、铜池城市组群和滁州都市区为重要组成部分的城镇空间结构，依托沿江城镇轴推动沿江城镇空间的连绵发展，依托合芜宣城镇轴、合安城镇轴加强与合肥经济圈的联系，引导城镇空间沿东、南轴向的延伸。

发展战略上，加快推进芜马同城化、铜池一体化和跨江联动，形成芜马经济圈，与江北、江南产业集中区共同构建现代化滨江组团式城市发展格局，努力建设成为长江流域具有重要影响的现代化城市群。高水平建设江北、江南产业集中区，成为承接产业转移的示范"窗口"。

（三）芜马城市组群

芜马城市组群包括芜湖市和马鞍山市的全部行政辖区，总面积 10030 平方千米。其中芜湖市包括市区、芜湖县、繁昌县、南陵县、无为县；马鞍山市包括市区、当涂县、和县、含山县，是皖江城市带承接产业转移的核心区域。区域内资源丰富，科教基础好，生产成本相对较低，生态环境承载力较高，初步形成便捷通达的水陆空综合交通网络，在安徽省经济社会发展中具有重要的战略地位。

从经济发展来看，芜湖历史上以商贸物流业为推动，发展了部分加工类产业，始终都是长江中下游重要的商贸城市，而马鞍山是以重工业起步的产业城市。由于历史发展路径的差异，导致芜湖经济产业发展遵循贸易带动模式，长期形成的开放融通的城市氛围吸引大量产业，形成了比较广泛的区域联系，呈现出依托城市功能吸引产业集聚，也促成芜湖市自身中小企业数量众多、内生活力较强、高端服务和科研教育实力较强等发展特征。马鞍山由于其以重工业起家，因此发展遵循从二产投资为主向三产同步转变的核心路径，以产业提升拉动城市综合职能发展，导致马鞍山的消费增长落后于生产，形成大企业引领、原料进口加工为主要特征的增长模式。从城镇化进程来看，城镇化水平地域差异显著，江南江北发展不平衡；常住人口向中心城集中明显，城镇人口变化差异较大；城镇总体竞争力较弱，仍需做强做大做特；城镇间联动效应不足，培育城镇组群任务仍较为艰巨；城镇化质量不高，应坚持节约集约发展；城镇化滞后工业化，城镇化与工业化有待进一步协调发展。

今后，围绕国家民族企业创新平台、长江经济带新兴城镇集群、生态宜居型滨江都市区的建设目标。一方面发展战略方面，培育具有国际竞争力和自主创新能力的民族产业集群；发挥对全省新型城镇化发展的支撑作用；培育特色化的产业体系，保护和传承皖江文化特色；推动区域空间一体化；创建国家级生态文明示范区。另一方面空间结构方面，引导芜湖、马鞍山两市抱团发展，形成沿江拓展的空间格局，沿江主要的区域性交通廊道，组织城镇拓展空间，有序推动江北地区的开发时序，逐步形成安徽省江北产业集中区和郑蒲港新区现代产业园一体化发展态势，形成跨江联动的发展格局，提升区域整体发展实力。为降低跨江发展风险，应强化对跨江时序的控制。远期芜马城市组群形成"三带三心多轴"空间结构。"三带"指江北发展带、江南发展带与合宣发展带，是远期芜马城市组群的主要空间拓展方向和区域联系方向。"三心"指三个具有区域服务功能的组群级城市中心，包括芜湖城市主中心、马鞍山城市主中心和江北城市主中心。"多轴"指多条跨江发展轴，促进江南、江北的联动发展。

（四）沿淮城市群（皖北城镇群）

沿淮城市群范围包括蚌埠市、淮南市、淮北市、阜阳市、亳州市、宿州市的全部行政辖区，总面积4万平方千米。一定程度上，皖北是我国"人口密度高、农村人口多、外出人口多、农业主导、经济严重落后"等传统农业地区的一个缩影；皖北是人口输出大区，是全国重要的劳务输出基地。同时，皖北地区经济发展落后，GDP增速整体落后于全国，经济增长动力相对不足。从城镇发展来看，城镇化水平滞后，异地城镇化现象突出；县城是皖北城镇人口增长的主要空间载体，县城发展动力体现出差异性；发达的采矿业是皖北资源丰富县域经济增长的主要因素；就业与收入水平是影响人口异地城镇化的直接原因。

今后将鼓励省内异地城镇化，引导皖北人口合理有序转移，强化县城对于皖北城镇人口集聚的核心作用；以城市组群和都市区两种形式培育区域增长极，促进中心城市发展与一体化建设；南北产业园区共建，引领皖北工业化发展；强化水资源保护和节约利用，提高人口承载能力。将皖北地区建设成为全国传统农业地区城镇化健康发展的试验区，长三角地区重要的能源基地和先进制造业基地，中部地区生态可持续的粮食安全保障区，安徽省全面建成小康社会的重点地区。

（五）安池铜城市组群

安池铜城市组群范围包括安庆市、池州市、铜陵市的全部行政辖区，区域面积 24786 平方千米。该区域是长三角城市群和长江中游城市群的重要纽带地区，是安徽省实施生态优先、绿色发展的重要载体。

安池铜城市组群当前总体上处于工业化中期和城镇化加快发展时期。其中安庆、池州均处于工业化中期阶段，铜陵处于工业化后期阶段。各县市城镇化水平差异明显，城镇人口增速持续缓慢下降，城镇化动力多元，不仅依赖工业化带动；安池铜地区从 2011 年就提前进入了经济增速放缓、经济结构不优、经济发展从投资驱动转向服务业发展及创新驱动的新常态，近年经济发展表现出固投乏力，工业疲软，消费和进出口平稳，旅游收入快速攀升的态势。第二产业转型压力大，第一、第三产业具备相对优势；从城镇发展来看，城镇组群整体发育呈现明显的核心边缘区域。在长三角、南京都市圈、合肥都市圈、武汉都市圈等周边中心城市及其城市群的叠加影响之下，形成了"灯下黑"的区域洼地现象。

安池铜城市组群地处长江三角洲与长江中游城市群的纽带地区，是长三角联动中西部的门户，新兴的增长空间，联动中西部的纽带地区。其近期发展目标为"一极、一区、一基地、一枢纽"，即长三角西翼新兴增长极、国家魅力休闲区、安徽省重要的绿色产业基地、区域重要的综合交通枢纽。空间上逐步构建"两带两区"的空间发展格局，两带为沿江集聚带、合安九集聚带（沿江集聚带是连接长江中游和下游的重要城镇带，合安九集聚带是区域重要的县城发展轴带，承担出山进城人口城镇化的集聚带）。两区为安池铜核心区、安池铜魅力休闲区。

第三节 新型城镇化与城乡一体化

一、以人为核心的新型城镇化

(一) 新型城镇化

新型城镇化是以城乡统筹、城乡一体、产业互动、节约集约、生态宜居、和谐发展为基本特征的城镇化，是大中小城市、小城镇、新型农村社区协调发展、互促共进的城镇化。

2014年3月5日，国务院总理李克强在十二届全国人大二次会议时指出"要推进以人为核心的新型城镇化。坚持走以人为本、四化同步、优化布局、生态文明、传承文化的新型城镇化道路，遵循发展规律，积极稳妥推进，着力提升质量"，并认为要有序推进农业转移人口市民化，推动户籍制度改革，实行不同规模城市差别化落户政策；加大对中西部地区新型城镇化的支持；提高产业发展和集聚人口能力，促进农业转移人口就近从业；加强城镇化管理创新和机制建设。

与传统城镇化相比，新型城镇化最大的不同是"以人为核心"的城镇化，注重保护农民利益，与农业现代化相辅相成。新型城镇化不是简单的城市人口比例增加和规模扩张，而是强调在产业支撑、人居环境、社会保障、生活方式等方面实现由"乡"到"城"的转变，实现城乡统筹和可持续发展，最终实现"人的无差别发展"。

安徽省作为新型城镇化的试点地区，坚持城乡统筹理念，积极推进以人为核心的新型城镇化，按照"一尊重、五统筹"的思路，转变城市发展方式，完善城市治理体系，加快培育一批新生中小城市和新型城市，提高城镇化发展质量和水平。

(二) 安徽省新型城镇化建设

1. 有序推进农业转移人口市民化

第一，加速推进户籍制度改革，促进有能力在城镇稳定就业和生活的农业转移人口举家进城落户，让农业转移人口真正享受到城市生活福利，建立健全农业转移人口市民化推进机制。户籍制度改革涉及千家万户，事关广大人民群众切身利益。当前，深化户籍制度改革，重点是落实好农业转移人口在不同类型城镇落户的政策，主要任务是解决已经转移到城镇就业、居住的农业转移人口的落户问题。户籍制度改革作为新型城镇化的突破口，将按照"总体放宽、区别对待、积极作为"原则，制定差异化的户口迁移政策，全面放开建制镇和小城市落户限制，合理确定合肥市落户条件，有序放开其他设区市落户限制。重点开发区域城市制定积极的人口迁入政策，加强人口集聚和吸纳能力建设，中心城市放开省域内落户限制，其他城市全部放开居民落户限制。

第二，实施和完善居住证制度，全面实施居住证制度，落实进城落户农民土地承包经营权、宅基地使用权、集体收益分配权，加快推进"劳有所得、住有所居、学有所教、病有所医、老有所养"并轨，加快实现基本公共服务常住人口全覆盖。因为常住在城镇的农民工已成为我国城镇产业工人的主体，为当地经济社会发展做出了重大贡献，但在教育、医疗、养老、就业、住房保障等方面仍未能享受与当地户籍人口同等的基本公共服务，工作和生活面临诸多困难，城镇内部依然存在明显的二元结构矛盾。实施居住证制度，是在现阶段不同城镇分类落户的条件下逐步放宽对人口迁移限制的一种有益探索，是一项过渡性制度安排。

第三，积极为农业转移人口提供就业创业机会。加快推动有利于发挥劳动力比较优势的产业升级，大力发展劳动密集型产业，积极培育吸纳就业能力较强的生产性和生活性服务业，增加就业岗位，吸纳更多的农村劳动力转移就业。完善和落实促进农业转移人口就业政策，构建政策咨询、就业服务、职业培训、劳动维权、心理辅导等内容的市民化综合服务平台。加大农业转移人口培训力度，推动安徽省由民工大省向技工大省转变。积极实施"凤还巢"工程，大力推进农业转移人口返乡创业，充分利用农民工创业园等载体，鼓励和引导积累一定资金、技术和管理经验的农业转移人口返乡创业。

第四，建立农业转移人口市民化成本分担机制。健全财政转移支付同农业转移人口市民化挂钩机制，建立城镇建设用地增加规模同吸纳农业转移人口落户数量挂钩机制。探索建立皖北向皖江的跨区域人口迁移机制。

第五，着力提升城市能级，增强农业转移人口容纳能力。进一步壮大中心城市，加快芜马、蚌淮（南）、宿淮（北）、安池铜城市组群建设。积极推动县城扩容提质，推进有条件的县改市，推动与中心城市基本融为一体、城镇化水平较高的县有序改区。增强中心集镇的人口集聚功能，积极培育镇区人口达十万以上的特大镇，选择产业基础较好、生态环境优良、文化积淀深厚的小城镇进行重点扶持，分别打造成各具特色富有活力的休闲旅游、商贸物流、现代制造、教育科技、传统文化、美丽宜居等小城镇，形成一批具有徽风皖韵、凸显专精美活的生态宜居型特色小镇，引导农业转移人口就近就地城镇化。

2. 提升城镇规划建设管理水平

强化规划引领。全面参与长三角城市群规划建设，加速与沪苏浙基础设施建设、产业布局分工、对外开放、生态建设与环境保护、体制机制等一体化。提升中心城市能级，加快合肥长三角城市群副中心城市建设，积极构建"合（肥）芜（湖）宁（南京）成长三角"，进一步增强合肥都市区国际化水平，将芜马、安池铜培育成为长江经济带的重要城市组群，支持蚌淮（南）、宿淮（北）一体化建设，支持安庆、蚌埠、阜阳区域性中心城市建设，将黄山、池州打造成世界一流旅游目的地。探索建立城市群和城市组团发展协调机制。大力推进小城镇特别是全国重点镇差异化、特色化、品质化发展，充分发挥人口聚集型、交通枢纽型、历史文化型和特色产业型中心镇功能，开展建制镇示范试点。打造一批生态宜居村庄美、兴业富民生活美、文明和谐乡风美的美好乡村。加强经济社会发展规划、城乡规划、土地利用总体规划、生态环境保护规划等相互衔接，在寿县开展国家级"多规合一"试点，选择若干市县开展省级"多规合一"试点。加强规划建设管理岗位制度设计，探索适应新型城镇化要求的城市总规划师制度，吸引高水平规划人才全过程参与城市规划建设管理。推动规划编制、修编和实施法制化，建立健全规划实施监督机制，杜绝不按照规划建设、随意变更规划等行为。加快与新型城镇化发展相配套的规划、建设、管理与评价等标准的制定、修订，强化标准实施与监督，探索建立可复制、可推广的标准化模式。

完善城镇综合功能。优先发展城镇公共交通，加强城市地下综合管廊和"海绵城市"建设，构建安全高效便利的市政公用设施网络体系。深化住房制度改革，发展房屋租赁市场，满足新市民的住房需求，消化商品房库存。加大棚户区、城中村、老旧小区改造力度。建设创新城市，推动城市的创新创业。建设智慧城市，推进智慧社区、智能交通、智慧医疗等广覆盖。建设绿色城市，建设城市绿地系统，合理布局和建设城市污水、垃圾处理设施，实施绿色建筑行动和城镇园林绿化提升行动。建设人文城市，传承创新徽州文化、皖江文化、淮河文化、楚汉文化等地方文化，打造体现时代特征的城市文化亮点，塑造城市特色风貌。加强城市特色设计，开展生态修复，建设一批和谐宜居、富有活力、各具特色的现代化城市。

加强城市治理。统筹政府、社会、市民三大主体，提高各方推动城市治理积极性。推动管理专业化，放开市政设施管护、园林绿化养护等作业市场。推动管理数字化，推广社会服务管理信息化"芜湖模式"和"亳州模式"，搭建数字化城市管理平台。推动管理扁平化，面向基层下沉管理职责、落实管理任务，探索区直接管理与服务社区体制，实施社区网格化服务管理。大力发展现代物业服务业。把安全工作落实到城市发展的各个领域和环节，形成全天候、系统性的城市安全网。

3.深入推进美丽乡村建设

促进城乡公共资源均衡配置。突破城乡分割的体制机制束缚，促进城乡生产要素与资源自由流动、合理配置。健全农村基础设施投入长效机制，进一步加大公共财政对农村基础设施建设的投入力度，积极引导社会资本参与农村公益性基础设施建设、管护和运营。把社会事业发展重点放在农村和接纳农业转移人口较多的城镇，推动城镇公共服务向农村延伸，形成城乡基本公共服务均等化的体制机制。充分利用信息技术和流动服务等手段，促进农村共享城市优质公共资源。

全面实施美丽乡村建设。在尊重农民意愿、因地制宜的前提下，全面推进美丽乡镇建设、中心村建设和自然村环境整治，促进美丽乡村建设由"以点为主"向"由点带面"战略转换，以改善农村人居环境为重点，统筹推进产业发展、社会管理和精神文明建设，努力打造农民幸福生活美好家园。科学编制县域乡村建设规划和村庄规划，修订完善中心村布点规划，编制中心村建设规划。优化村庄空间布局，形成地域性的乡村风貌。发展"一村一品"，大力发展绿色高效品牌农业。系统保护乡村历史文化遗产、景观风貌和人文资源，推进历史文化名村建设。培育乡村文明新风，加强农村社会治安综合治理。

二、城乡一体化

长期以来城乡分割的二元经济结构，使城乡在户籍、土地等政策方面形成分割态势，严重阻碍了全省城镇化进程。因此，必须通过统筹城乡一体化发展，推进安徽省新型城镇化。

城乡一体化是将城市、乡村的各元素看作一个整体，平等对待，统筹规划，加速城乡在政策规划，产业调整，社会经济发展等各个层面上的一体化进程，最终打破二元经济结构的阻碍，实现公共服务均等化，居民权利平等化，社会保障体系完善化，城乡经济稳定、和谐、可持续的发展。

对于城乡一体化理论，经济学界研究者从经济学的市场规律出发，认为城乡一体化现代经济中工业和农业联系逐渐加强的必然趋势，是发展城乡经济，促进两者间的合作与分工，提高社会生产力，取得经济利益最大化的必然途径；社会学的学者则侧重城乡之间的联系，认为城乡一体化，就是要打破城乡间的壁垒，促进生产要素和生产资源的合理流动，促进生产力的合理分配，逐渐缩小城乡之间的差距；而生态学和环境学的学者则认为，城乡一体化是城乡之间生态环境的有序、和谐、健康发展。

根据《安徽国家新型城镇化试点省三年行动计划（2015~2017 年)》要求，全省加快城乡建设、基础设施、产业发展、公共服务、生态建设、管理体制等一体化，逐步延伸，实现全覆盖。深入推进全国首批美丽乡村试点省工作，进一步完善体制机制，使全省农村面貌有较大提升。

要实现城乡一体化，安徽省主要从以下几个方面部署工作：

第一，统筹乡村地区规划建设工作，促进各类规划的统筹协调、相互衔接、多规融合，健全城乡一体化的规划实施管理体制，实行统一审批、统一管理，促进形成合理的城镇体系和空间布局。按照"推动大中小城市和小城镇协调发展、产业和城镇融合发展，促进城镇化和新农村建设协调推进"的要求，进一步重视小城镇建设，加大小城镇政策扶持、建设资金、建设用地指标和规划建设的指导支持力度，遴选一批有一定产业基础、人口规模、发展潜力且符合地方政府发展目标的中心镇，按照特色产业型、交通枢纽型、历史文化型、人口聚集型等，分类进行重点扶持，打造适应农民就地就近就业和进城的现代化小城镇。

第二，建立城乡统一的劳动就业和社会保障制度。完善公共就业服务体系，发展职业介绍机构、职业培训机构，加快就业服务工作队伍建设，建立覆盖城乡的县（市、区）、乡、村、组四级就业服务网络和信息网络，使就业信息、培训信息、政策咨询、职业介绍和技能培训等公共服务向乡镇和村落延伸，保证就业机会的均等化，并实施农民工就业"绿色通道"，帮助农民工实现就地就近就业。重点关注新生代农民工，他们多处于"回不去农村，融不进城市"的状态，但素质相对较高，需要加强对他们的技能培训，提高就业能力和创业能力。探索城乡养老保险制度的有效衔接办法，实行城乡统一的缴费标准，逐步将有稳定职业并在城市居住一定年限的农民工纳入城镇住房保障体系和城镇职工基本医疗保险范畴。建立城乡一体化的"低保"制度，逐步实现城乡基本医疗保障和义务教育的均等化，为农民市民化创造条件。

第三，深化土地改革，切实保障农民土地财产权益，逐步完善土地流转机制。深入研究"推进农业转移人口市民化"和"建立城乡统一的建设用地市场"对推动城镇化和美好乡村建设的促进作用和实施机制，进一步探索农民进城后的宅基地退出和承包地流转有效办法，建立新型城镇化和美好乡村协调、联动发展的城、镇、村一体化新格局。

参考文献

［1］安徽省统计局，国家统计局安徽调查总队. 安徽统计年鉴（1992~2016）［M］. 北京：中国统计出版社，1992-2016.

［2］中华人民共和国国家统计局. 中国统计年鉴（2016）［M］. 北京：中国统计出版社，2016.

［3］王娟. 安徽城镇化发展的历史阶段及特点［J］. 中国经贸导刊，2014（24）：51-52.

［4］米冬冬. 安徽省城镇化与经济增长之间的关系研究［D］. 合肥：安徽大学，2014.

［5］杨军. 推进安徽新型城镇化建设［J］. 宏观经济管理，2013（6）：75-76.

［6］安徽省城镇体系规划（2011~2030）［EB/OL］. 百度文库，https：//wenku.baidu.com/view/8fd04984d4d8d15abe234ed3.html.

［7］合肥都市圈城镇体系规划（2015~2030）［EB/OL］. 百度文库，https：//wenku.baidu.com/view/1bbf06a4370cba1aa8114431b90d6c85ed3a8811.html.

［8］安徽省住房和城乡建设厅. 芜马城市组群城镇体系规划（2015~2030）［EB/OL］. http：//dohurd.ah.gov.cn/ahzjt_front/gk/014006/014006005/20130325/c18da398-8b6c-46bc-a691-dc86b54f4ec4.html.

［9］安徽省住房和城乡建设厅. 皖北城镇体系规划（2015~2030）［EB/OL］. http：//dohurd.ah.gov.cn/ahzjt_front/gggs/20140211/ba9b86e4-b531-48be-8236-b15f7172b5c6.html.

［10］安池铜城市组群城镇体系规划（2015~2030）［EB/OL］. http：//zw.anhuinews.com/system/2018/01/15/007789848.shtml.

［11］安徽省国民经济和社会发展第十三个五年规划纲要［EB/OL］. http：//qyjjyjs.tlu.edu.cn/s/11/t/304/d2/85/info53893.htm.

[12] 陈锡文. 推进以人为核心的新型城镇化 [N]. 人民日报，2015-12-07（07）.

[13] 陈香，李全军. 统筹城乡发展，推进安徽新型城镇化 [N]. 安徽日报，2015-05-18（007）.

[14] 张占斌. 新型城镇化的战略意义和改革难题 [J]. 国家行政学院学报，2013（1）：48-54.

[15] 韦晓波. 安徽新型城镇化水平地区差异研究 [D]. 合肥：安徽农业大学，2015.

[16] 李明. 完善体制机制，推进安徽新型城镇化发展 [N]. 安徽日报，2013-12-30（007）.

[17] 陈庆福，刘贵平，吴海苗，等. 推进安徽新型城镇化的"五个着力点"[J]. 理论建设，2013（5）：74-76.

第八章　区域经济格局及战略

第一节　省域经济存在问题与发展方向

改革开放以来，安徽经济取得了巨大成就，人民生活不断改善，国民收入日益提高，但与其他发达省份相比，还存在着一定的差距。"十二五"以来，安徽主要经济指标虽然处于预期目标区间，但是与全国一样，经济增长出现放缓迹象，并且出现了制约安徽省经济健康、可持续发展的若干问题。

一、省域经济发展主要问题

1. 经济发展约束条件出现新变化

在安徽经济快速发展的同时，也面临着诸多问题，尤其是资源、环境方面的约束进一步加剧，要素供给约束趋紧，对经济发展的质量要求进一步提高。随着能、矿资源的趋近枯竭，原有的资源优势产业生产成本将大幅度增加，效益急剧下降，这将严重制约安徽省产业竞争能力的提升。安徽省目前正处于重工业化阶段，高耗能、高污染的重工业在制造业中的比重过大（2015 年全省规模以上工业企业中，煤炭开采和洗选等采掘业和化学原料及化学制造品制造业、石油加工和炼焦及核燃料和有色金属加工六大高耗能制造业增加值占比仍有 32.9% 左右），会产生较高的能源消耗需求和环境污染，由此产生的结构性资源紧缺和环境污染很难在短时间内消除，这是造成安徽省资源环境压力偏大的根源。安徽在新形势下，由于生产要素和市场资源制约的趋紧，制造业的可持续发展也将面临巨大挑战。

2. 经济区域发展不平衡局面愈加突出

安徽经济区域发展不够均衡，大体呈现四个类型：经济发达地区、经济次发达地区、经济欠发达地区、经济落后地区。造成区域发展不平衡的原因有自然基础差异、历史差异、人口素质差异和资金投入差异等。从20世纪90年代以来，安徽省发布的重大经济政策基本上以皖江城市带为中心，区域政策的倾斜，使该地区逐渐成为安徽省经济的增长极，但却相对忽视了皖西北等地区的政策支持，使这些地区逐渐沦为后发地区。目前全省经济发展大体呈现南高北低、东高西低、中部凸起的空间格局（皖北片区、皖中和皖江片区、皖西片区、皖南片区2015年GDP分别占全省的24.81%、72.9%、2.45%、3.28%）。皖江地区经济实力较强，以皖江为轴、合肥和芜湖为"双核"、宣城和滁州为"两翼"的经济发展重心初步形成（2015年人均GDP约为4.7万元），皖北、皖西发展相对滞后（2015年人均GDP约为2.3万元）。但全省人口分布与经济格局正相反，呈现北多南少的状况，如经济发展滞后的皖北地区是全省人口比重最大的地区（皖北片区人口占全省的39%）。同时，经济聚集区对人口的吸引能力不强，经济集聚并未带来人口的相应集聚，人口与经济分布的不平衡将造成区域差距呈现继续扩大趋势。

3. 城镇化率低，将成为制约安徽经济发展的重要瓶颈

提高城镇化水平，是优化城乡经济结构、推进产业结构调整的重要途径。改革开放前，受户口、粮油供应、劳动用工等制度限制，城乡人口流动受阻，城市化发展受到制约，全省城镇化率从1953年的8.7%到1978年的12.6%，25年间仅提高3.9个百分点。改革开放后，随着农业生产力水平的不断提高和工业化进程的快速推进，大量的乡村人口由农村向城市转移，城镇化步伐明显加快，目前已初步形成以沿江城市带、沿淮城市群、合肥经济圈为代表的城市群。

"十二五"期间，安徽省围绕促进区域城乡统筹，完善了城乡规划体系，促进了城镇化建设发展，加快了新型城镇化进程。2015年全省城镇化率达到50.5%，略低于预期规划水平。从拥有500万人口以上的城市数量看，截至2015年，安徽省有四个500万人口的城市。安徽城镇化发展在"十三五"期间依然面临着中心城市能级不足、分区差异明显、人口异地城镇化、人口城镇化进程缓慢等问题。从工业化与城镇化的关系来看，起步阶段工业化推动城镇化，此后要由城镇化来推动工业化。安徽城市化水平不高，反过来开始制约工业化水平的提高和产业结构的升级，在安徽进入工业化中后期并即将进入工业化后期的关键时期，城镇化率低将成为影响安徽"十三五"期间工业化水平提升的关键性因素。

4. 创新驱动不足，产业结构科技层次提高缓慢

创新包括技术创新和制度创新，只有依靠技术创新，才能使产业不断节约成本，提高劳动生产率；同时还要有制度创新，这样才能培养大量的科技人才，留住高素质的尖端人才，为经济的持续发展提供技术、制度、管理等方面的保证。目前安徽产业结构提升缓慢，经济增长放缓，都与其创新不足密切相关。主要表现为传统产业吸收科技创新成果的动力和能力不足，战略性新兴产业发展较缓；人力资本积累不足，安徽技术、资金和人才外流现象突出。战略性新兴产业产值虽然由 2010 年的 2504 亿元增加到 2015 年的 8921.5 亿元，年均增长 29%，占全部规模以上工业总产值的比重由 13.6% 提高到 22.4%，但比例仍然较低，还有很大上升空间。

2015 年，全省地区生产总值在中部地区经济发展水平中位居第三位，排名低于河南省与湖北省。实施创新驱动已经成为安徽省实现经济可持续和跨越发展的重要途径和迫切任务。为此，安徽省应该大力提倡自主创新，在全省树立创新的氛围，加大创新投入，切实发挥创新要素的驱动作用，带动安徽经济的发展和经济增长方式的转变。

二、开发战略调整与方向

基于对发展趋势的科学判断，安徽要继续实施行之有效的发展战略，保持开阔的眼界和思路，认真分析国内外形势变化给社会经济发展带来的新挑战和新机遇，使战略和政策取向保持足够的稳健性和前瞻性。

1. 实现"多极发展"战略

合肥成为安徽经济社会发展的中心，但是，这种一极发展难以扩散到整个安徽地区的经济发展。为此，安徽不断深化区域发展战略，大力推进皖江示范区、合芜蚌试验区、合肥经济圈建设，进一步支持皖北地区、大别山区和皖南山区加快发展。

当前，国家大力推动实施"一带一路"倡议、京津冀协同发展战略、长江经济带建设战略。体现了新常态下国家区域协调发展的新思路。安徽经济工作暨城

市工作会议在部署 2016 年经济工作主要任务时，突出强调要大力促进区域协调发展，巩固多极支撑格局。此次会议从省外和省内两个层面构建发展目标，就省外层面而言，安徽要全面对接"一带一路"倡议和京津冀协同发展、长江经济带建设等国家战略，围绕打造长三角世界级城市群的新兴增长极，全面提升安徽省在全国区域发展和开放合作中的战略地位。就省内层面而言，要统筹实施区域发展战略规划，引导各地充分发挥特色优势，形成竞相发展的生动局面，着力谋划和打造新的战略平台。因此，利用"中原经济区"国家战略，积极推动以蚌埠、阜阳、淮北等皖北城市为中心的经济社会的发展，构建皖北重要的经济中心和经济增长极；利用"皖南国际文化旅游示范区"国家战略，加强皖南文化建设和生态环境保护，加快城乡统筹和资源共享，着力推动文化、旅游、环境与生态健康融合，大力打造"一圈两带"安徽文化旅游发展新格局，构建以黄山为中心的皖南城市经济增长极；积极推动机制改革，大力发展县域经济，着力推动革命老区、贫困地区、文化旅游地区实现跨越发展。

2. 实施创新驱动战略

中国经济新常态的核心特征之一是由"要素驱动"转向"创新驱动"。在原有的经济社会形态下，安徽作为中部内陆省份，经济水平较低，在技术应用、市场开发、人才要素引进相对于东部发达地区差距很大，拥有的科学技术成果、人才资源以及技术创新平台等创新要素难以发挥应有的驱动作用。现今，中国经济步入新常态，安徽所具有的丰富科技创新资源这一优势可以得到充分发挥，特别是"合芜蚌自主创新试验区"和"国家技术创新工程试点省"国家战略政策给安徽持续经济增长带来了巨大机遇。

近几年，安徽省政府把创新驱动发展确定为面向未来的核心战略，集创新型省份建设试点、自主创新示范区、系统推进全面创新改革试验三大战略平台于一身，中国科大先进技术研究院等一批创新平台相继建立。安徽省面向全球引进160 个科技创新团队、1000 多个高水平科技创新人才，"大众创业、万众创新"蓬勃开展，全社会创新创业氛围日趋浓厚。2016 年安徽产业发展论坛在合肥隆重举行，论坛的主题就是"创新驱动下的安徽产业发展"，以新一轮的创新发展引擎带动经济社会持续健康发展，为美好安徽的建设提供坚强保证。

3. 落实生态治理战略

党的十八大以来，党中央把生态文明建设摆在更加突出的战略位置，确立了

"创新、协调、绿色、开放、共享"五大发展理念，为新常态下深入推进生态文明建设提供了理论指导和实践指南。环境污染、生态恶化是安徽省现今面临的重大问题，目前生态治理与环境保护已经成为安徽省现代化建设的一项战略任务。

其实安徽较早就提出了生态强省发展战略。2004年，省政府出台了《安徽生态省建设总体规划纲要》，拉开了生态省建设的大幕。2011年，安徽提出努力打造经济强省、文化强省、生态强省的目标，并于2012年发布了《生态强省建设实施纲要》。2016年3月，为贯彻实施中共中央、国务院出台的《生态文明体制改革总体方案》，省委、省政府制订出台了《安徽省生态文明体制改革实施方案》，提出"十三五"期间构建系统完整的安徽特色生态文明制度体系。同年8月，省委、省政府印发《关于扎实推进绿色发展着力打造生态文明建设安徽样板实施方案》，提出以生态保护建设等六大工程为抓手，力争到2020年，生态文明建设水平与全面建成小康社会目标相适应，资源节约型和环境友好型社会建设取得重大进展；符合主体功能定位的国土开发新格局基本确立；经济发展质量效益、能源资源利用效率、生态系统稳定性和环境质量稳步提升；"三河一湖（皖江、淮河、新安江、巢湖）"生态文明建设安徽模式成为全国示范样板。

从生态省到生态强省再到创新型生态强省，标志着安徽生态文明的建设力度不断加大。全面提升创新型生态强省建设水平是新形势下安徽战略转变的必然选择，也是加快建设绿色江淮美好家园的必然要求。

4. 转变发展方式战略

随着我国经济发展进入新常态，结构性矛盾突出，转变经济发展方式日益紧迫。安徽是长江三角洲地区无缝对接的纵深腹地，经济社会进入了快速发展阶段，但经济增长主要建立在资源大量消耗的基础上，粗放型经济增长方式仍然比较明显。改革以来，安徽省十分重视经济增长"质"的提高，多次强调要调整结构，加快技术进步，改善经济效益，但经济发展基本还是数量扩张型。在新常态的大背景下，经济的发展不仅要注重数量，更要注重质量和结构，强调适度稳步发展。因此，转变经济增长方式已是促进安徽经济进一步发展的重要选择。

在《中共安徽省委关于制定国民经济和社会发展第十二个五年规划的建议》中，明确提出"十二五"期间要坚持转型发展。加快新型工业化进程，把经济增长转到以现代农业为基础、战略性新兴产业为先导、先进制造业和现代服务业为支撑的发展轨道上来；加快优化需求结构，促进经济增长由主要依靠投资拉动向三大需求协同拉动转变；加快生态文明建设，推动增长模式从粗放型增长向资源节约型、环境友好型转变。在"十一五"期间，安徽就已经提出了实施"861"行动计划，在"十二五"纲要中再次提出深入实施"861"行动计划。"十二五"以来，全省积极改造提升传统优势产业，深入实施十大产业振兴规划，改造提升冶金、煤炭、建材、化工等能源原材料产业，加快发展现代煤化工和精细化工；培育壮大战略性新兴产业，启动实施战略性新兴产业"千百十"工程，在重大项目、领军企业、产业基地的建设和培育上取得新成果，积极发展量子通信、物联网等高端产业，启动100项战略性新兴产业重大技术攻关；加快发展现代服务业，推动现代物流、电子商务和信息服务等生产性服务业集聚区建设，加快发展商贸、社区服务、家政服务等生活性服务业，积极发展服务外包等新兴业态；切实抓好节能减排和环境保护，继续实施节能重点工程和减排重点项目，积极推进循环经济试点示范工作，加大环保监管力度，积极开展生态补偿。

在"十二五"的建设成果上，2016年"十三五"规划纲要明确提出以下主要目标：深入实施《战略性新兴产业集聚发展工程》，引领带动整个产业转型升级；深入实施《传统产业改造提升工程》，在冶金、化工、建材、煤炭、机械、家电、医药、轻纺、食品等行业开展大规模技术改造，全面提升产品技术、工艺装备、能效环保等水平；深入实施《服务业加快发展工程》，促进服务业优质高效发展；深入实施《农业现代化推进工程》，加快转变农业发展方式，优化农业生产结构，构建现代农业产业体系、生产体系和经营体系，推动传统农业大省向现代生态农业强省跨越。

5. 强化开放发展战略

安徽具有临江近海、居中靠东的区位优势，又处于"一带一路"和长江经济带重要节点。省第十次党代会提出要全面实施"五大发展行动"。其中，在"实施开放发展行动"上，提出"加快建成双向互动、内外联动的内陆开放新高地"的目标。这是今后五年乃至更长时期安徽构建开放型经济新体制、塑造对外开放新格局的行动指南。

"十三五"期间，安徽提出以更务实的举措构筑开放发展新格局。安徽将全面融入国家"三大战略"，开展与"一带一路"沿线国家在多个领域的合作，支持合肥"一带一路"节点城市建设，加快对接京津冀协同发展，全面参与长江经济带建设，努力打造长江经济带重要的战略支撑。同时，安徽将进一步发展壮大外贸经营主体，增强中小企业国际市场开拓能力，形成一批具有跨国经营能力的大企业。创新外贸发展模式，加强营销和售后服务网络建设，提高传统优势产品竞争力，培育壮大装备制造、电子信息等出口主导产业，发展外向型产业集群。支持企业扩大对外投资合作，完善"走出去"发展规划，强化政策支持和服务保障体系，开展与亚投行的战略合作，促进"走出去"企业合理布局、有序发展。

第二节　区域经济五大片区及其战略

一、区域经济活动空间差异

根据《安徽省城镇体系规划（2011~2030)》可以将安徽省划分为五个片区：皖北片区、皖中片区、沿江片区、皖西片区、皖南片区。由表 8-1 可以看出，安徽省五大片区人口与经济发展存在较大的差异。

表 8-1　2015 年安徽省五大片区发展差异

	皖北片区	皖中片区	沿江片区	皖西片区	皖南片区
常住人口（万人）	2395.98	1578.94	1748.03	220.51	200.22
占全省比重（%）	39.00	25.70	28.45	3.59	3.26
城镇人口（万人）	590.85	552.80	663.95	46.27	62.75
占全省比重（%）	19.04	17.82	21.40	1.49	2.02
GDP（亿元）	5459.33	7571.42	8248.88	539.38	722.60
占全省比重（%）	24.81	34.41	37.49	2.45	3.28
第一产业产值（亿元）	997.46	551.19	728.55	93.40	83.44
占全省比重（%）	40.60	22.44	29.66	3.80	3.40
第二产业产值（亿元）	2397.96	3891.57	4414.74	289.86	304.00
占全省比重（%）	21.91	35.55	40.33	2.65	2.78
第三产业产值（亿元）	2063.91	3128.66	3105.60	156.12	335.17
占全省比重（%）	23.99	36.37	36.10	1.81	3.90
人均 GDP（元）	22785.42	47952.46	47189.61	24460.31	36091.01

资料来源：根据《安徽统计年鉴》（2016）整理。

在安徽省的五大片区中，皖北片区常住人口最多，占全省的39.00%，沿江片区次之（28.45%），皖中片区常住人口总量也较多（25.70%），皖西片区和皖南片区常住人口总量较少，分别仅占全省的3.59%和3.26%。但从城镇人口数量上看，沿江片区最多，其后依次是皖北片区、皖中片区，皖南片区和皖西片区最少。

从GDP总量上看，沿江片区总量最高，占全省的37.49%，其次是皖中片区（34.41%），再次为皖北片区（24.81%），皖南片区和皖西片区经济总量较低，分别仅占全省的3.28%和2.45%。

分三次产业来看，皖北片区第一产业产值最高，占全省的40.60%，此外第一产业产值较高的是沿江片区和皖中片区，分别占全省第一产业产值的29.66%和22.44%，皖西片区和皖南片区第一产业规模较小，分别仅占全省的3.80%和3.40%；第二产业产值最高的为沿江片区，占全省的40.33%，此外第二产业产值较高的是皖中片区和皖北片区，分别占全省第二产业产值的35.55%和21.91%，皖南片区和皖西片区第二产业规模较小，分别仅占全省的2.78%和2.65%；第三产业产值最高的为皖中片区，占全省的36.37%，此外第三产业产值较高的是沿江片区和皖北片区，分别占全省第二产业产值的36.10%和23.99%，皖南片区和皖西片区第三产业规模总量较小，分别仅占全省的3.90%和1.81%

从三次产业比重来看，皖北片区在五个片区中第一产业所占的比重最高，三次产业比重为18.27∶43.92∶37.81；皖中片区、沿江片区和皖西片区第二产业比重较大且超过50%，三个区域三次产业比重分别为7.28∶51.40∶41.32、8.83∶53.52∶37.65、17.32∶53.74∶28.94，其中皖西片区在第二产业比重较高的同时，第一产业所占比重也较大；皖南片区第三产业所占比重最高，是安徽省唯一三次产业结构为"三二一"的片区，三次产业比重为11.55∶42.07∶46.38。

从人均GDP规模上看，皖中片区和沿江片区最高，其次为皖南片区，皖西片区和皖北片区相对较低。

由上述分析可见，安徽省皖中片区和沿江片区发展水平相对较高；皖北片区人口总量较多，但经济发展水平一般；皖西片区虽然第二产业比重较大，但第一产业占比也较高，受地形等条件的限制，部分区域发展相对落后；皖南片区因其丰富的旅游资源，第三产业发展较好。

二、五大片区发展战略

(一) 皖北片区

皖北片区包括亳州、淮北、宿州、蚌埠、阜阳五市。

近期建立以能源产业、现代农业和劳动密集型产业为基本动力的发展模式，人口与产业向中心城和县城集聚，县城建设和基础设施服务发展速度加快。远期实现能源产业与非能源产业协调发展，人口进一步向中心城、县城集聚，两大增长极实力与辐射能力显著提升，城市组群逐步形成，都市区发展加速。

发展战略上，加速城镇化进程，促进中心城与县城的共同发展，培育蚌埠、阜阳两大区域性中心城市作为皖北片区的增长极；加快沿淮城镇群建设；积极推进皖北县城发展；鼓励省内异地城镇化。加快皖北与皖江地区互动，促进南北园区共建。加快皖北农业现代化进程，巩固农业主产区地位。加快皖北工业化进程，鼓励产业高级化和适度重型化。加强基础设施建设，完善皖北对外开放格局。

空间结构上，皖北片区形成"两轴四圈多组团"的城镇空间结构。"两轴"指阜亳城镇走廊和淮宿蚌合发展轴。"四圈"指亳州都市区、淮宿城市组群、阜阳增长极和蚌埠增长极，其中阜阳和蚌埠为区域性中心城市，亳州、淮北和宿州为地区性中心城市。"多组团"指界首市及周边地区、阜南县及周边地区、涡阳县及周边地区等功能组团，是皖北片区城镇空间结构的重要支撑。

(二) 皖中片区

皖中片区包括合肥市（含巢湖市、庐江县）、六安市（不包括霍山县、金寨县）、淮南市、桐城市。

近期推动合肥建设成全国有较大影响力的区域性特大城市，对周边地区辐射带动作用强化，科技创新能力显著提升，人口向中心城集聚加速。远期使合肥经济圈整体实力不断强化，建成高新技术产业集聚地，先进制造业研发生产基地，现代服务业得到大力发展，成为全省承接产业转移的示范区，有条件地区率先实现基本现代化。

发展战略上，积极推进发展中心城市的极化发展战略，形成以合肥为中心的环巢湖区域性特大城市。进一步实施中心城市带动。推进区域一体化发展。加强协调城镇、产业发展与环境保护之间的关系。

空间结构上，皖中片区形成"一心五轴多组团"的城镇空间结构。"一心"指合肥市，是皖中片区的发展核心。"五轴"指合淮发展轴、合宁发展轴、合巢发展轴、合六发展轴和合安发展轴，其中合淮发展轴上的淮南市、合六发展轴上的六安市为地区性中心城市。"多组团"指凤台县及周边地区、寿县及周边地区、霍邱县及周边地区等功能组团，是皖中片区城镇空间结构的重要支撑。

（三）沿江片区

沿江片区包括芜湖市、马鞍山市、江南、江北产业集中区、铜陵市、池州市（不包括石台县、青阳县）、滁州市、宣城市（不包括旌德县、绩溪县）、安庆市（不包括岳西县、潜山县、太湖县、桐城市）。

近期推进以芜湖为核心的滨江城市组群建设，建成全省承接产业转移的先导区与示范区，长三角地区的先进制造业基地。促进人口向城市组群集聚，强化沿江先进制造业和创新产业的发展。远期加速技术实力提升，建成全省的高新技术产业高地和自主创新基地，全国先进制造业示范基地，城乡差距进一步缩小，率先基本实现现代化。人口向芜马经济圈、城市组群和都市圈集聚，沿江带动作用进一步凸显。

发展战略上，创新城镇化发展模式，实施"城市群与经济圈"发展战略。打破行政区划，实施跨江联动和区域联动。创新产业发展模式，推动沿江片区率先崛起。强化沿江发展的支撑条件。

空间结构上，沿江片区形成"三轴四圈多组团"的城镇空间结构。"三轴"指沿江发展轴、合芜宣发展轴和合安发展轴。"四圈"指芜马经济圈，以芜湖为区域性特大城市，马鞍山市、宣城市为地区性中心城市；滁州都市区，以滁州为地区性中心城市；铜池城市组群，以铜陵市、池州市为地区性中心城市；安庆增长极，以安庆为区域性中心城市。"多组团"指凤阳县及周边地区、明光市及周边地区、天长市及周边地区等功能组团，是沿江片区城镇空间结构的重要支撑。

（四）皖西片区

皖西片区主要指位于大别山区的城市，包括六安的金寨县、霍山县，安庆的岳西县、潜山县、太湖县。

近期以现代农业、红色旅游和生态保育为特色发展道路，人口适度外迁，适度发展生态旅游。远期作为全省生态功能区效益显著，现代农业、休闲服务业以及特色产业繁荣发展，城乡差距进一步缩小，公共基础设施进一步完善。

发展战略上，注重生态保育建设，推进区域绿色低碳发展。实施特色城镇化战略，促进旅游、休闲产业的发展。鼓励山区人口适当向外转移，促进城镇化人口向外集中。加快交通水利等基础设施建设，保证公共服务的均等化布局。

空间结构上，皖西片区形成"三轴多组团"的城镇空间结构。"三轴"指大别山生态发展带；金寨县、霍山县对接合肥的产业发展带；岳西县、太湖县、潜山县对接安庆的产业发展带。"多组团"指金寨县及周边地区、霍山县及周边地区、岳西县及周边地区、潜山县及周边地区、太湖县及周边地区等功能组团，是皖西片区城镇空间结构的重要支撑。

（五）皖南片区

皖南片区包括黄山市、旌德县、绩溪县、石台县、青阳县。

近期以特色旅游、休闲文化为特色发展，中心城和特色小城镇发展加快，人口适度集聚，适度发展生态旅游。远期大皖南国际旅游区建设作用显著，休闲服务产业效益大幅提升，增长极作用进一步凸显。

发展战略上，实施区域特色城镇化战略，强化徽文化生态保护区建设，着力推进旅游国际化发展。完善旅游基础设施建设。确立"绿色GDP"指导思想。

空间结构上，皖南片区形成"一心三轴多组团"的城镇空间结构。"一心"指黄山增长极，为皖南片区的中心城市。"三轴"指黄山市—黄山区—青阳县旅游产业发展带、黄山市—休宁县—黟县—石台县旅游产业发展带和黄山市—歙县—绩溪县旅游产业发展带。"多组团"指青阳县及周边地区、石台县及周边地区、黟县、祁门县及周边地区、黄山区及周边地区、绩溪县及周边地区、旌德县及周边地区等功能组团，是皖南片区城镇空间结构的重要支撑。

第三节　县域经济发展

安徽省为我国县域大省，地域辽阔，共有16个省辖市（地级市），6个县级市，55个县，44个市辖区，县（市）中包含广德县、宿松县2个安徽试点省直管县（市）、1个国家级新区。安徽省县域内资源丰富、要素充足，县域经济的充分发展对全省整体经济的发展有着巨大的带动作用。

一、发展概况

作为县域大省，安徽省的县域经济占全省整体经济的比例越来越大。2015年，面对经济下行压力，安徽省县域经济依然走出上升曲线，整体保持平稳增长（见表8-2）。安徽省统计局发布数据显示，2015年全省62个县（市）实现地区生产总值10782亿元，比上年增长8.9%，增幅比全省高0.2个百分点，占全省的比重由上年的48%提升到49%，对全省经济增长的贡献由49.8%提高到50%。分产业看，第一产业增加值1941亿元，增长4.4%；第二产业增加值5604亿元，增长9.6%；第三产业增加值3237亿元，增长10.2%。三次产业比例由上年的19.7∶53.5∶26.8调整为18∶52∶30。分县看，全年生产总值超200亿元的县（市）达19个，比上年增加2个，占县域总数的30.6%；GDP增幅高于全省的县（市）有28个，占县域总数的45.2%。

表8-2 2015年安徽省各市县域经济发展指标

单位：亿元

设区市	县域生产总值	县域工业生产总值	县域地方公共财政收入
合肥	1888.75	807.86	125.1840
淮北	233.23	125.33	16.1594
亳州	614.20	128.63	39.8785
宿州	709.69	213.42	32.7552
蚌埠	573.33	273.46	39.2170
阜阳	829.25	338.91	58.7581
淮南	349.50	46.80	18.7214
滁州	966.71	395.89	88.3701
六安	615.58	198.69	48.1803
马鞍山	529.43	282.45	53.0651
芜湖	964.76	579.52	96.9170
宣城	701.13	330.57	86.4088
铜陵	194.66	82.39	14.5248
池州	235.06	85.58	22.9880
安庆	966.18	462.45	60.4111
黄山	286.18	72.86	27.0409

资料来源：《安徽统计年鉴》（2016）。

62 个县（市）实现规模以上工业增加值 4717.7 亿元，同比增长 10.4%，增幅比全省高 1.8 个百分点，比上年同期回落 2.4 个百分点；占全省比重由上年的 47.3% 提高到 48.1%。62 个县（市）固定资产投资 11005.5 亿元，同比增长 15.3%，增幅比全省高 2.6 个百分点；占全省比重由上年的 44.9% 提高到 45.9%。投资规模超过百亿元的县达 51 个，较上年同期增加了 6 个，占县域总数的 82.3%，其中 20 个县投资规模超 200 亿元，肥西、肥东、长丰、当涂、无为居全省前 5 位。县域消费品零售总额 3613 亿元，同比增长 12.2%，增幅比全省高 0.2 个百分点，占全省消费的 40.6%，比重较上年提高 0.1 个百分点。

62 个县（市）中，城镇常住居民人均可支配收入超过 2 万元的有 55 个，占县域总数的 88.7%，41 个县（市）增速高于全省，其中和县保持两位数增长；农村常住居民人均可支配收入超过 1 万元的有 33 个（见表 8-3），占总数的 54.8%，40 个县（市）增速高于全省，其中泗县、怀远、固镇、定远、天长、岳西等县（市）保持两位数增长。2015 年末，县域住户存款余额 8992.8 亿元，增长 15.9%，增幅比全省高 2.8 个百分点，占全省住户存款的 51.9%。

表 8-3 2015 年安徽省 61 个县（市）农村居民家庭人均可支配收入

县（市）	农村居民家庭人均可支配收入（元）	排名	县（市）	农村居民家庭人均可支配收入（元）	排名
当涂县	18107	1	绩溪县	10139	32
芜湖县	17774	2	蒙城县	10003	33
繁昌县	17657	3	来安县	9908	34
南陵县	17322	4	旌德县	9900	35
肥西县	16479	5	界首市	9840	36
肥东县	16162	6	濉溪县	9810	37
巢湖市	15142	7	定远县	9413	38
长丰县	14614	8	砀山县	9335	39
庐江县	14312	9	明光市	9331	40
无为县	14171	10	枞阳县	9247	41
和县	14138	11	太和县	9229	42
含山县	14130	12	霍邱县	9226	43
天长市	14070	13	灵璧县	9191	44
广德县	13983	14	涡阳县	9115	45

续表

县（市）	农村居民家庭人均可支配收入（元）	排名	县（市）	农村居民家庭人均可支配收入（元）	排名
宁国市	13748	15	萧县	9097	46
青阳县	12089	16	潜山县	9069	47
郎溪县	12034	17	颍上县	9035	48
黟县	11855	18	霍山县	9007	49
歙县	11807	19	利辛县	9007	50
桐城市	11747	20	望江县	8933	51
固镇县	11745	21	宿松县	8845	52
祁门县	11700	22	凤阳县	8823	53
休宁县	11677	23	岳西县	8797	54
怀远县	11670	24	太湖县	8759	55
五河县	11594	25	泗县	8752	56
东至县	11527	26	临泉县	8592	57
怀宁县	11349	27	阜南县	8591	58
凤台县	11341	28	寿县	8524	59
泾县	11020	29	舒城县	8503	60
金寨县	10328	30	石台县	8084	61
全椒县	10291	31	—	—	—

资料来源：《安徽统计年鉴》（2016）。

二、主要县域经济

以下选取地区生产总值位居前四位的肥西、肥东、长丰、无为四县。这四县2015年地区生产总值分别为551.9亿元、481.79亿元、360.9亿元、355.6亿元，共占全省的16.4%。

1. 肥西县

安徽省肥西素有"淮军故里、改革首县、花木之乡、巢湖明珠"之美誉，地跨江淮流域之间，临淝水之南，滨巢湖西岸，为全国百强县之一，中部十强县，是安徽省经济强县之一，在2016年度全国县域经济竞争力百强县（市）中列93位。肥西县处于合肥经济圈和皖江城市带承接产业转移示范区的核心地带，与合肥滨湖新城、高新区、经开区、科学城和政务文化新区无缝对接，是合肥现代化新兴中心城市建设的重要组成部分。

肥西县形成汽车、家电、装备制造、化工塑胶、生物医药和农副产品加工等六大工业主导产业，其中家电、汽车产业年产值已突破 200 亿元；形成苗木花卉、畜禽、水产、蔬菜园艺、蚕桑、花生六大特色农业产业，三岗苗木、巢湖银鱼、肥西老母鸡、皖中花生等一批特色农产品畅销全国。1991 年通过自主开发，在全省率先创建第一个县办工业园区——桃花工业园；2006 年和 2008 年，通过合作开发，分别与合肥高新区共建柏堰科技园，与合肥经济技术开发区共建新港工业园。全县形成以桃花工业园为龙头，两个县区合作园区为两翼、新型工业示范园为拓展、九个乡镇工业聚集区为支撑的县域工业大平台，顺利实现从"一园擎天"向"多园共兴"的战略性转变。

2010~2015 年，全县地区生产总值由 274.9 亿元增加到 560 亿元，连续突破 3 个百亿元大关，年均增长 12.4%；财政收入由 29 亿元增加到 63.5 亿元，连续跨越 4 个十亿元台阶，年均增长 16.9%；全社会固定资产投资由 260 亿元增加到 558 亿元，年均增长 22.8%；社会消费品零售总额由 36.9 亿元增加到 83 亿元，年均增长 17.7%；农村常住居民人均可支配收入由 7097 元提高到 16650 元，年均增长 18.6%。

2. 肥东县

肥东居皖中腹地，是省会合肥的东大门。东望南京，南滨巢湖，西融合肥，北襟蚌埠，既有"吴楚要冲、包公故里"的盛名，又有"襟江近海、七省通衢"之美誉。全县总面积 2216 平方千米，人口 108.66 万，辖 18 个乡镇、331 个村（居、社区），现有肥东经济开发区、合肥循环经济示范园、安徽合肥商贸物流开发区。

肥东资源丰富，现已经形成机械加工、新型建材、纺织服装、新型化工、家用电器、农副产品加工六大支柱产业。规模以上工业企业达 148 家，初步形成了工业门类齐全、大中小企业并存的工业体系。

"十二五"期间，综合实力显著增强。全县地区生产总值由 2010 年的 220.4 亿元增加到 495 亿元，年均增长 13%；人均生产总值达 7180 美元。财政收入由 15 亿元增加到 35.4 亿元，年均增长 18.7%。全社会固定资产投资五年累计完成 1968 亿元，年均增长 20.3%，其中工业投资五年累计超千亿元。社会消费品零售总额由 34.8 亿元增加到 85 亿元，年均增长 19.6%。居民储蓄存款余额由 81.3 亿元增加到 194 亿元，年均增长 19%。城乡居民收入实现倍增，城镇和农村居民人均可支配收入分别达 27075 元、16510 元。五年来，主要经济指标增速位居全省县域前列，综合实力始终保持在全省县域第一方阵，连续五年跻身"全国科学发展百强县"行列，位次由 90 位上升到 79 位。

3. 长丰县

长丰县位于安徽省合肥市北部，江淮丘陵北缘，东与定远县、肥东县接壤，北与淮南市交界，西与寿县、肥西县毗连，南与合肥市庐阳区、新站综合开发试验区为邻。长丰县资源丰富、经济繁荣，是全国商品粮生产基地县、全国油料生产百强县、全国生猪调出大县、全国设施草莓生产第一大县、全国中部百强县、全省科学发展先进县。

现已培育形成汽车配件、新型建材、食品加工、电力电器、平板显示五大主导产业，是全省汽配生产基地、全省建材生产大县、全省农产品加工大县。中粮、海螺、万向、江汽、伊利、鄂尔多斯、新希望、世纪金源、恒大、南山集团、广银铝业、雨润等全国知名企业先后落户长丰县内，浙江、福建等地商会 300 多家企业在长丰县聚首。

"十二五"时期，为全面推进"调结构、转方式、促升级"，全县经济持续平稳较快发展，主要经济指标基本实现五年翻一番，全省经济强县地位进一步巩固。2015 年，全县地区生产总值、财政收入分别是 2011 年的 1.9 倍、2.3 倍；五年累计引进省外资金超 1200 亿元，万和电气、宝湾物流、万力轮胎等一批大项目先后建成，五年完成固定资产投资 1800 亿元，是九届政府五年投资总量的 2 倍多；规模以上工业产值突破 900 亿元，工业主导地位更为凸显；国家级高新技术企业数增长 3 倍、达 77 家，成功创建 3 个省级以上博士后工作站，成为全国科技进步先进县。

4. 无为县

无为县，隶属于安徽省芜湖市，地处安徽省中南部，长江北岸，北依巢湖，南与芜湖市、铜陵市隔江相望。2015 年，全县地区生产总值是 2011 年的 1.4 倍，年均增长 10.9%，总量位居全省县级第 4 位，其中，第一、第二、第三产业增加值年均分别增长 4.2%、12.4%、10.4%。规模以上工业增加值、财政收入、固定资产投资、社会消费品零售总额分别是 2011 年的 1.2 倍、1.7 倍、2.1 倍、1.5 倍，多项主要经济指标年均保持两位数增长。先后荣获国家新型工业化产业示范基地、全国特种电缆知名品牌示范区、全国科技进步先进县、国家知识产权强县工程示范县。

2015 年无为县经济发展稳中较快。一方面，主要指标稳定增长，全年实现地区生产总值 371.3 亿元，增长 9.1%；财政收入 34.79 亿元，增长 9%；固定资产投资 344.5 亿元，增长 12.5%；规模以上工业增加值 159.9 亿元，增长 9.2%；社会消费品零售总额 107.7 亿元，增长 10.4%。另一方面，产业结构不断调优。工业支撑力持续增强，规模以上工业企业新增 38 家，达 279 家，实现总产值 778.1 亿元，增长 8.9%，其中战略性新兴产业实现产值 103.4 亿元，增长 16.3%；工业对全县 GDP 增长贡献率达 45.5%，提高 1.3 个百分点，产值超亿元企业新增 12 家，达 162 家，超 10 亿元企业新增 1 家，达 18 家，华菱电缆集团位列全省民营企业纳税百强第 69 位，太平洋电缆实现股权融资 3.26 亿元，香枫新材料挂牌"新三板"，东隆羽绒报省证监局备案。

第四节　区域协调发展

作为"一带一路"和长江经济带上的重要节点，安徽省在国家对内对外开放中处于重要位置。由于安徽省的各区域之间和区域内部都有较大的差异，因此需要在坚持重点突破、整体推进、彰显特色的基础上，推动条件较好的地区保持率先、持续发展，基础较弱的地区补上短板、增强后劲，在继续推进已有区域发展平台建设的基础上，打造新的区域发展战略平台，形成协同发展、多极支撑的区域发展格局。在对接国家新一轮开放总体布局的基础上，加快形成东西双向互动、对内对外联动的全面开放新格局，促进区域发展形成内陆开放新高地，形成沿江港口一体化建设；全面提升基础设施建设和投资贸易便利化水平、"引进来"和"走出去"水平，把安徽的区位优势转化为现实的开放优势，在更高水平、更高层次上参与国内外分工合作，加快形成内外联动的开放新格局。

一、统筹区域板块协调发展

1. 皖江城市带承接产业转移示范区

自觉推动皖江城市带产业转移示范区绿色循环低碳发展，加强资源节约和环境保护，促进产业发展与区域资源生态环境相协调，防止污染转移和低水平重复建设。加快产业集聚和高端化发展，培育具有重要影响力的沿江城市组群，成为长江经济带重要战略支点。大力发展电子信息和家电、汽车和装备制造、能源和新能源、材料和新材料、现代服务业等主导产业群，建成具有国际竞争力的先进制造业和现代服务业基地。推动合肥、芜湖、安庆、马鞍山、铜陵等加工贸易梯度转移重点承接地建设。加快长江水系千吨级航道网、皖江城际铁路网、跨江大桥和过江通道建设。努力把皖江城市带建设成为产业实力雄厚、资源利用集约、生态环境优美、人民生活富裕、全面协调可持续发展的示范区。

2. 皖北"四化"协调发展先行区

以建设淮河生态经济带、加快淮河流域综合治理与绿色发展为契机，进一步完善支持政策。以新型工业化为核心，推动"四化"协同发展，促进经济发展。发展壮大电子信息、生物医药、现代中药、食品、轻纺鞋服、煤基材料、煤矸石电厂等主导产业，积极培育汽车及装备机械、新材料、云计算、现代物流、储能等新兴产业，大力发展皖北文化旅游。推进国家粮食生产核心区建设，培育现代农业产业化集群，打造全国新型农业现代化先行区。深入推动蚌埠、阜阳区域性中心城市建设，进一步提升淮北、亳州、宿州、淮南中心城市能级，加强县城、重点镇建设，促进就近城镇化。发展新型农村社区。以实施引江济淮、商合杭高铁等重大工程为引领，增强水资源综合利用能力，促进交通设施互联互通。加强黄河故道综合开发。加快提升基本公共服务水平，加大对高中教育、职业教育、医疗卫生机构建设等方面投入。深入推进南北结对合作，加快推进"3+6"合作共建现代产业园发展。支持皖北地区引进高素质人才，加大干部培养力度。

3. 皖南国际文化旅游示范区

推进新安江、青弋江、水阳江、秋浦河等重点流域生态保护，实施太平湖、升金湖、南漪湖等重点湖泊生态保护和修复。实施"5个1工程"。①建设一批国际水准的旅游精品景区，提升黄山、九华山、天柱山、西递宏村、芜湖方特等精品景区发展水平，支持九华山、天柱山、皖南古村落等申报世界自然文化遗产。②发展一批具有国际竞争力的特色旅游产品，促进徽州四雕、芜湖铁画、青铜工艺、文房四宝等特色产品规模化、品牌化。③打造皖南世界遗产之旅、九华山朝圣之旅、天柱山生态养生之旅、皖江黄金水道之旅等一批旅游精品线路，加快示范区"四纵三横"综合交通通道建设，推动旅游服务设施一体化，实施高速公路通达和景区公路连通工程，推进黄山旅游轻轨等项目建设。④培育旅游＋农业、文化、体育、休闲度假、互联网等一批新兴业态。⑤培育一批具有国际经营实力的领军企业，打造跨界融合的产业集团和产业联盟，构建以文化旅游为特色的现代产业体系。立足皖南良好的生态环境和深厚的文化底蕴，按照全域旅游理念，强化国际视野、国际标准，引进国际优质资本和智力资源，促进文化旅游资源保护和优质文化旅游资源深度开发，推动生态、文化、旅游、科技融合发展，创建大黄山国家公园。努力把示范区打造成为美丽中国建设先行区、世界一流旅游目的地和中国优秀传统文化传承创新区。

4. 皖西地区

加强基础设施重点项目建设。实施林业提质增效等重点生态工程，完善大别山区水环境生态补偿机制，建设长江和淮河中下游地区重要的生态安全屏障。整合开发铁矿、钼矿等优势矿产资源，发展纺织服装、石化、汽车及零部件、机电家电和健康养老等产业。全面贯彻落实大别山革命老区振兴发展规划，依托皖西地区丰富的农林资源，大力提升特色农业规模化、产业化水平，建设全国重要的特色农产品生产加工基地。深度开发红色、历史文化、生态资源，打造一批精品旅游线路、5A级景区和国家旅游度假区，建设全国知名的红色旅游胜地和文化、生态、休闲旅游目的地。加快新型工业化、信息化、城镇化和农业现代化进程，加强生态建设和环境保护，加大扶贫攻坚力度，努力使老区人民过上美好生活。

二、区域增长极建设

通过将合肥经济圈打造成全省核心增长极，进一步增强合肥的辐射力和带动力，打造长三角世界级城市群副中心和"一带一路"节点城市。创建国家级合肥滨湖新区，全方位承接高端产业和创新要素，打造全国创新创业试验区、高端产业集聚区、生态文明先行区。加快培育电子信息、汽车及新能源汽车、装备制造、新能源等具有国际竞争力的主导产业集群和总部基地。高水平建设综合保税区、出口加工区等对外开放大平台。打造通达全球的对外综合运输大通道。支持申报国际贸易便利化综合改革试点。支持建设金融服务后台基地和中国快递服务后台基地。加快环巢湖国家旅游休闲区建设。

加速合肥经济圈一体化。以合肥为中心，促进合芜发展带、沿江发展带、合铜发展带、合淮蚌发展带建设。建立产业分工协调机制，打造合滁宁、合芜马、合铜宜、合六、合淮五大产业集群带，加快建设全国有重要影响的先进制造业基地。提高基础设施一体化水平，加强交通、水利、能源、信息基础设施共建共享。加强生态环境联防联治。引领推动合肥经济圈向合肥都市圈战略升级，努力成为全省核心增长极乃至国内有重要影响力的区域增长极。

促进区域性的增长极建设。着力将芜湖建成长江经济带具有重要影响的现代化大城市。推动芜马同城化，把芜马城市组群打造成全省重要增长极，成为全国重要的先进制造业基地和现代物流中心，长江经济带具有重要影响力的区域性城市组群。将蚌埠、安庆、阜阳、黄山打造成皖北、皖西南、皖西北、皖南区域性中心城市，努力将宣城打造成为皖苏浙区域交汇中心城市。

三、资源型城市转型发展

对资源型城市实施分类指导战略，推动成长型、成熟型资源城市集约发展，支持衰退型、再生型资源城市和独立工矿区创新转型发展。引导淮北、淮南、马鞍山、铜陵等资源型城市发展接续替代产业，推进单一的资源型经济向多元经济转变。统筹市矿发展，加强资源型城市主城区与工矿区融合发展，推动城区市政公用设施与矿区对接，促进资源开发与城市发展良性互动。强化城市环境保护、生态治理和矿山地质环境修复，加大采煤沉陷区治理力度，加强非煤矿山地质灾害防治及生态修复，积极推进国家级绿色矿山试点。加大资源型城市建设用地供给，加大对资源型城市的转移支付力度。力争到2020年，采煤塌陷区治理率达到50%，棚户区改造、社保欠费、矿山生态修复等历史遗留问题基本解决，资源开发与经济社会发展、生态环境保护相协调的格局基本形成。

四、加快发展县域经济

强化因地制宜、分类指导，立足经济基础和资源、文化特色，打造一批工业强县、农业强县、生态名县和旅游文化名县，培育一批工业型、农业服务型、商贸型、旅游型等特色小城镇，切实巩固全省经济发展的半壁江山。加快新型工业化步伐，发挥比较优势，突出专精特新，培育壮大特色产业，打造一批产业集群和专业乡镇。扎实推进县城"三治三增三提升"行动，提升新型城镇化建设水平，建设一批充满活力、独具魅力、宜居宜业的现代中小城市和经济强镇。强化要素支撑保障，大力发展普惠金融，着力加强对中小微企业、农村特别是不发达地区的金融服务，盘活存量土地资源，提高土地节约集约利用水平，加快发展县域职业教育，提升劳动力素质。

总之，区域协同发展是一个复杂的系统工程，需要抓住主要矛盾。区域发展水平的差异也往往可以增大发展的回旋空间，形成梯度推进和持续增长的动力。因此，安徽省促进区域协同发展过程中要发挥市场机制的决定性作用，促进产业有序向皖北转移；同时也要发挥政府的作用，促进基本公共服务均等化。

参考文献

[1] 蒋晓岚，孔令刚."十三五"时期的新挑战、新机遇与新战略——以安徽为例[J]. 区域经济评论，2015（1）：20.

[2] 安徽省人民政府. 安徽 60 年 [M]. 北京：中国统计出版社，2009.

[3] 费瑞波. 机遇、政策和措施：新常态下安徽经济发展研究 [J]. 滁州学院学报，2015（4）：24-28.

[4] 张会恒. 安徽生态文明建设的现状与对策 [N]. 安徽日报，2016-09-12（007）.

[5] 安徽省国民经济和社会发展第十二个五年规划纲要 [EB/OL]. 百度文库，https：//wenku.baidu.com/view/1d18a780876fb84ae45c3b3567ec102de3bddf55.html.

[6] 安徽省国民经济和社会发展第十三个五年规划纲要 [EB/OL]. http：//qyjjyjs.tlu.edu.cn/s/11/t/304/d2/85/info53893.htm.

[7] 安徽省发改委.《安徽省"十三五"利用外资和境外投资规划》解读 [EB/OL]. http：//xxgk.ah.gov.cn/UserData/DocHtml/731/2017/1/17/836945885509.html.

[8] 安徽省城镇体系规划（2011~2030）[EB/OL]. 百度文库，https：//wenku.baidu.com/view/8fd04984d4d8d15abe234ed3.html.

[9] 江永红，刘冬萍. 安徽经济发展对资源环境的压力分析 [J]. 中国人口·资源与环境，2011，21（8）：156.

[10] 方叶林，黄震方，陈文娣，等. 2001~2010 年安徽省县域经济空间演化 [J]. 地理科学进展，2013，32（5）：837.

[11] 吴青华. 创新驱动对安徽省经济增长的影响 [J]. 合作经济与科技，2017（4）：34-36.

第四篇

主体功能区

第九章 主体功能区建设

国土空间是我们赖以生存和发展的家园，国土空间的开发利用，一方面有力地支撑了国民经济的快速发展和社会进步，另一方面也出现了一些必须高度重视和着力解决的突出问题。为应对和解决目前我国国土空间开发利用中存在的耕地减少过多过快，生态损害严重，资源开发强度大，环境问题凸显，空间结构不合理，空间利用效率低，城乡和区域发展不协调，公共服务和生活条件差距大等问题，构建高效、协调、可持续的国土空间开发格局，编制《全国主体功能区规划》，将我国国土空间分为以下主体功能区：按开发方式，分为优化开发区域、重点开发区域、限制开发区域和禁止开发区域；按开发内容，分为城市化地区、农产品主产区和重点生态功能区；按层级，分为国家和省级两个层面（见图9-1）。

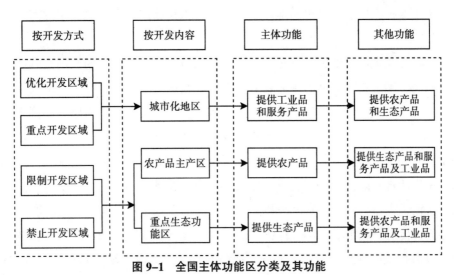

图9-1 全国主体功能区分类及其功能

资料来源：《全国主体功能区规划》。

优化开发区域是经济比较发达、人口比较密集、开发强度较高、资源环境问题更加突出，从而应该优化进行工业化城镇化开发的城市化地区。

重点开发区域是有一定经济基础、资源环境承载能力较强、发展潜力较大、集聚人口和经济的条件较好，从而应该重点进行工业化城镇化开发的城市化地区。优化开发和重点开发区域都属于城市化地区，开发内容总体上相同，开发强度和开发方式不同。

限制开发区域分为两类：一类是农产品主产区，即耕地较多、农业发展条件较好，尽管也适宜工业化城镇化开发，但从保障国家农产品安全以及中华民族永续发展的需要出发，必须把增强农业综合生产能力作为发展的首要任务，从而应该限制进行大规模高强度工业化城镇化开发的地区；另一类是重点生态功能区，即生态系统脆弱或生态功能重要，资源环境承载能力较低，不具备大规模高强度工业化城镇化开发的条件，必须把增强生态产品生产能力作为首要任务，从而应该限制进行大规模高强度工业化城镇化开发的地区。

禁止开发区域是依法设立的各级各类自然文化资源保护区域，以及其他禁止进行工业化城镇化开发、需要特殊保护的重点生态功能区。国家层面禁止开发区域，包括国家级自然保护区、世界文化自然遗产、国家级风景名胜区、国家森林公园和国家地质公园。省级层面的禁止开发区域，包括省级及以下各级各类自然文化资源保护区域、重要水源地以及其他省级人民政府根据需要确定的禁止开发区域。

推进形成主体功能区，有利于统筹谋划人口分布、经济布局、国土利用和城镇化格局，确定不同区域的主体功能，并据此明确开发方向，完善开发政策，控制开发强度，规范开发秩序，逐步形成人口、经济、资源环境相协调的国土空间开发格局；有利于推进经济结构战略性调整，加快转变经济发展方式，实现科学发展；有利于按照以人为本的理念推进区域协调发展，缩小地区间基本公共服务和人民生活水平的差距；有利于引导人口分布、经济布局与资源环境承载能力相适应，促进人口、经济、资源环境的空间均衡；有利于从源头上扭转生态环境恶化趋势，促进资源节约和环境保护，应对和减缓气候变化，实现可持续发展；有利于打破行政区划界限，制定实施更有针对性的区域政策和绩效考核评价体系，加强和改善区域调控。

安徽省按照推进形成主体功能区的要求，编制《安徽省主体功能区规划》。作为安徽省国土空间开发的战略性、基础性和约束性规划，其编制和实施对于优化国土空间开发格局，促进人口、经济、资源环境空间均衡，实现全面建成小康社会，打造"三个强省"、建设美好安徽具有重要意义。

一、主体功能区划分

随着安徽省社会经济的快速发展，安徽省国土空间开发存在物质积累不够丰富、区域发展不够均衡、开发利用效率不高、人口集聚水平较低等问题。根据安徽省不同区域资源环境承载能力、现有开发强度和发展潜力，统筹考虑未来人口分布、经济布局、国土利用和城镇化格局，以是否适宜大规模、高强度、工业化、城镇化开发为基准，将全省国土空间划分为重点开发、限制开发和禁止开发三类主体功能区（见表9-1）。

表 9-1 安徽省主体功能区划分方案

主体功能区类型	片区	范围	面积（平方千米）	面积占全省比重（%）
重点开发区域	国家重点开发区域（江淮地区）：29 个县（市、区），21889.14 平方千米，占全省15.62%	合肥片区	合肥市：庐阳区、瑶海区、蜀山区、包河区、肥西县、肥东县	5107.24	3.64
		芜马片区	芜湖市：镜湖区、弋江区、鸠江区、三山区、无为县、繁昌县 马鞍山市：花山区、雨山区、博望区、当涂县、和县	6818.64	4.87
		铜池片区	铜陵市：郊区、铜官山区、狮子山区、铜陵县 池州市：贵池区	3598.70	2.57
		安庆片区	安庆市：迎江区、大观区、宜秀区、枞阳县	2339.50	1.67
		滁州片区	滁州市：琅琊区、南谯区	1404.32	1.00
		宣城片区	宣城市：宣州区	2620.75	1.87
	省重点开发区域：20 个县（市、区），11564.30 平方千米，占全省8.25%	阜亳片区	阜阳市：颍州区、颍东区、颍泉区 亳州市：谯城区	4092.24	2.92
		淮（南）蚌片区	淮南市：大通区、田家庵区、谢家集区、八公山区、潘集区 蚌埠市：龙子湖区、蚌山区、禹会区、淮上区	1945.08	1.39
		淮（北）宿片区	淮北市：杜集区、相山区、烈山区 宿州市：埇桥区	3281.61	2.34
		六安片区	六安市：金安区	1653.33	1.18
		黄山片区	黄山市：屯溪区、徽州区	592.03	0.42
合计		49 个县（市、区）	33453.44	23.87

主体功能区类型	片区	范围	面积（平方千米）	面积占全省比重（%）
限制开发区域 国家农产品主产区：40个县（市、区），76454.51平方千米，占54.56%	淮北平原主产区	淮北市：濉溪县 亳州市：涡阳县、蒙城县、利辛县 宿州市：砀山县、萧县、灵璧县、泗县 蚌埠市：怀远县、固镇县、五河县 淮南市：凤台县 阜阳市：临泉县、太和县、阜南县、颍上县、界首市	30544.37	21.80
	江淮丘陵主产区	合肥市：长丰县 六安市：裕安区、寿县、霍邱县 滁州市：来安县、全椒县、定远县、凤阳县、明光市、天长市	22733.82	16.22
	沿江平原主产区	合肥市：巢湖市、庐江县 六安市：舒城县 芜湖市：芜湖县、南陵县 马鞍山市：含山县 池州市：东至县 安庆市：桐城市、怀宁县、宿松县、望江县 宣城市：郎溪县、广德县	23176.32	16.54
重点生态功能区：16个县（市、区），30217.83平方千米，占21.57%	国家重点生态功能区	六安市：金寨县、霍山县 安庆市：太湖县、岳西县、潜山县 池州市：石台县	13445.35	9.60
	省重点生态功能区	黄山市：歙县、黟县、祁门县、休宁县、黄山区 池州市：青阳县 宣城市：泾县、旌德县、绩溪县、宁国市	16772.48	11.97
合计		56个县（市、区）	106672.34	76.13
禁止开发区域	自然保护区	国家级7处、省级29处	4199.65	3.00
	自然文化遗产和重点文物保护单位	世界自然文化遗产1处、世界文化遗产1处、全国重点文物保护单位130处	1099.62	0.78
	风景名胜区	国家级10处、省级31处	3268.57	2.33
	重要湿地	国家级5处	1140.56	0.81
	湿地公园	国家级12处	512.01	0.37
	森林公园	国家级29处、省级37处	1477.04	1.05
	地质公园	世界级2处、国家级9处、省级5处	1635.53	1.17
	蓄滞（行）洪区	23处	3986.94	2.85
	水产种质资源保护区	国家级19处	549.26	0.39
	合计	350处	17869.18	12.75

注：表格中禁止开发区域面积包含在重点开发区域和限制开发区域面积中，行政区划数据截至2010年。
资料来源：《安徽省主体功能区规划》。

各类主体功能区，在经济社会发展中具有同等重要的地位，只是主体功能不同，开发方式不同，保护内容不同，发展首要任务不同，国家和省的支持重点不同。对城市化地区主要支持其集聚人口和经济，对农产品主产区主要支持其增强农业综合生产能力，对重点生态功能区主要支持其保护和修复生态环境。

二、重点开发区域

安徽重点开发区域（见表9–1）位于全国"两横三纵"城市化战略格局中沿长江横轴的东部地区，包括41个市辖区和8个县，涉及国土面积3.35万平方千米，占全省面积的23.87%。具有区域交通优势明显、工业基础较好、资源环境承载力较强、开放程度高、创新潜力较大等特点。

其中重点开发区域包括国家重点开发区域、省重点开发区域和重点开发城镇。

（一）功能定位和发展方向

功能定位：安徽工业化和城镇化的重点地区，全国承接产业转移的示范区、先进制造业和现代服务业基地、重要的科研教育和科技创新基地、能源原材料基地和农产品加工基地，区域性的战略性新兴产业和高新技术产业基地。

发展目标：到2020年，实现区域经济总量大幅提高，地区生产总值保持健康较快增长；集聚人口能力得到增强，城镇人口规模继续扩大，城镇化率提高到70%左右；生态环境得到明显改善，长江、淮河、新安江、巢湖等水环境得到有效治理，森林覆盖率得到提高，物种得到有效保护，工业和生活污染物实现达标排放，人与自然和谐相处。

发展方向：

（1）全面优化国土开发格局。转变国土开发方式，规范开发秩序，强化开发监管。着力扩大城市规模，发展壮大中心城市。适度增加城市建设空间，减少农村居住空间。科学规划城市功能布局，扩大先进制造业和服务业发展空间。增加城市居住和生态等建设空间。

（2）加快推进工业化和城镇化进程。走新型工业化道路，大规模、高水平承接产业转移，不断提高自主创新能力，促进产业集群发展，培育壮大战略性新兴产业，加快改造提升传统优势产业，构建具有国际竞争力的现代产业体系，实现产业规模扩张和质量提高。以工业化带动城镇化，以城镇化促进工业化，积极稳妥推进农村人口向城镇集中，引导限制开发区域和禁止开发区域人口向重点开发区域的城镇有序转移，形成以区域中心城市为支撑、大中小城市和小城镇合理分布的现代城镇体系。

（3）完善基础设施建设。统筹规划建设交通、能源、水利、环保、信息等基础设施，构建完善、高效、区域一体、城乡统筹的基础设施网络。优先发展城市公共交通，推进城际快速通道建设。加强防洪基础设施建设，提高城市防洪减灾能力，实施长江干流崩岸整治。加强城市供排水管网建设，提高安全供水和排涝能力。加快城镇生活污水和垃圾处理设施建设。

（4）加强资源节约集约。调整国土利用空间，大力推进节约集约用地，优先开发未利用地和废弃地。提高工业固体废弃物的综合利用率，提升能源资源的综合利用水平，鼓励企业发展循环经济，推动开发区循环化改造，积极开展低碳经济园区试点。推进节能、节水、资源综合利用等工程建设。加快产业结构调整，推进技术进步，形成集约化、节约型的增长方式。

（5）大力发展特色高效农业。加强现代农业示范区和农业生态园区建设，全面提升区域农业发展水平。重点建设水稻、小麦、玉米、棉花、油料、畜禽、水产、瓜果、木本粮油和特色经济果木等优质农产品生产基地。城市郊区发展集生态、文化和景观功能于一体的新型都市农业。

（6）加强区域生态建设和环境保护。重点建设长江、淮河、新安江和巢湖流域生态防护林体系和绿色长廊等重点林业工程，加强自然保护区、风景名胜区、森林公园、地质公园、湿地、城市森林等重要生态功能区建设和保护，建设以城镇和村庄绿化为点、沿河沿湖沿路为线、皖西皖南山区和江淮丘陵区为面的森林生态防护体系。

（二）国家重点开发区域

安徽国家重点开发区域集中分布于皖江城市带承接产业转移示范区及周边部分地区，包括合肥、马鞍山、芜湖、铜陵、池州、安庆、滁州和宣城八市所辖的29个县（市、区），面积2.19万平方千米，占全省面积的15.62%。

1. 合肥片区

该片区属于皖江城市带承接产业转移示范区的双核之一，包括合肥市四个市辖区和肥东、肥西二县。

功能定位：全国重要的先进制造业和现代服务业基地、科研教育和创新基地，区域性的战略性新兴产业和高新技术产业基地，全国综合交通枢纽。

发展方向：①提升合肥中心城市地位，加快"大湖名城"建设步伐，培育核心增长极和创新极。②优化城市空间发展格局，进一步提升中心城区综合功能，科学构建城市副中心，推动城市组团式发展。③推进产业集群化发展，重点发展汽车及零部件、装备制造、家用电器等，着力培育新型显示及电子信息、新材料、光伏及新能源、高端装备制造、生物医药、新能源汽车、节能环保和公共安全等新兴产业，推进信息化与工业化融合发展。④联动发展现代服务业，积极发展交通运输、现代物流、电子商务、金融服务、服务外包、会展商贸、文化旅游、科技创新和文化创意产业。⑤大力发展特色农业，加快城郊型农业基地设施建设，重点发展优质、高效、生态、安全农业。⑥加强生态建设和环境保护。

2. 芜马片区

该片区位于皖江城市带沿江东部地区，属皖江城市带承接产业转移示范区双核之一，包括芜湖、马鞍山七个市辖区和繁昌、无为、当涂、和县四县。

功能定位：全国重要的汽车及汽车零部件基地、精品钢基地、装备制造业基地、新材料基地、创新基地、现代物流中心和文化旅游中心，区域性的战略性新兴产业和高新技术产业基地及综合交通枢纽。

发展方向：①培育皖江城市带核心增长极和创新极，加快芜马城市组团建设，促进跨江发展，推进江北产业集中区和郑蒲港新区建设。②依托长江黄金水道，重点发展汽车、钢铁、家电、材料、光电、化工、造船等优势产业，大力发展节能环保、装备制造、电子信息、生物医药、新材料等新兴产业，着力发展金融、物流、文化创意、服务外包、旅游等现代服务业。③加快种养殖结构调整，重点发展优质粮油、蔬菜、畜产、水产等高效农业。④实施长江干支流整治，完善城市防洪工程体系，加强生态修复和环境保护，推进园林城市和森林城市建设，构建宜居宜业环境。

3. 铜池片区

该片区位于皖江城市带沿江中部地区，属皖江城市带承接产业转移示范区一轴组成部分，包括铜陵市的三个市辖区、铜陵县，池州市的贵池区。

功能定位：全国重要的有色金属和非金属材料基地、文化和生态旅游基地、新型化工基地，全国循环经济示范区。

发展方向：①依托长江黄金水道和良好的岸线资源，发挥沿江城市产业互补性强、联系紧密的优势，推动联动发展，推进江南产业集中区建设，打造长江重要工贸港口城市。②重点发展有色金属冶炼和铜基新材料、电子信息、非金属材料、机械、节能环保、化工、现代物流和文化旅游产业，培育壮大装备制造业。③加快国家现代农业示范区建设。④积极推进生态城市建设，创建国家生态市、国家森林城市、国家节水型城市，建设宜业宜居环境。

4. 安庆片区

该片区位于皖江城市带沿江西部地区，属皖江城市带承接产业转移示范区一轴组成部分，包括安庆市三个市辖区和枞阳县。

功能定位：全国重要的石油化工和轻工纺织基地，装备制造、新材料产业基地和文化旅游中心，区域性综合交通枢纽和商贸物流中心。

发展方向：①依托长江黄金水道，扩大城市建设规模，着力建设港口城市，加强皖赣鄂沿长江通道联动发展，建设现代化历史文化名城，打造带动皖西南、辐射皖赣鄂交界地区的区域性中心城市。②集聚发展石油化工及化工新材料产业，大力发展装备制造、纺织轻工、农产品精深加工产业，不断壮大金融服务、商务会展、文化旅游、商贸物流、科技信息产业，积极培育新一代电子信息技术，发展节能环保、生物医药等战略性新兴产业。③着力建设高产优质粮、棉、油生产基地，高产优质畜禽生态养殖基地，有机茶、中药材、高山蔬菜生态农业生产基地，绿色水产品养殖基地，都市休闲观光农业基地。④加强湿地保护，巩固退耕还林成果，切实保护环境，建设以大别山和沿江平原为主体的森林生态网络体系。

5. 滁州片区

该片区位于皖东地区，地接江苏，近靠南京，属皖江城市带承接产业转移示范区两翼之一，包括滁州市两个市辖区。

功能定位：全国重要的家电产业基地、农副产品加工基地、旅游休闲度假基地和区域性商贸物流中心。

发展方向：①推进与合肥经济圈、南京都市圈无缝对接，加快大滁城建设，引领皖东南跨越发展。②重点发展电子信息、机械（汽车）、家电、纺织服装、化工、农副产品深加工和非金属矿深加工产业，积极培育绿色食品产业、生产性服务业以及其他新兴产业。③重点建设国家级大型商品粮基地，积极发展无公害、绿色、有机农产品，加快建设城郊蔬菜和特色农产品生产基地，大力发展养殖业。④加快推进生态城市建设，加强水资源保护，严格执行污染物排放标准和控制排放总量，开展资源综合利用。

6. 宣城片区

该片区地处皖东南，东邻江浙，属皖江城市带承接产业转移示范区"两翼"之一，包括宣城市宣州区。

功能定位：面向长三角的新兴制造业基地，优质农产品生产加工供应基地和文化旅游休闲目的地。

发展方向：①优化城市空间布局，完善城市功能，提升城市能级，加强综合交通运输网络建设，不断增强对周边地区的影响力和带动力。②重点发展汽车零部件、机械电子、特种设备制造、新型建材、农产品深加工、医药化工、轻工纺织、新材料、节能环保、物流和文化旅游产业。③稳定优质粮油棉生产，大力发展家禽和林特产品，积极推进茶叶、烟叶、水产品、蔬菜、特色水果和木本粮油等特色产业发展，建设具有区域特色的农产品生产加工供应基地。④积极推进生态市建设，以城市水系和道路为载体，完善绿地系统，建设生态屏障。

（三）省重点开发区域

省重点开发区域分布于皖北、皖西和皖南地区，包括阜阳、亳州、淮南、蚌埠、淮北、宿州六市市辖区，六安市的金安区，黄山市的屯溪区和徽州区，合计20个县（区），面积1.16万平方千米，占全省面积的8.25%。

1. 阜亳片区

该片区是皖北城镇群的重要节点城市，包括阜阳市三个市辖区和亳州市谯城区。

功能定位：全国医药产业和物流业基地，全省重要的能源基地、制造业基地、农产品生产和加工基地、文化产业基地和旅游目的地。

发展方向：①优化城市空间布局，完善城市关键性基础设施，加强综合交通运输网络建设。强化阜阳皖西北区域性中心城市和综合交通枢纽建设。②加强重点产业基地建设，发展现代中药、生物制药、能源、煤化工、机械制造、电子、纺织服装、酿酒和农副产品加工等产业，积极培育一批产业集群。③着力发展现代服务业，突出发展商贸物流业，积极引进第三方、第四方物流，建设现代物流园区。④大力建设优质小麦、玉米、大豆、棉花等基地，着力发展畜牧养殖业和蔬菜、中药材生产，积极培育知名品牌。⑤大力推行清洁生产和资源综合利用，培育生态经济和循环经济。

2. 淮 (南) 蚌片区

该片区是皖北城镇群的重要节点城市,包括淮南市五个市辖区和蚌埠市四个市辖区。

功能定位:全国重要的能源基地、先进制造业基地、煤化工及化工新材料基地和创新基地,全国重要的商品粮基地和农副产品加工基地,全省重要的生物医药基地。

发展方向:①加快蚌埠区域性中心城市建设,形成以市区为中心、县城为骨干、中心镇为节点的城镇体系;加强交通等基础设施规划和建设,巩固提升区域性综合交通枢纽地位。加快淮南资源枯竭型城市转型,优化城市空间布局,强化城市基础设施支撑能力,建设成为沿淮经济带重要的现代化大城市。②加强重点产业基地建设,培育壮大机械制造、新能源汽车及汽车零部件、煤化工及化工新材料、硅基新材料基地、商贸物流及电子信息、新能源等产业。③大力发展都市农业,兴建具有观光农业、休闲农业等功能的农业科技园 (区),推进采煤塌陷区综合治理及土地复垦。

3. 淮 (北) 宿片区

该片区是皖北城镇群的重要节点城市,包括淮北市的三个市辖区和宿州市埇桥区。

功能定位:全国重要的能源基地,全省重要的煤电化、矿山机械制造、纺织服装和农产品加工基地。

发展方向:①完善城市功能,改善人居环境,提高城市品位,提升区域性中心城市地位。②依托煤炭资源着力建设煤炭和煤化工基地,推进建设加工制造业基地,重点提升纺织服装、矿山机械制造、建材、制鞋、家具制造等产业,积极发展煤电联营、新材料、光机电一体化等为主的高新技术产业,大力发展现代物流业,培育壮大生物医药、精细化工和食品加工、节能环保、电子信息产业集群。③大力推进全国无公害农产品生产基地和国家绿色农业示范区建设,积极发展生态农业、休闲农业、设施农业。④加强城市生态建设和环境保护,强化节能减排,统筹推进采煤塌陷区综合治理。

4. 六安片区

该片区是皖西城镇化的中心区域,具体为六安市金安区。

功能定位:区域性陆路交通枢纽城市,国家粮食生产重点区,安徽重要的装备制造、轻纺服装基地和农产品加工基地。

发展方向：①完善城市基础设施，强化城市功能，加快合六一体化进程。②重点培育装备制造、轻纺服装产业，加强专业产业园区建设，加大招商引资力度，积极承接产业转移，重点承接轻纺服装、机械制造、汽车零部件、现代服务业、生态旅游和农副产品加工等产业，打造一批有影响力的产业基地。③保护耕地，提高农业现代化水平，重点建设商品粮基地，为国家粮食安全提供重要保障。④加强城市生态建设和环境保护，强化节能减排，统筹推进采矿塌陷区综合治理。

5. 黄山片区

该片区位于皖南山区，包括黄山市的屯溪区和徽州区。

功能定位：现代国际旅游城市，世界一流旅游目的地，中国优秀传统文化传承创新区，全国重要的服务业基地、休闲产业基地、低碳高新产业基地和会展中心，区域性综合交通枢纽。

发展方向：①加强现代化交通体系建设，加快高速公路、国省道路网、国家公路运输枢纽建设，完善旅游交通网络，大力发展城市公共交通，强化中心城区和交通枢纽的集散功能。②积极培育优势产业，着力发展低碳经济，重点发展现代服务业，培育壮大绿色包装、农副产品加工、新材料、电子信息、生物医药、旅游产品加工等产业。③积极发展城郊现代农业和特色农业，加快培育农业主导产业，加强茶叶、林果、蔬菜、畜禽、蚕桑、蜂产品、油茶、苗木花卉、竹业等基地建设。④加强生态建设和环境保护，积极推进生态建设，加强森林资源和湿地保护，强化节能减排，大力发展国际文化旅游和生态经济。⑤加强山区洪涝灾害和地质灾害防治，提高水旱灾害应对能力。

（四）重点开发城镇

重点开发城镇点状分布于国家农产品主产区和省重点生态功能区 50 个县（市、区）之中，共 133 个镇（实验区、试验区）。该区域位于国家农产品主产区和省重点生态功能区内，呈点状分布。

功能定位：县域经济发展的核心区，农村人口和特色产业的集聚区，统筹城乡发展的重要节点。

发展方向：①以各类开发园区为依托，发展特色产业，改造和提升传统产业，大力发展劳动密集型产业，积极发展先进制造业和服务业。②加强城镇规划建设和管理，强化交通、水利、环保、信息等基础设施和各类市政设施建设，完善城镇功能，提升城镇品位，成为宜居、宜业、宜游的新型城镇。③积极发展现代农业和特色农业，加快培育农业主导产业，加强蔬菜、畜禽、林果、苗木、花卉、茶叶、蚕桑等基地建设。④加强生态建设，大力发展循环经济，推进环境治理和水资源保护，优化生态环境，实现经济、社会与自然和谐发展。

三、限制开发区域

（一）农产品主产区

该区域主要分布于黄淮海平原南部地区、长江流域下游地区以及江淮丘陵地区（见表 9-1），包括阜阳、亳州、淮北、宿州、淮南、蚌埠、合肥、六安、滁州、芜湖、马鞍山、安庆、池州和宣城市的 40 个县（市、区），面积 7.65 万平方千米，占全省面积的 54.56%。

该区域具有农业资源匹配较好、农业发展基础较好、农产品产量较高等特点。

1. 功能定位和发展方向

功能定位：全国农产品生产和供给安全保障的重要区域，全国重要的优质小麦、水稻、油菜、棉花、大豆、玉米、畜禽产品、水产品、蔬菜、瓜果、茶叶、蚕桑及中药材生产基地，全省重要的现代农业和新农村建设示范区。

发展目标：到 2020 年，实现粮食安全保障能力显著增强，实行最严格的耕地保护制度，对耕地保有量、基本农田面积和非农用地规模进行总量控制；农业生产能力显著提高；城乡统筹全面发展，加强社会主义新农村建设，初步实现城乡一体化发展，公共服务均等化水平明显提高，城乡居民收入差距明显缩小。

发展方向：

（1）提升农业综合生产能力。在稳定粮食播种面积的基础上，实施粮食高产攻关计划，推进农技、农机技术的发展与融合，提高单产和品质，做大做强粮食产业。根据各区域资源特点和市场条件，优化农业生产布局，合理配置农业生产要素，引导优势农产品发展，培育特色农业产业带，逐步建成全国重要的粮食和优势农产品生产基地。

（2）完善农业基础设施。加强水、土、田、林、路综合治理，积极推进土地整理和复垦，加强易涝洼地治理和农田水利基本建设，改善灌溉和机耕道路条件。建设旱涝保收高标准基本农田，提高农业综合抗灾能力和土地可持续生产能力。建立健全农业科技创新体系和农业科技推广服务体系，完善动植物防疫体系、农产品质量安全检验监测体系以及农村投融资体系。

（3）适度发展工业和服务业。在保证农产品生产和供给的前提下，以重点园区为依托，以重大项目为支撑，因地制宜发展资源开采和农产品加工业，不断壮大支柱产业。各开发区和工业集中区通过承接劳动密集型产业转移，构建具有比较优势和市场竞争力的产业体系，推动资源型经济转型，提升县域经济的整体水平。

（4）优化城镇空间布局。在现有城镇空间布局基础上，依托重点开发区域的辐射带动，发展壮大县城和沿国道、省道等交通干线及重要交通节点中心镇，进一步促进城乡统筹发展、城镇集中建设、工业向园区集聚，逐步构建现代城镇体系，形成城镇群发展格局。

（5）推动人口有序转移。逐步引导人口向重点开发区域转移，逐步降低区域人口密度，提高人口素质。加强基础教育和技能培训，增强转移人口的就业能力。

（6）切实保护基本农田。依据《中华人民共和国农业法》《中华人民共和国土地管理法》《基本农田保护条例》，确保面积不减少、用途不改变、质量不降低。

（7）加强生态建设和环境保护。继续实施重点林业生态工程建设，全面推进沿路、沿河、沿村绿化，大力建设高标准基本农田，构建森林生态空间防护体系。大力发展循环农业和生态农业，积极发挥农业的生态功能。

2. 主要区域

（1）淮北平原主产区。该区位于淮河以北，属黄淮海平原主产区，包括阜阳、亳州、淮北、宿州、淮南、蚌埠市的17个县（市），国土面积3.05万平方千米，占全省面积的21.80%。该区平均海拔20~40米，全年平均气温在14℃~17℃，区内耕地面积大，人均耕地多，是我国重要的粮、棉、油、畜禽和蔬菜等农产品主产区。

功能定位：国家专用优质小麦、优质玉米生产区，全国重要的畜禽产品和中药材生产基地，农产品生产加工流通优势区，工业化、信息化、城镇化和农业现代化同步发展引领区。

发展方向：①严格保护耕地，提高农业现代化水平，优化农业产业结构，积极开展农业规模化经营，集中力量建设粮食生产核心区。②大力发展农副产品加工业，提高市场化程度，提升农业产业化水平，增强农村经济实力。③以县城和若干镇为重点，推进城镇建设，大力发展非农产业，完善城镇公共服务和居住功能。④加强农业生态保护，加强农业基础设施建设，强化农业防灾减灾能力，重点加强淮河治理。

（2）江淮丘陵主产区。该区位于长江与淮河之间，地跨江淮分水岭，属于江淮丘陵地区，具体包括合肥、六安和滁州的10个县（市、区），面积2.27万平方千米，占全省总面积的16.22%。该区地处亚热带和暖温带的过渡地区，过渡性气候特征明显，地貌以丘陵台地为主，干旱是本区农业生产的最大障碍因素。

功能定位：国家优质水稻、优质油菜生产区，全国重要的畜禽产品和瓜果蔬菜生产基地，美好乡村建设示范区。

发展方向：①积极开展农业规模化经营，优化产品结构，为全国粮、油生产提供重要支撑，为城乡居民提供更多更好的绿色食品。②大力发展农副产品加工业，加快农业现代化进程，增强农村经济实力。③有序积聚人口，提高城镇规划水平，加快城镇化进程。④加强江淮分水岭综合治理，强化农田水利基本建设，改善农业生产条件。⑤加强沿淮洼地及淮河支流治理力度，有效提升区域防洪抗灾能力。

（3）沿江平原主产区。该区地跨长江两岸，属长江流域，包括合肥、六安、滁州、芜湖、马鞍山、安庆、池州和宣城市的13个县（市），面积2.32万平方千米，占全省面积的16.54%。该区地貌以平原为主，河湖纵横，水热条件优越，适宜作物多熟高产，是全国重要的粮、棉、油和畜禽、水产等农产品主产区。

功能定位：国家优质水稻、优质棉花、优质水产品、优质蔬菜生产区，全国承接现代农业转移的示范区，安徽农业对外开放的先行区和现代农业发展的核心区，美好乡村建设示范区。

发展方向：①因地制宜，开展多种经营，为全国提供绿色安全的粮、棉、油和水产品，大力发展都市农业和观光农业。②积极推进农业产业化，加快农业现代化进程。③促进人口有序积聚，提高城镇化水平。④加强水利建设和生态保护，加强长江、巢湖等重要河流治理和保护，增强防洪防灾能力，为农业生产提供有力保障。

（二）重点生态功能区

该区域分布于皖南和皖西山区（见表9-1），面积3.02万平方千米，占全省面积的21.57%。该区域包括六安、安庆、池州、黄山、宣城的16个县（市、区），其中国家重点生态功能区 6 个县，面积 1.34 万平方千米，占全省面积的 9.60%。

该区域具有地貌类型复杂、生物类型多样、旅游资源丰富、经济实力不强、水土流失严重等特点。

1. 功能定位和发展方向

功能定位：全省乃至全国生态产品供给安全保障的重要区域，全国重要的水土保持、水源涵养和生物多样性维护生态功能区，长三角地区的重要生态屏障，人与自然和谐相处的示范区。

发展目标：到 2020 年，实现生态功能显著增强，森林覆盖率达到 65%以上，生物多样性得到有效维护，水源涵养能力明显提高，湿地得到有效保护，水土流失面积大幅减少；人口总量有所降低，逐步实现人口有序转移，区域人口数量明显减少，人口质量显著提高；基本公共服务水平明显提高。

发展方向：

（1）维持生态稳定。采取严格的保护措施，构建生态走廊，促进自然生态系统恢复，增强生物多样性维护能力。建立野生动植物救护中心和繁育基地，禁止滥捕、乱采、乱猎等行为，加强外来物种入侵管理。建立水产种质资源保护区，保护国家重点经济水生动植物资源。

（2）加强水源涵养。在水源涵养生态功能保护区内，结合已有的生态保护和建设重大工程，加强森林、草地和湿地的管护、恢复，严格监管矿山开采和查处毁林、毁草等破坏行为，逐步提高森林覆盖率。

（3）强化水土保持。加强小流域综合治理，恢复退化植被，巩固和扩大退耕还林成果。严格对资源开发和建设项目的监管，控制人为因素对土壤的侵蚀，保护和恢复自然生态系统，增强区域水土保持能力。

（4）完善城镇布局。在现有城镇布局基础上，进一步集约开发、集中开发和据点式建设，逐步减少农村居民点占用的空间，工业、城镇等基础设施建设要集约开发，重点规划和建设资源环境承载能力较强的县城和中心镇。

（5）发展特色产业。在不损害生态产品生产供给和严格控制开发强度前提下，依托山区资源优势，因地制宜发展资源开采、旅游、农（林）副产品生产加工等产业，重点建设自然生态旅游基地、特色农产品和林产品生产基地。

（6）实施生态移民。逐步引导人口向重点开发区域、城市化地区和中心城镇转移，逐步降低区域人口密度，提高人口素质。

2. 主要区域

（1）国家重点生态功能区。该区域主要分布于皖西大别山区，包括金寨、霍山、岳西、太湖、潜山、石台县，属国家大别山水土保持生态功能区，面积 1.34 万平方千米，占全省面积的 9.60%。

该区域是淮河中游和长江下游的重要水源补给区，土壤侵蚀敏感性程度高，山地生态系统功能退化，水土流失严重，是全国重要的水土保持型和水源涵养型生态功能区，是全省乃至长三角地区的重要生态屏障。

发展方向：①遏制区域水土流失，禁止毁林开荒，逐步恢复和扩大森林植被，增强水土保持能力，确保水库、湖泊安全。②加强流域综合治理，开展封山育林，河、湖、库上游要大力营造水源涵养林和水土保持林，加快区域生态防护林体系建设，提高防洪减灾能力，减轻对长江、淮河的洪水压力。③严格监管资源开发，禁止发展与生态保护相矛盾的产业和项目，加大矿山环境整治和生态修复力度，控制人为因素对土壤的侵蚀，适度合理开发旅游资源和农产品资源。

（2）省重点生态功能区。该区域分布于皖南山区，包括歙县、黟县、祁门县、休宁县、黄山区、青阳县、泾县、旌德县、绩溪县、宁国市，共 10 个县（市、区），面积 1.68 万平方千米，占全省面积的 11.97%。

该区域以黄山等风景区为核心，自然生态条件优越，森林生态系统完整，是重要的自然生态保护区、森林公园、地质公园和旅游区，具备良好的生态功能价值，是全国重要的生物多样性保护型和水源涵养型生态功能区之一，是长三角地区的重要生态屏障。

发展方向：①保护野生生物资源，加强黄山等自然保护区建设，禁止对野生动植物资源进行乱捕乱采，促进自然生态系统恢复，实现野生动植物资源的良性循环和永续利用，加强外来入侵物种管理。②加强生态工程建设，加强水源地保护和治理，在江河支流及水库周围营造水源涵养林，大力开展封山育林、退耕还林工程和水土流失治理等生态建设工程，提高和稳定森林蓄水保土能力。③合理开发旅游资源，加强自然景观和人文景观的保护，控制景区内旅游设施的建设规模，确保旅游配套设施建设与自然景观相协调，合理设计旅游线路，使旅游经济的发展和生态环境的承载能力相适应。

四、禁止开发区域

全省共有禁止开发区域 1058 处（见表 9-1），其中，国家级和省级自然保护区 36 处、世界自然文化遗产 2 处、全国重点文物保护单位 130 处、省级文物保护单位 708 处（未列入名录）、国家级和省级风景名胜区 41 处、国家重要湿地 5 处、国家湿地公园 12 处、国家和省森林公园 66 处、国家和省地质公园 16 处、蓄滞（行）洪区 23 处，以及国家级水产种质资源保护区 19 处。总面积约 1.79 万平方千米（未包括省级文物保护单位面积），占全省面积的 12.75%。全省禁止开发区域还包括省级以下自然文化资源保护区域、重要水源地及省政府根据需要确定的禁止开发区域。禁止开发区域空间上呈不规则的面状和点状分布在重点开发区域和限制开发区域之中。

该区域具有生物多样性丰富，自然、文化遗产传承性强，自然、人文景观观赏性高，防洪调蓄能力强等特点。

（一）功能定位和发展方向

功能定位：国家和安徽自然文化资源的重要保护地，传承文化遗产、确保生态平衡、改善区域生态环境质量的核心区域，具有保障生态安全的重要功能。

发展方向：严格保护，严禁开发，实现人口有序转移，促进区域内人民生活水平持续提高。

（二）主要区域

1. 自然保护区

按先核心区后缓冲区、试验区的顺序，逐步转移人口。在不影响保护区保护对象和功能的前提下，允许适度规模的人口居住及适度的符合自然保护区规划的农牧业活动。慎重建设交通设施。加大财政转移支付力度，确保居民生活水平稳步提高。

2. 自然文化遗产和重点文物保护单位

保护遗产在艺术、历史、社会和科学等方面的特殊价值，最大限度维护遗产的真实性和完整性。

3. 风景名胜区

实行科学规划、统一管理和严格保护，严格控制人工景观建设，减少人为包装。在严格保护下，适度进行旅游开发。

4. 重要湿地和湿地公园

加强湿地保护，维护湿地生态功能和生物多样性，禁止随意围（开）垦和填埋湿地，禁止擅自采砂、取土、引进外来物种、污染水源等活动。

5. 森林公园

禁止在森林公园内及可能对森林公园造成影响的周边地区乱采滥伐、毁林开荒以及采石、采砂、采土等行为，不得随意占用、征用和转让林地。建设旅游设施及其他基础设施等必须符合森林公园规划。

6. 地质公园

禁止在地质公园和可能对地质公园造成影响的周边地区进行采石、取土、开矿、放牧、砍伐以及其他对保护对象有损害的活动。未经管理机构批准，不得在地质公园范围内采集标本和化石。

7. 水产种质资源保护区

保护水产种质资源及其生存环境，提高水生生物资源养护管理能力。未经批准，任何单位或者个人不得在水产种质资源保护区从事捕捞活动。

8. 蓄滞（行）洪区

规范蓄滞（行）洪区经济社会活动，限制高风险区的经济开发活动，严格控制非防洪项目建设。根据行洪区调整改造工程实施情况，适时进行调整。禁止在长江、淮河洪泛区内建设妨碍行洪的建筑物和构筑物，从事影响河势稳定、危害河岸堤防安全和其他妨碍河道行洪的活动。加强人口管理，控制区内人口增长，逐步有序转移人口。

参考文献

［1］全国主体功能区规划［EB/OL］. 百度文库，https：//wenku.baidu.com/view/d743901649d7c1c708a1284ac850ad02de8007c6.html.

［2］安徽省主体功能区规划［EB/OL］. 百度文库，https：//wenku.baidu.com/view/7a8ed577866fb84ae55c8d5e.html?pn=51.

后 记

《安徽经济地理》经过近三年的调研和撰写，终于以飨读者。本书得到了"十三五"国家重点图书出版规划项目、国家自然科学基金项目（41771177）、安徽省高校人文社会科学重点研究项目（SK2016A041）的资助，在此深表感谢！

本书分析了安徽省区域经济发展的现实基础，概括了安徽经济发展历程、格局和战略，剖析了安徽省农业、工业、服务业各部门发展的空间格局及其趋势，论述了安徽省城镇化和城市体系的基本特征，理清了安徽省区域经济发展格局及其战略，探讨了主体功能区建设的基本问题，以期为推动安徽省着力构建现代化经济体系，形成彰显优势、协调联动的区域城乡发展格局，加快建设绿色江淮美好家园提供科学依据。本书适合安徽省各级政府工作人员、在安徽投资创业人员阅读，也可作为大专院校相关专业师生的参考教材。

本书由赵春雨负责写作思路与框架设计，初稿写作人员有杨成凤、温瑞霞、詹玉曼、胡惠兰、张颖、邹小双、汪维、王虹皖，初稿完成后由赵春雨进行了全面改写，书中专题地图由王瑞同学绘制。

本书付梓之际，要特别感谢全国经济地理研究会对该书给予的支持与帮助！感谢孙久文会长的整体统筹与部署！感谢乌鲁木齐会议、南昌会议、天津会议上各位经济地理专家给予本丛书的关注和建议！

由于能力和时间限制，本书还存在许多不足之处。如对改革开放以来安徽区域经济发展中的空间战略走向问题、对安徽经济转型路径问题、对安徽经济发展中的生态资源协调问题都还缺乏更深入的理性探讨。不妥之处敬请读者逐一批评指正！

笔 者

2020 年 3 月